品读十五家
——高中古典诗赏析选辑

李 航 ◎ 编著

中央编译出版社
Central Compilation & Translation Press

图书在版编目（CIP）数据

品读十五家：高中古典诗词赏析选辑 / 李航编著 . —— 北京：中央编译出版社 , 2023.8
ISBN 978-7-5117-4396-1

Ⅰ.①品… Ⅱ.①李… Ⅲ.①古典诗歌—诗歌欣赏—中国—高中—教学参考资料 Ⅳ.① G634.303

中国国家版本馆 CIP 数据核字 (2023) 第 060059 号

品读十五家：高中古典诗词赏析选辑

图书策划	张远航
责任编辑	哈 曼
责任印制	刘 慧
出版发行	中央编译出版社
地　　址	北京市海淀区北四环西路 69 号（100080）
电　　话	（010）55627391（总编室）　（010）55627319（编辑室） （010）55627320（发行部）　（010）55627377（新技术部）
经　　销	全国新华书店
印　　刷	北京建宏印刷有限公司
开　　本	880 毫米 × 1230 毫米　1/32
字　　数	231 千字
印　　张	11.375
版　　次	2023 年 8 月第 1 版
印　　次	2023 年 8 月第 1 次印刷
定　　价	59.80 元

新浪微博：@中央编译出版社　　微　信：中央编译出版社（ID：cctphome）
淘宝店铺：中央编译出版社直销店（http://shop108367160.taobao.com）（010）55627331

本社常年法律顾问：北京市吴栾赵阎律师事务所律师　闫军　梁勤
凡有印装质量问题，本社负责调换，电话：（010）55626985

自 序

实际上,我不止一次有动笔的想法,想写下关于古典诗词人物的故事。

但我总觉得时机还不成熟。一方面自己积累不够,另一方面对社会接触不深。总觉得那样写出来的人物故事只能算作是片面的,单薄的。

所以我选择了到社会上历练。而时间如白驹过隙,转眼间,我在社会上摸爬滚打十几年了,读过的诗词人物传记、资料,撰写的笔记也有厚厚一沓。

当我翻阅书中的人物,阅读他们,总会情不自禁联想到自己的故事。

就这么一瞬间,我豁然开朗。

虽然所处的时代不同,但我们和古人的心绪却是相通的。人生兜兜转转,总摆脱不了俗世纷扰,七情六欲,喜怒哀乐。

古人和我们现在只是空间和时间不同,但心境却是永恒的。

因此,小憩的时刻,恍惚之间,我感觉自己已经变成某个诗人的化身,站在城楼外、江水边,回望千里河山,体悟到他们的喜怒哀乐。

那一刻，细枝末节的情愫居然如此清晰。

是的，那就是书籍当中记载的某位词人的心境。

于是，我醍醐灌顶，所有的历史其实都是当代史，是社会史。

无论时空如何翻转，社会如何改变，不变的永远是每个人的境遇。历史的长河中，到处都是人世间的离合悲欢和爱恨情仇。

于是乎，我就有了动笔的执念，我要把他们的坎坷故事、人生经历写出来。

但身边的朋友听说我要写诗词人物时，都劝我要慎重。

原因无他，满大街都是这样诗词人物的书，你又不是名家，一个小小的教师，何必浪费精力！

他们说得在理，市面上有关诗词人物传记的确不少，但大多数作者写人物都从特定的一个方面来写。这样的写法未尝不可，但是读起来却感觉很遥远，不真实。至少在我看来缺乏细节的真实。

而我想用无数细节和史实构建起来一个个鲜活的人。

我第一次接触诗词，是在读初中时。

那时候觉得古人写的作品真好，但对作品背后来龙去脉的故事却丝毫不了解。

受制于某些局限，我们读到的诗词人物经常是脸谱化的，缺少鲜明的个性。他们仿佛一生当中就只是为了创作诗词而存在。除了一腔饱满的诗词情感之外，似乎别无长物。但当我追溯历史的长河，翻阅了大量古籍史料之后，我发现古人背后诸多有意思的细节。

比如：历史上的苏轼不仅诗词写得好，还是一个地地道道的吃货。

自 序

很多人其实不知道他对吃多么专一,可以说吃遍天下无敌手。他不仅爱吃还会做高端的美食,为了吃这个爱好可谓是用心良苦。当吃到传闻已久的烧饼后他激动不已,当即写下了一首诗,这首诗题目很长,叫作《刘监仓家煎米粉作饼子,余云为甚酥。潘邠老家造逡巡酒,余饮之,云莫作醋,错著水来否?后数日,余携家饮郊外,因作小诗戏刘公,求之二首》。标题长度可以说是举世罕见。

他常带的口头禅就是两个字"呵呵",是的,你没有看错。不要以为我是胡编乱造,这里是有诗词为证,不信你看:

1. 近却颇作小词,虽无柳七郎风味,亦自是一家。呵呵。
——《与鲜于子骏书》

2. 一枕无碍睡,辄亦得之耳。公无多奈我何,呵呵。
——《与陈季常书》

3. 取笋箄菘心与鳜相对,清水煮熟,用姜芦服自然汁及酒三物等,入少盐,渐渐点洒之,过熟可食。不敢独味此,请依法作,与老嫂共之。呵呵。
——《与钱穆父书》

据考证,苏轼的文章里有多达四十五篇"呵呵"。简直就是"呵呵"发明人。

与李白齐名的忧国忧民的诗人杜甫,众所周知,他的诗歌基调大多数是困苦的。但你知道吗?杜甫从小家境优越,完全就是一个妥妥的"官二代"，人家爷爷当官，父亲当官，可谓吃穿不愁，十几岁的时候他就已经游历了祖国的大好河山。要不是遇上安史之乱，时代巨变，后半生也不会如此凄惨！说到杜甫自然要说李白，两人是好朋友，自从见面后，感情迅速升温，一起聊文学诗词哲学，一起看星星看月亮，甚至一起同床共枕。

他们的关系真不一般……除了杜甫李白是这种关系，还有元稹和白居易同样也是好朋友。

爱国诗人陆游，除了有我们熟知的娇妻唐婉的故事之外，他还是一个"猫奴"。

同样，我们拿出诗句证明：诗里的"粉鼻""雪儿"等都是猫的昵称，他曾经写了一首关于猫的诗，那就是《鼠屡败吾书偶得狸奴捕杀无虚日群鼠几空为赋》。讲的意思就是：老鼠好坏总是啃我的书，幸好我偶然得到了一只勤快的小猫咪。知道陆游的诗作为什么这么多？因为人家家里是干出版行业印书的，根本不差钱。

再比如：陶渊明嗜酒如命，没有心思管儿子，传言说是因为近亲结婚，孩子天资愚钝，所以几个子女一事无成。这说明科学很重要。

这样的细节故事还有很多很多……

正是这些细节让我读懂了这些诗词大咖。无论生活在任何时代，都离不开衣食住行，也离不开人性的挣扎、选择、矛盾、苦恼。

虽然和我们相隔沧海桑田，但古往今来，不变的永远是历史呈现的人性和情感。

正因我们悲喜相通，所以走进他们，其实也就是走进我们自己。

我们通过这些诗词人物的故事，不仅可以窥见他们内心的纹理，挖掘情感的起伏——快乐、悲伤、忧郁、沉闷、纠结，还可以洞察所处的时代，了解他们的为人处世、命运走向、才情实力、胸怀境界、性格特征。

因此，写作这本书，相当于研究社会史和社会关系的过程。

自然，这本诗词人物传记和传统上的书籍在写法上有很大不同。

首先，是采用通俗的小说手法，在考证史料的基础上，有的放矢进行描述。这样做是为了让大家流畅地阅读下去。

其次，我的陈述会摆脱枯燥乏味，而尽量用幽默风趣的语言讲述。因为在我看来，人物故事好看是第一要素。

最后，我会立足现代社会，加入一定的现代元素进行评点。

为了客观公正地记录人物，我采用第三人称的角度陈述，力图用细节去呈现人物的时代和内核。

为了写作这本书，我阅读了大量的历史著作，虽然有几年的积累，但不足之处在所难免，还望读者海涵。

是为序。

李航

2023 年 3 月 1 日

目 录

第一章　家国情怀 ………… 001

　　落魄的皇帝　伟大的词人——李煜 ………… 002

　　　　链接高考——诗词鉴赏 ………… 027

　　忧国忧民的诗人——杜甫 ………… 029

　　　　链接高考——诗词鉴赏 ………… 065

第二章　建功立业 ………… 067

　　一位诗人的"王者荣耀"——韩愈 ………… 068

　　　　链接高考——诗词鉴赏…………092

　　文武双全　壮志未酬——辛弃疾 ………… 094

　　　　链接高考——诗词鉴赏 ………… 125

　　武将诗人的传奇人生——陆游 ………… 127

　　　　链接高考——诗词鉴赏 ………… 149

第三章　羁旅思乡 ………… 151

颠沛流离的学霸"枪手"——温庭筠 ………… 152

　　链接高考——诗词鉴赏 ………… 170

多才多艺的佛系诗人——王维 ………… 172

　　链接高考——诗词鉴赏 ………… 189

第四章　生活百态 ………… 191

农村那么大，我想去看看——陶渊明 ………… 192

　　链接高考——诗词鉴赏 ………… 211

长寿诗人的风流事——白居易 ………… 213

　　链接高考——诗词鉴赏 ………… 226

第五章　离愁别绪 ………… 229

白衣卿相——柳永 ………… 230

　　链接高考——诗词鉴赏 ………… 247

横空出世的少年天才——王勃 ………… 249

　　链接高考——诗词鉴赏 ………… 270

第六章　仕途失意 ·········· 273

舌尖上的吃货——苏东坡 ·········· 274

　　链接高考——诗词鉴赏 ·········· 291

浪漫主义大师——李白 ·········· 293

　　链接高考——诗词鉴赏 ·········· 315

第七章　爱情闺怨 ·········· 317

词国皇后——李清照 ·········· 318

　　链接高考——诗词鉴赏 ·········· 337

一幅画卷说了算　女人命运转折点——王昭君 ·········· 339

　　链接高考——诗词鉴赏 ·········· 351

- 第一章 -

◇

家国情怀

落魄的皇帝 伟大的词人——李煜

一、人物档案

姓名：李煜　　　　　　　　生卒年：937—978 年

别号：钟隐、词帝　　　　　职业：皇帝、词人

性别：男

籍贯：徐州彭城（今江苏省徐州市）

诗词派别：婉约词派

所处时代：五代十国（南唐—北宋）

代表作品：《虞美人》《相见欢》等

主要成就：诗词、书法。

二、人物小传

公元 978 年七月初七这一天。

东京汴梁（今天河南省开封市）清辉万里，风静月明。城中的街道熙熙攘攘，一片繁华的景象。

今晚的月色很好，给城中洒下了一片清澈的光辉。美中不足的是，月亮还没有那么圆，只露出了半个鹅黄的脸。在城郊西北方向的一座院

第一章　家国情怀

落里，璀璨的灯火中，一位中年男子正在台上吟诵自己写的词：

> 春花秋月何时了，往事知多少？
> 小楼昨夜又东风，故国不堪回首月明中。
> 雕栏玉砌应犹在，只是朱颜改。
> 问君能有几多愁？恰似一江春水向东流。

这首词优美清新、娓娓动人，凄楚之中蕴含着强烈的忧愁。周围的看客都情不自禁地流下了眼泪。

即便是现在读这首《虞美人》，也让人感慨万分，堪称生命悲歌的杰作。

朗诵这首词的人正是南唐后主李煜，而这所院落就是他的栖身之所。

那么，一位皇帝怎么会沦落至此，这里面又有着怎样不为人知的故事，且请听我慢慢道来！

时间已经过去了三年。

亡国的事情仿佛就发生在昨天，三年前，李煜率领文武大臣投降宋朝，南唐正式灭亡。

宋朝的皇帝赵匡胤是一位颇有胸襟的皇帝，在占领了南唐整个国家时，并没有大开杀戒，而是采取怀柔政策，封南唐的亡国之君李煜为违命侯，兼任左千牛卫将军。

赵匡胤正式登基之后，又封李煜为陇西公。享受相当于现在的省部级待遇。

但由于是亡国之君，因此这个封号只是待遇上享受，他实际上并没有什么实权，甚至人身自由也处在被人监视中。

一年一度的七夕节来临了，也是李煜42岁的生日。以前当帝王的时候，那可以说山珍海味，锦衣玉食，生日过得就像是国家的节日，而现在却沦落为囚徒，自然是另一番滋味。

虽然不再是皇帝，但毕竟是自己的生日，加上又是七夕节，所以身边的人都嚷着要礼物，吃点好的，要不然这日子就可惜了。

李煜本想不办，担心不妥，奈何手下的人说，你曾贵为一国之君，如今啥都不办，周围的人要说闲话的，依老奴看，有些程序还是要走的。

经不住手下的人劝说，李煜答应了。

在院子里悄悄地办，请一些熟悉的人，外面的人就一概不见。这样也比较安全。

但世上没有不透风的墙。

李煜在院子里开办了生日宴会，参加的人除了李煜的家人，还有南唐的一些旧臣自发前来。

宴会在热闹的氛围中进行。

李煜的兴致也被现场的欢呼声点燃了，上台亲自朗诵了自己写的《虞美人》。这首动人心弦的词因为情感浓烈，含义深刻，得到了现场嘉宾的一致好评，获得了很多的掌声。

第一章　家国情怀

正当大家觥筹交错的关键时刻，门卫慌张地跑来禀报。太宗皇帝差人过来了。

李煜一听不妙。但只能迎接，来者是太宗身边的太监。

我是奉太宗皇帝的旨意而来，听说，陇西公李煜将军的生日也是这一天，皇帝派我送上宫廷的美酒赐予李将军，祝李将军生日快乐，全家幸福。

太监递上一杯酒，李煜无可奈何，只好在众人的注视下，叩谢圣恩，缓缓地接过酒杯，抬起头，沉默了一阵，便一饮而尽。

没错，这一杯酒要了他的命。

在断气前，他才明白了事情的原委。原来宋太宗赵光义登基之后，觉得李煜这人迟早会谋反，于是就收买了一部分南唐旧臣，随时监视李煜的动向。其中有个叫徐铉的旧臣就接到了参加生日宴会的通知，宴会前他去见了李煜，两人相处多年，再见已物是人非，李煜很信任他，讲述了昔日的悔恨，觉得自己当时糊涂杀了潘佑和李平，才落到如此境地。

回去之后，徐弦不敢隐瞒。当赵光义听了李煜的《虞美人》后，尤其是"故国不堪回首月明中"这句，最终动了杀心，于是心生一计，赐毒酒给李煜。

那么李煜为什么后悔呢？这要从他的生长轨迹说起。

李煜，字重光，名从嘉，为南唐中主所生的第六个儿子。

他从小就热爱文学艺术，尤其擅长诗文，通晓音律。

他特别喜欢填词，用现在的标准来看，是妥妥的一个文艺青年，自号钟隐。

公元961年，24岁的李从嘉登上南唐的皇位，改名李煜，成为南唐第三位国主。

按理说，古代继承皇位的首先是太子。

李煜为什么会当上皇帝呢？要知道他前面还有五个哥哥。

这几个都是比较厉害的角色，尤其是大哥弘冀是一个非常有野心的人，因为自己是嫡长子，打仗立了军功，因此自然就被立为太子。

那时候的李煜根本就不关心皇位，一来他喜欢那种自由自在的生活，二来也根本轮不到他，因此他的生活过得是闲云野鹤，不是填词写诗就是画画创作。

日子过得波澜不惊。

这样的日子没有持续多久就把大哥得罪了。

原因很奇葩，就是因为他有一双与众不同的眼睛。

《新五代史》记载："煜为人仁孝，善属文，工书画，而丰额骈齿，一目重瞳子。"

意指李煜为人仁义，善于做诗文，又善于写字作画。脸盘子和脑门都大，满嘴龅牙，尤其是眼睛最特别，一只眼睛里有两个瞳孔。

其实，用我们的眼光来看，这可能是某一种疾病，或许还带散光之类。

但在古代迷信者的思想里，这就是帝王之相。

本来无冤无仇的，因为这副奇特的长相，李煜和大哥太子的关系就紧张了。

第一章　家国情怀

怎么看你都不顺眼，你就是处心积虑在争夺我的位置。

宝宝心里苦，但宝宝不说。

李煜自然感受到了大哥投来的敌意，但他没有办法，只好继续沉浸在诗词歌赋的研究里，希望这样能够让大哥明白，他就是一个没有什么追求的人。正是因为这种从小迷恋文艺的特质，使得李煜在所有的兄弟里面最为才华横溢，出类拔萃。他写的词，手法自然，笔力透彻，意境深远，极富艺术感染力。

为了让大哥放宽心，他写了一些向往自然的诗词。以表明自己的心迹。

诸如：《渔父·浪花有意千里雪》

> 浪花有意千里雪，桃李无言一队春。
> 一壶酒，一竿身，快活如侬有几人？

诸如：《渔父·一棹春风一叶舟》

> 一棹春风一叶舟，一纶茧缕一轻钩。
> 花满渚，酒满瓯，万顷波中得自由。
> ……

虽然李煜处处出于善意，却往往事与愿违。

公元959年，四位长兄离奇夭折，最有野心的大哥因为皇储之争毒杀叔父李景遂，这直接导致元宗李璟认为他行为残暴，一怒之下，废除其太子之位。

据说身为太子的弘冀恍惚之中看到景遂的魂魄，惊吓而亡。

于是，李煜被皇帝立为太子。

并在两年之后正式登基继帝位。

说句心里话，我也不想当帝王啊！

当皇帝这么爽的事，你居然不想当。

好吧，实话实说，是南唐目前这个火烧眉毛的皇帝我不愿意当。

要知道自唐朝灭亡之后，藩镇割据，各自为政，北方先后出现了五代，南方则陆续建立了包括南唐在内的十个国家。

南唐的江山因为地处富裕的南方，所以是众人眼中的一块肥肉。

李煜当皇帝的时候，盛唐已经不再，丛林法则，弱肉强食是当时的主流。

最让人头疼的是，南唐的辉煌已经没落了。

国力衰退，李煜接手的时候其实也就一个烂摊子。

南唐早在李璟称帝时为了保全安定，就向当时实力强大的后周割让了大片领土，而且还供奉了大量的钱财，并向宗主国称臣。

而在前几年，殿前都点检、后周大将赵匡胤瞅准时机，带兵发动陈桥兵变，直接逼迫后周恭帝禅位。

淮南地区随之发生叛乱，赵匡胤应对不及。

在同一年，赵匡胤正式登基为帝，改元建隆，建立宋朝。这时候的南唐，主战派林仁肇给李煜建议，趁宋朝境内发生叛乱，宋朝新建

第一章　家国情怀

之时，抓住有利时机，出兵攻打淮南，势必能够夺得先机。

占领了淮南就相当于扼住了长江的咽喉。

李煜对于他的建议没有采纳，而是观望，最终错失了良机。南唐投降派看不惯林仁肇的做法，在他担任江西巡抚后，坐不住了，马上在李煜面前说他的坏话，说武将林仁肇称霸一方，有谋反的野心。

这让李煜寝食难安。而赵匡胤早就对林仁肇的威胁大为恼火。

于是想出了一条恶毒的离间计。

机会很快就来了。

赵匡胤先后通过武力征服，逐渐控制北方地区，然后带兵南下，先后干掉了南方的几个小国家。

随后兵临南唐。

南唐因为中间隔着一条长江作为天堑，加上林仁肇等大将齐心协力地抵抗，才得以苟延残喘数十年。

李煜登基后，面临的就是这种残酷的局面。

这个皇帝不好当啊，不仅要向大宋皇帝送黄金白银，就连自己的称呼都不能叫南唐皇帝，你就叫我李煜，直呼我的名字就可以了。

宋太祖说，毕竟你也是皇帝，怎么能这么看轻自己呢？

哪里哪里，我不敢当啊！

李煜明白自己几斤几两，为了保全南唐国体的存在，吃点亏算什么。公元971年，李煜又主动要求去掉自己的皇帝身份，采用大宋的年号，称自己为江南的国主，国内的机构全部降级称呼，以表示对大宋的尊敬。

为了表达南唐的诚意，李煜派遣自己的亲弟弟李从善率领南唐外交部的工作人员携带礼品到宋朝进贡,要求罢黜诏书。

宋太祖很开心,对李从善说,南唐既然这么有意要求成为我大宋的一部分,我们很感动,江南路途遥远,你呢就安心在我这里工作生活,我给你提供一个职位,泰宁军节度使,好好工作。另外,我这有一幅画像,你看是谁?

李从善一看,这不是林仁肇吗?

对,你可知道,林仁肇早就已经投降了我大宋,我和他已经计划好了,待我和他里应外合,南唐灭亡,我就给他论功行赏。

你也留下来吧。

李从善大吃一惊,马上派人把消息禀告了李煜。

宋朝也太毒了。说是给工作,还不是羊入虎口?自己的兄弟去了宋朝那边,那不是相当于被绑架了。

原来"林仁肇"早就通敌了!于是李煜不顾一些大臣的反对,下令赐死了这个武将。

接着他马上写了一封信,请求宋太祖将兄弟李从善送回来。

宋太祖收到回信后,呵呵一笑,目的已经达到,那就是下一步了,直接得寸进尺地表示,既然信中说,分别不习惯,那李煜你也来吧,我在宋朝国都等你。

等我,说得好听,还不是一样地跳火坑。

去不得,于是编了个生病的借口不去。

宋太祖不高兴了,以前可没听你说什么病,喊你来,你就生病了,来得这么巧。

第一章 家国情怀

只要不死,马上过来。

李煜立即快马加鞭回信一封,不过去。宋太祖很生气,你居然不给我面子,马上调集大军,准备攻打南唐。

这下子捅了马蜂窝。

面对宋朝的大军压境,李煜也不甘示弱,回信写道:"臣事大朝,冀全宗祀,不意如是,今有死而已。"

翻译成白话就是,我老李对大宋一向忠心耿耿,谦卑有礼,为的就是保存南唐的江山社稷,真没想到你会这样做,简直逼人太甚,我只有和你拼命了。

在这种危急的形势下,一些南唐有见识的大臣纷纷上书,要求立即变革,拯救南唐于水火之中,其中潘佑的态度最为坚决,要求借鉴《周礼》实行变法,谋求国富民强。并上书皇帝建议李平担任尚书令推行变法。

这变法触及了守旧派,徐铉、张洎等一些大臣也坚决反对。

加上李煜也反对,最后变法失败。潘佑在家中自尽,李平在狱中上吊身亡。

改革失败,人才尽失,这样一来南唐更加羸弱。

公元974年,双方的矛盾已经不可调和,南唐正式向宋朝宣战,全国上下紧锣密鼓地筹备物资,一场迫在眉睫的大战即将展开。

而文艺青年是注定不适合当一国领袖的。

抛开李煜身上的才华,我们不难发现,他个人缺少统筹指挥军事的才能,甚至在性格方面也过于柔弱。

《增广贤文》里说:"慈不掌兵,义不掌财。"

而李煜太过仁慈。

此话有历史依据:龙衮在《江南野史》卷三中写道:后主自少俊迈,喜肄儒学,工诗,能属文,晓悟音律。姿仪风雅,举止儒措,宛若士人。

《李煜墓志铭》由徐铉为其撰写的墓志铭这样记载:

> 味其文,知其道矣。至于弧矢之善,笔札之工,天纵多能,必造精绝。本以恻隐之性,仍好竺乾之教。草木不杀,禽鱼咸遂。赏人之善,常若不及;掩人之过,惟恐其闻。以至法不胜奸,威不克爱。

李煜的确是一个温和的人,无论对待大臣还是兄弟,都非常谦和,并且深得民心。

一个人适度仁慈是好事,但过度的仁慈就成了管理的短板。

仁慈的人往往做出一些让人匪夷所思的事情来。

《南唐书》载:

> 宪司章疏有绳纠过讦,皆寝不下。论决死刑,多从末减。常猎于青山,还如大理寺亲录系囚,多所原释。中书侍郎韩熙载奏,狱讼有司之事,囹圄非车驾所宜临幸,请罚内库钱三百万以资国用。虽不听,亦不怒也。

翻译成白话大意是，李煜偏重以品德感化治理国家，遇到死刑犯要被杀死，他都不忍心，竟然先哭了。他还经常担心犯人的罪行过重，插手干预大理寺的案件处理，有时候觉得犯人非常可怜，直接就要求大理寺把人放了。

就这个事情还惹得中书侍郎韩熙载不快，说你作为皇帝，不能干涉我们处理案件的公正，按照制度要罚款。

但李煜就是我行我素。

对于大臣的批评，他也不生气，常见的处理方式就是：接受，然后交罚款，最后死不悔改，固执己见。

甚至有一次，潘佑和皇帝李煜下棋，见李煜慢条斯理，一副漫不经心的样子，直接就把棋盘掀翻了，李煜也没有骂他，而是说：你是想学习魏征吗？

我当然不是魏征，但你也不是唐太宗。

这话相当于毫不留情地顶撞皇帝，但是李煜宽宏大量，一点儿也不生气。

想想，现在工作压力大，如果遇到这么好的领导，那得是多好的运气啊！

此外，他还沉迷佛教，简直到了不可理喻的地步。

随着大周后和自己的儿子中宣先后死去，母亲的离开，更使李煜心力交瘁，在这些强大的压力之下，他越发崇尚佛教。

此事可不是空穴来风。

比如《南唐书》中就有李煜行为的记载，说他作为一个皇帝，却"亲削僧徒厕简，试之以颊，少有芒刺，则再加修治"。

什么意思呢？所谓厕简，就是我们上厕所揩屁股的竹片，在南唐时代，虽然纸已经有了，但适合擦屁股的纸还没有出现。李煜担心和尚方便的时候竹片上的毛刺割伤他们的屁股，还亲自安排专班人员制作供僧人用的厕简（纸张），制作完成之后自己还在脸上试试，确保和尚能舒舒服服地大便。

细微之处可见他对佛教的一片赤诚之心。

他就是这样一个没有半点架子的皇帝，这人是好人，但不适合带兵打仗，当一国之君。

宋军势如破竹，很快就围困金陵。

为了摸清南唐的城防计划，了解到李煜痴迷佛教的事情后，宋军将计就计，派遣一个口才俱佳的人，扮成高僧的模样混进金陵城，要求亲自面见李煜，自称有绝妙的计策可以使宋军退兵。李煜此时正火烧眉毛，听闻有高人能退兵，马上好酒好菜款待，然后让高僧带领守城的将士一起念经，在城头手舞足蹈。宋军依照事先的暗号，很快就退兵了。

这一障眼法让李煜深信佛法的广大，马上把这位高僧召进皇宫，从此对他的计谋百依百顺。

高僧说，为了保全南唐，就要大建寺庙，你们寺庙太少了，佛祖不高兴，所以才会将灾祸降临到你们这里，所以赶快动手建设吧。

李煜本来就喜欢佛教，经高僧一点拨，马上点头允许，下旨要求各级官员督促所在地修建大量的寺院。

这使本来经济就不宽裕的南唐立即捉襟见肘。

第一章　家国情怀

并且进一步分散了他的军事实力，当和尚的多了，当兵的就少了。

高僧说，光建寺庙不行，还要有佛塔，你看江边，就是个好地方，把佛塔建在这里就能照到对面，永保南唐的平安。

行啊。马上建马上建。

建好了之后不久，李煜才知道自己掉入了高僧挖的坑，中了圈套，本来长江就是抵挡宋军的天堑。宋军凭借佛塔在采石矶固定浮桥，源源不断输送军队，导致金陵城很快就被围成了铁桶。

南唐和宋朝的军事实力不在一个水平上。

本来形势就危如累卵，李煜却在关键时刻用人不当。

他执意用皇甫继勋担任南唐的军事总指挥，这个人虽然也被划为主战派，但却外强中干，并没多少才能，其实也是妥妥的投降派。

到了前线不仅不鼓舞士气，反而还到处宣扬宋军的锐不可当，助长他人威风，搞得南唐军队胆战心惊，毫无斗志。

这人还伙同亲信编造战况良好的消息，误导李煜。

因此李煜对具体的情况一无所知。

直到有一天，李煜一时兴起，想去城外散散心，结果，才登上城头，就见宋军的旗帜遍布城外，金陵已经被围困了。

他一怒之下杀了皇甫继勋。眼见此景，李煜当时的心情悲观不已。有诗为证：

临江仙·樱桃落尽春归去

樱桃落尽春归去，蝶翻金粉双飞。

子规啼月小楼西,玉钩罗幕,惆怅暮烟垂。

别巷寂寥人散后,望残烟草低迷。

炉香闲袅凤凰儿,空持罗带,回首恨依依。

这首词描绘了金陵被围困的危急场面,刻画了词人的哀怨之仇、亡国之伤,读来真切感人。

战事步步紧逼,吴越不仅未来施救,反而浑水摸鱼。

公元 975 年,金陵的东大门润州被宋军攻破,驰援金陵的十几万大军被宋军分割消灭,金陵已弹尽粮绝。

此时已经步入冬季,缺衣少食,天气严寒,城中百姓饿殍遍地。

李煜眼见大势已去,没有生还的可能,多次想自尽,但都被大臣劝住了。

面对城中居民的惨状,他泪如雨下。

破阵子

四十年来家国,三千里地山河。

凤阁龙楼连霄汉,玉树琼枝作烟萝,几曾识干戈?

一旦归为臣虏,沈腰潘鬓消磨。

最是仓皇辞庙日,教坊犹奏别离歌,垂泪对宫娥。

公元 975 年冬,李煜派人出城找宋军和谈,表示宋军只要愿意退兵,对方提出的任何条件都可以接受。

第一章 家国情怀

但宋太祖可不是吃软的人，一句"卧榻之侧，岂容他人鼾睡乎！"就把南唐派来的使者踢开了。

同年12月，李煜只好率领残兵败将，投降宋朝，南唐正式灭亡。

公元976年2月，李煜被宋军押解到汴京作为战俘等待处理。宋太祖为了收买江南浮动的人心，不仅没有杀李煜，还封他为左千牛卫将军、违命侯。只是不再拥有自由。

国破家亡，他活得很悲苦，为了逃避，整日不是喝酒就是写词，希望以此来消解忧愁。

李煜从小就喜欢诗词，长期的钻研让他的词出类拔萃。

但以前过的是锦衣玉食的生活，写的词主要描述的是爱情。

说到这里我们就很好奇，李煜的爱情有着怎样的故事？

古人结婚很早，十几岁就成家了。

李煜18岁时就和周娥皇结婚成家。

周娥皇不光人长得好看，而且还很有才。

两人爱好相似，生活愉悦。李煜喜欢诗词音乐字画，周娥皇擅长作曲弹奏琵琶。可谓是琴瑟和谐，天生一对。

能嫁给皇子，周家的背景也非同一般。

她的父亲周宗是南唐的开国元老，为南唐开国皇帝李昪的侍从，因为办事灵敏，所以深得信任，并被视为心腹。

周宗后来从商，生意越做越大，因为身份加持，得以成为南唐首屈一指的富人。

周娥皇凭借显赫的家世和紧密的关系，和李煜喜结连理。

两人可谓是天造地设的一对。

分开一阵，都想念得不行。

李煜的这首词就是思念的见证。

长相思

一重山，两重山。

山远天高烟水寒，相思枫叶丹。

菊花开，菊花残。

塞雁高飞人未还，一帘风月闲。

李煜当了皇帝后，对周娥皇也很好。

为了表明自己对她的喜爱，还把一位绝色美女调到图书馆去。

以此证明自己的专一。

李煜也很喜欢夜夜笙歌的生活。

最喜欢在宫廷举办宴会，每次宴会都事必躬亲，安排布置会场，金炉沉香，美人歌舞，美酒佳肴，音乐琵琶一点儿都不能少。

锦衣玉食，好不快活。

有诗词为证：

浣溪沙

红日已高三丈透，金炉次第添香兽。

第一章　家国情怀

> 红锦地衣随步皱。
>
> 佳人舞点金钗溜，酒恶时拈花蕊嗅。
>
> 别殿遥闻箫鼓奏。

作为玩转琵琶的周娥皇，自然是宴会中当仁不让的核心人物，她的琵琶技艺高超，获得过先皇李璟的赞赏，还送了一把焦尾琴给她。

李煜对周娥皇很喜爱，直到另一个女孩的到来，终止了独宠。

此人不是别人，而是周娥皇的亲妹妹周薇。

比如李煜写的《一斛珠》：

> 晓妆初过，沉檀轻注些儿个。
>
> 向人微露丁香颗，一曲清歌，暂引樱桃破。
>
> 罗袖裛残殷色可，杯深旋被香醪涴。
>
> 绣床斜凭娇无那，烂嚼红茸，笑向檀郎唾。

就是他早期的词作。

还有描写偷偷约会的《菩萨蛮》：

> 花明月暗笼轻雾，今宵好向郎边去。
>
> 刬袜步香阶，手提金缕鞋。
>
> 画堂南畔见，一向偎人颤。
>
> 奴为出来难，教君恣意怜。

这就是专门写给周薇的词。

写给小姨子做什么，那是因为公元964年，李煜的正宫皇后周娥皇生病了。

美丽的皇后被疾病摧毁得厉害，一下子就变得枯瘦如柴，憔悴不堪。

李煜担心不已，每次喂药都要亲自品尝。

有一天，周娥皇的妹妹周薇从家乡进宫看望姐姐。

妹妹才15岁，小时候李煜见过一次。

没想到几年不见，当年那个鼻涕横飞的小姑娘已经明眸皓齿，亭亭玉立了。

简直是一个人见人爱的美少女。

就像是刚见面时的周娥皇。

李煜看见周薇，心一下子就凌乱起来。

果然印证了那句话，只因为在人群中多看了你一眼，便再也不能忘记你的容颜。

两人很快就一见钟情，坠入爱河，你侬我侬，不能自拔。

有了爱的滋润，李煜的热情也高涨了不少。

挥笔就是一封情书。

菩萨蛮

蓬莱院闭天台女，画堂昼寝人无语。

抛枕翠云光，绣衣闻异香。

潜来珠锁动，惊觉银屏梦。

第一章　家国情怀

脸慢笑盈盈，相看无限情。

两人你有情我有意，很快就如胶似漆了。

按理说一个皇帝，谁没有个妃子，封个后宫职位就解决了，但是李煜是出了名的妻管严，一直不敢这样做，忍耐不住，就只能偷偷约会。

公元965年，沉浸在幸福中的李煜遭遇了一个打击。

大儿子中宣受到惊吓，死了。

这是李煜最喜欢的孩子，继承了周娥皇的颜值，也有李煜的才华。

据说事情是这样的，小皇子有一天在佛像前玩耍，结果不知道哪里跑出来一只小猫撞倒了琉璃灯。

震耳的响声直接把小孩子吓傻了。

很快就夭折了。

周娥皇本来病重，遭受打击，也郁郁而终。

儿子离去，大周后离开，李煜悲伤不已。

相当长的一段时间内，他都寝食难安，甚至想到了自尽。

至亲的两个人走了，多难受啊。

挽辞

珠碎眼前珍，花凋世外春。

未销心里恨，又失掌中身。

玉笥犹残药，香奁已染尘。

> 前哀将后感，无泪可沾巾。
> 艳质同芳树，浮危道略同。
> 正悲春落实，又苦雨伤丛。
> 秾丽今何在，飘零事已空。
> 沉沉无问处，千载谢东风。

周后离世三年后，李煜将周薇封为皇后。

那时候南唐已经内外交困，但为了表达自己的心意。李煜不顾财政吃紧的情况，还是举办了隆重的婚礼。

这场婚礼的奢侈，引起了一些大臣的不满，纷纷抗议。

但李煜置之不理。

两人相处的时间是快乐的，也是短暂的。

这样的梦，一直持续到了南唐国破家亡的那一天。

投降宋朝后，李煜和小周后的日子就过得老憋屈了。

物质上欠缺不说，精神上也过得很压抑。

其实，这段时间相对来说还不算是灰色，直到赵光义上台。

他的黑暗时刻就来了。

李煜投降之初，宋朝送了银两，让他多拿。

他惦记着自己的旧臣，分给他们的不少，留给自己的不多。

很快，这点微薄的钱财就被消耗一空。

没有钱，日子就变得窘迫起来。

李煜本来想随遇而安。

但他发现这样被监视的日子实在是太难过。

尤其让他气愤的，是当今皇帝赵光义居然挖自己的墙脚，是可忍孰不可忍。

宋太祖死后，新登基的皇帝赵光义也注意到了李煜，还看上了李煜的老婆小周后。

有事没事都喜欢让人传旨让小周后到皇宫……

一去就是好几天才回来。

这种事情一猜都知道八九不离十，小周后受到了侮辱回来就大哭。

痛得哭了，哭得累了。

日记本里页页执着，

记载着皇帝的不好，

像致命的毒药。

他赵光义反复伤害着我。

李煜无可奈何，只有哑巴吃黄连。

老婆被人欺负。

这种生活太让人绝望了。

国丢了，家亡了。媳妇还让人非礼。

种种遭遇，让他身心俱疲，无限的哀痛成就了这首千古流传的《虞美人》。

这词后来被宋太宗知道了，看来这厮还不死心，一心想着悔过，这样的人怎么能留。

于是趁着李煜过42岁生日的时刻，赐杯毒酒，让他见阎王。

七夕当晚李煜气绝而亡,葬于洛阳邙山。

对于李煜的死,后代对他的行为批评者居多,认为他沉迷佛教,不懂治理国家,加上纵情声色,不问政事,才导致亡国。

但历史的车轮一直向前,宋朝在当时已经势在必得。

就算不是李煜,换成其他人,最多也只能抵抗一时,抵抗不了一世。南唐还是会被灭掉。

李煜作为烂摊子的继任者,忍辱负重,才让南唐又多活了十几年。

他死后,宋太宗曾经问南唐的旧臣,李煜到底是一位怎样的皇帝?

旧臣说:如果后主真的昏庸无道,南唐不会残存十几年。

虽然李煜后面经历了国破家亡,但值得一提的是,正是这种不幸的经历才造就了李煜在宋词史上的地位,亡国之后,李煜的词风一下子改头换面,从原来的私人化的绮丽柔靡,男女情事,变成了深刻沉郁的故国情怀,亡国之痛。可谓是刚柔并济,用词精到。

他后期的作品往往力透纸背,直抒胸臆,生动感人。

比如我们高中语文课本上学的这首《相见欢》:

> 无言独上西楼,月如钩。
> 寂寞梧桐深院锁清秋。
> 剪不断,理还乱,是离愁。
> 别是一般滋味在心头。

李煜的确不适合干皇帝这个职业,做一名艺术家多好,但有些事情就是命中注定,命运让他做了皇帝。

不过,放眼中华几千年的历史,毫无疑问,李煜堪称写词最牛的皇帝。

即便是写了几万首诗的乾隆,也赶不上他的皮毛。

南唐的旧臣徐铉在《吴王陇西公墓志铭》中对李煜评价道:李煜敦厚善良,在兵戈之世,而有厌战之心,虽孔明在世,也难保社稷;既已躬行仁义,虽亡国又有何愧!肯定了他的功绩。

纵观李煜的一生,可以分为两个阶段,前半生享受锦衣玉食的奢侈生活;后半生历经国破家亡,饱受寄人篱下的穷困折磨。

他的诗词,正因为这样的境地,而有了不一样的格局。正如学者王国维所言:词至李后主,而眼界始大,感慨遂深,遂变伶工之词而为士大夫之词。

作为一位帝王,李煜是失败的,但作为一位词人,他是成功的,他的风格影响了后代的创作。

同类诗人

秦观、柳永、周邦彦

意象小锦囊

1. 红豆:即相思豆,借指男女爱情的信物,常用来比喻男女爱情或故国之思。

2. 烟雾:一般用来形容情感的惨淡和朦胧。常用来表现前途的迷惘、渺茫,理想的落空和幻灭。在宫廷中,美女身穿的白色薄纱衣就像烟雾,故烟雾又指罗衣美女。

3. 猿啼：凄厉哀伤的象征。在《与朱元思书》中还有"猿则百叫无绝"的句子，用来指代隐居的含义。

4. 燕子：渲染漂泊离愁，寄托相思，感叹物是人非。另一方面又留恋春光的美好，表达惜春之情。寓意世事变迁、人事代谢、亡国破家的感慨和悲愤。也代指爱情间的相思。

5. 梧桐：寓意感伤凄凉。也形容君子高洁的品格。《孔雀东南飞》里有"东西植松柏,左右种梧桐"的句子,又与"吾"谐音,故也指爱情。

6. 杨柳：百姓种其于亭前屋后，故代指家乡。古诗词中，柳谐音"留"，古人常折柳送别，寓意分别伤感的情怀。此外，柳枝也用来形容爱情和女子曼妙的身材，绿柳代指春天，堤柳感慨兴衰。

情感表达

1. 抒写对爱情生活的向往，相思别离的痛苦。

2. 抒写悲叹身世，时事动荡的局面。

3. 表达人生中的坎坷、挫折、悲伤和凄苦。

4. 抒发国破家亡、昔盛今衰、物是人非的感慨。

5. 对身世命运的感伤。

专业术语

1. 表现手法：托物起兴、寓情于景、写景抒情、烘托、渲染……

2. 修辞手法：比喻、拟人、排比……

3. 诗词风格：清新自然、直白明快、通俗易懂、绚丽多姿……

4. 语言特色：叠字叠词，音韵和谐、朗朗上口……

链接高考——诗词鉴赏

虞美人·风回小院庭芜绿

李 煜

风回小院庭芜绿,柳眼春相续。

凭阑半日独无言,依旧竹声①新月似当年。

笙歌未散尊罍②在,池面冰初解。

烛明香暗画堂深,满鬓青霜残雪思难任。

注释:①竹声:竹制管乐器发出的声音。一说"竹声"为风吹竹叶之声。②尊罍:尊,酒杯,罍(léi),酒器。

问:词中在"思难任"中写了什么样的愁思,请结合整首词简要分析。

【分析点拨】

这是一首关于李煜的词,李煜是亡国之君,后期的词常表现出亡国之痛,身世之悲,境况之惨,基调自然是哀怨缠绵,无限感伤的。从这首词的意象和字里行间,我们不难看出,这是后期一首怀念往昔生活的作品。

问题要求结合整首词进行分析,实际上就是考查词体现的情感,我们答题的时候就要把重点放在词的分析上。上片词人引出了对春光的追忆,后面无言则是对当下寄人篱下的无奈感叹,风竹的声音和当年一样，但却已经是物是人非，国破家亡。

通过酒杯、风竹、月亮等意象，我们可以触摸词人的愁苦。

注意要分点数答题，要结合词中的意象内容，答出层次感。

【参考答案】

这首词表现了以下情感。

1. 追忆过往。"风回"春风吹回，与往年的一样；丝竹声与初升的月亮也和往年差不多，眼前所见之春景与耳中所听之乐声均使作者想起往昔的生活，表达了作者对往昔生活的怀念与往昔不再的忧思。

2. 不满现实。在对往昔的依恋怀念中回看现实的处境，是两鬓斑白、日渐衰老的自己，对他来说，春天的到来，东风的解冻，都无法减轻他对眼前现实的愁怨。

3. 故国之思。风竹发出的声音和新月的照耀还像当年，笙歌未散，酒杯还在，可已不是当日盛况，透露他对国之不在的痛悔之情。

【适合话题】

人格、美德、忧国、理想、感伤……

忧国忧民的诗人——杜甫

一、人物档案

姓名：杜甫　　　　　　　生卒年：712—770 年

别号：少陵野老　　　　　职业：诗人

性别：男

学历：举进士（不第）

籍贯：河南巩县（今河南巩义）

诗词派别：山水田园诗派

所处时代：唐朝

代表作品：《登高》《春望》《茅屋为秋风所破歌》等

主要成就：诗圣，其诗歌被称为"诗史"，为唐代伟大的现实主义诗人。

二、人物小传

如今一说到杜甫，大家脑海中的第一印象可能就是穷困潦倒、满面风霜，一位饱经沧桑的老人形象。

很多人的依据是，高中语文课本上《登高》那首诗旁边的那幅图，那人不就是杜甫的真实写照吗？

翻开教材一看，果然是这样，一位悲苦的老人家朝天仰望半个直角，神情满是倦容，杜甫的肖像自此在同学们的心中扎了根。

实际上，那幅图还真不是杜甫，实际的情况是徐悲鸿的关门弟子蒋兆和根据自己的样子画出来的相貌。虽然这幅图和忧国忧民的诗句中的形象很靠近，但这并不是杜甫本人。

如果在你的脑海中，杜甫是一个迂腐的书呆子、穷困潦倒的人，那就大错特错了。

现实中的杜甫要比课本上单纯的描述丰富得多，也有趣得多。

那么杜甫是怎样的一个人呢？就让我带你们走进杜甫的一生，去探寻关于杜甫的故事吧。

在讲杜甫之前，我有必要给大家先谈谈杜甫的老一辈，这样大家能够更好地理解杜甫。

在唐朝，文人墨客辈出，其中就不得不说到杜审言。

此人就是杜甫的爷爷，他才华横溢也很自大。

似乎这是文人的通病。

有一天，杜审言批改试卷，点评道："味道见吾判，必羞死"（苏味道要是看见我写的评语，一定会羞愧得死掉）。

苏味道当时担任的职务相当于现在的"中央组织部副部长"，也是文坛的巨星。

没听说过他？这么说吧，苏轼就是这位高官的后代。

杜审言有一次和几个大臣喝酒，喝多了，当即说："吾文章当得屈、宋作衙官，吾笔当得王羲之北面。"

写文章我最厉害，屈原和宋玉都只能协助我，给我打下手，书法家王羲之也只能喊我一声大哥。

就是因为说话不会察言观色，到处吹牛，因此杜审言得罪了很多人，还曾被流放多次。

正所谓有其祖父必有其孙子，杜甫作为杜审言的后代，既遗传了爷爷的才华，也遗传了爷爷刚直不阿、清高的品质。

杜甫的一生，性格多少都有爷爷的影子，以至于到了成年后，不止一次地说："诗是吾家事"。(《宗武生日》)

你看看，写诗就是我家里的事情，你们一边儿去。

因此杜甫混得不好，很明显，遗传的天性使然。

下面我就具体说说杜甫的一生。

我们把时间拉回到公元712年。

这一年，整个唐朝在位时间最长的皇帝李隆基上台了。

第二年便改年号为开元。

而在河南的巩县杜氏府邸，张灯结彩，好不热闹。杜审言开心不已，儿媳妇崔氏生下一个孩子，喜提长孙，心情大好，这个孩子就是传奇诗人杜甫。

杜甫出生于条件优越的家庭，算是一个标准的官宦子弟，祖上两代都是唐朝的官员。

和李白的散养不一样。

他从小接受的就是正统的文化教育，而且他还非常聪慧。

《全唐诗·壮游》里记述："往昔十四五，出游翰墨场。斯文崔魏徒,以我似班扬。七龄思即壮,开口咏凤凰。九龄书大字,有作成一囊。"诗中说自己七岁的时候就可以写诗,开口就歌颂对凤凰的赞美之情。九岁的时候学习书法,写得一手好字。

到十四五岁,已经富有才华,能够与当时的文人一同吟诗作赋,即兴应答。

少年时代的杜甫是幸福的,因为家境优越,因此从小他就不用忍受饥饿之苦。童年好玩的天性展露无遗,不是爬山,就是游泳,要不然就是摘果子、掏鸟蛋。

他的家门口有棵枣树,到成熟的时候,他和兄弟们爬上爬下,摘枣子吃,玩得不亦乐乎。

百忧集行(节选)

忆年十五心尚孩,健如黄犊走复来。
庭前八月梨枣熟,一日上树能千回。

"一日上树能千回。"玩得多么痴迷,活脱脱一只猴子。

搁现在也是一个顽劣的孩子。

杜甫生活在唐代,自然没有我们现代学生的负担,不会被各种作业、学习科目压得喘不过气来。

唐玄宗是一位很有志向的皇帝,在他的励精图治下,大唐经济不断发展,人民生活水平不断提高,社会和谐,安定富足。

第一章　家国情怀

忆昔二首（节选）

忆昔开元全盛日，小邑犹藏万家室。

稻米流脂粟米白，公私仓廪俱丰实。

这首诗充分说明了唐朝当时经济的繁荣，人口众多，物产丰富，不仅连年丰收，粮食充足，而且仓库也是塞得满满的，社会安定，路不拾遗，夜不闭户，随时都可以出门远行，而不用担心危险，旅途十分安全。

物价不仅亲民，交通也很发达，许多客栈不仅提供食宿服务，还提供租驴车旅行。

在这样的环境下，唐朝的文人都喜欢四处旅游，借此认识朋友，拓宽视野，为自己的人生找一些门路。

这样的风气之下，杜甫也来了一场说走就走的旅行。

公元731年，才满19岁不久的杜甫收拾好行囊，开始实施了他的旅游计划。

从家乡出发，首选的地方就是江南（江浙一带）。

之所以选择这里，是因为自己早就听说江南生活安逸，美女如云。加上自己有几个亲戚在那边创业，正好可以前去瞧瞧。

江南是一个迷人的地方。同样是诗人，李白到了之后被江南的美女迷住了，连续写了五首诗夸赞越女的美；而杜甫到了却被当地的历史文化遗迹给吸引住了。

壮游（节选）

东下姑苏台，已具浮海航。

至今有遗恨，不得穷扶桑。

王谢风流远，阖庐丘墓荒。

看没看美女不知道，但他到了吴国的遗址，想起了越王勾践的往事；到了浙江，又想起了巡游的秦始皇。风流人物的遗迹他都遍览了一番，从这里我们可以看出，杜甫的诗被称为"诗史"是有原因的。

江南真的太好玩了，杜甫一待就是三年。

家人担心不已，再怎么玩也要有个度。

忙喊他回来参加考试。

毕竟仕途才是正道。

经不住家人的劝解，杜甫勉为其难地回去参加了一次考试。

因为时间不多，没怎么复习，相当于裸考，杜甫直接落榜。

但杜甫没有放在心上，毕竟人还年轻，时间多的是，先玩一玩再说。

考完试之后，杜甫接着玩。

上次江南看得差不多了，这次去北方看看吧。

公元736年，杜甫的父亲杜闲此时正在山东为官，担任司马一职。杜甫便马不停蹄地来到山东看望父亲。说是来看望，也就是顺便来看看，主要的目的还是玩。

到了山东，杜甫第一时间就去了具有"天下第一山"之称的泰山。很早就听说过泰山，在没有来之前，只是听说，到了泰山，才知道什么是巍峨高耸，天工神笔。放眼望去，十里山涧，泰山彩石平铺溪底，秀美的山峰直耸入云，让人流连忘返。

只有爬上泰山，才领悟到登高望远的真谛，激动之下，杜甫文思泉涌，马上赋诗一首。

望岳

岱宗夫如何，齐鲁青未了。

造化钟神秀，阴阳割昏晓。

荡胸生层云，决眦入归鸟。

会当凌绝顶，一览众山小。

这首诗用词到位，精妙传神，写出了他的奔放和豁达。

虽然科举考试失利，但没有什么，自己还年轻有资本。

未来的生活我一定要有所成就，加油！加油！加油！

在山东旅游的日子，杜甫认识了很多志同道合的朋友，这些朋友中就有大名鼎鼎的高适。

高适那时候生活困顿，杜甫经常请他吃饭、喝酒，一来二去，两人就熟悉了。

杜甫在山东玩够了。

又立即去了临近的河北，河北也是英雄人物聚集之地。

历史上声名显赫的张飞、赵云、张郃、颜良，都是燕赵之地的优秀将领，武勇过人。

这片神奇的土地怎么能少了我杜甫的足迹。

收拾行李马上前去。

壮游（节选）

放荡齐赵间，裘马颇清狂。

春歌丛台上，冬猎青丘旁。

呼鹰皂枥林，逐兽云雪冈。

射飞曾纵鞚，引臂落鹙鸧。

在华北各地跑来跑去，杜甫的生活丰富多彩。

不仅饱览了大好河山、人文美食，还结识了很多优秀的诗人。

时间过得飞快，转眼间，杜甫到了而立之年。

过年的时候，很多亲戚朋友都给杜甫提建议，你现在年纪也不小了，找个对象吧。

杜甫一看，确实也是，自己身边好多同龄人都已经结婚了，自己还是孑然一身。

是该找个对象了，得了，玩耍的事情先放一放，找个人成家吧。

成家之前是不是得有个房子。

不久之后，杜甫就回到了河南洛阳，花钱在家族杜预陵园所在地首阳山建造了一所房子，表达自己建功立业的志向。

随后经过媒人牵线搭桥，和司农少卿杨怡之女结婚。

当时杜甫30岁，要钱没钱，要事业没事业，只是写些诗歌，虽然

第一章 家国情怀

有才华,但毕竟不能当饭吃;杨氏也是一位官二代,年轻漂亮,比杜甫小十几岁。但是缘分这东西就是说不清,两人居然对上眼,走在一起,结成了夫妻。

妻子知书达理,两人相处和谐。

这期间杜甫一边享受着新婚的喜悦,一边在努力备考,争取考上一个功名。

公元744年,李白仕途失意,正好到了洛阳。杜甫得知消息后,马上跑去见李白,两人结伴而行,一直从梁宋旅游到齐鲁,可谓是无话不谈,相见恨晚。

在半路的时候又遇到了高适,三人便一起走。

因为志趣相同,几人边走边写,一路上写下了很多诗歌。

遣怀(节选)

忆与高李辈,论交入酒垆。

两公壮藻思,得我色敷腴。

李白在唐朝的文化圈地位可想而知,绝对的大咖。

所以每到一个地方,总有当地的官员热情接待。

杜甫也得以沾光,他们喝酒、写诗、美食,生活过得有滋有味。

这期间,李白写诗的才华让杜甫惊叹不已。

在河南梁园,李白轻轻松松就写了一首。

梁园吟（节选）

荒城虚照碧山月，古木尽入苍梧云。

梁王宫阙今安在？枚马先归不相待。

舞影歌声散绿池，空余汴水东流海。

沉吟此事泪满衣，黄金买醉未能归。

杜甫读到后，称李白为神人。

自己也赶紧写诗，奈何半天都没写出来，李白说，不要紧张，慢慢来。

杜甫说，自己有强迫症，写不出好句子，饭都吃不下。最终写出如下一诗。

江上值水如海势聊短述

为人性僻耽佳句，语不惊人死不休。

老去诗篇浑漫兴，春来花鸟莫深愁。

新添水槛供垂钓，故着浮槎替入舟。

焉得思如陶谢手，令渠述作与同游。

几人又玩了几天，李白准备前往山东去学道家。高适临时有事，三人便各自分开。

没想到，不久杜甫前去看望远在山东的弟弟杜颖时，再次见到了李白。

第一章　家国情怀

赠李白

秋来相顾尚飘蓬，未就丹砂愧葛洪。

痛饮狂歌空度日，飞扬跋扈为谁雄。

见到了心目中崇拜的大哥，杜甫马上又和李白玩上了。

跟着他到处跑。找所谓的仙人和隐士。

有一天，他们去找隐士范十，半路上，李白摔了一跤，模样看起来十分滑稽，两人捧腹不已。

在范十家两人同吃同住，晚上同睡在一张床上，盖一床被子。

摆了通宵的"龙门阵"，这让杜甫很难忘。以至于多年后杜甫的生活吃了上顿没下顿时，依然会想起好朋友李白带给他的乐观态度，坚信春天一定会来临。

我读杜甫写给李白的诗，总被其中深厚真挚的感情所打动。

比如在冬天时，杜甫想跟李白一起闯荡江湖：

冬日有怀李白

寂寞书斋里，终朝独尔思。

更寻嘉树传，不忘角弓诗。

短褐风霜入，还丹日月迟。

未因乘兴去，空有鹿门期。

比如在春天时，杜甫想跟李白一起喝酒写诗看风景：

春日忆李白

白也诗无敌,飘然思不群。

清新庾开府,俊逸鲍参军。

渭北春天树,江东日暮云。

何时一樽酒,重与细论文。

以至于在安史之乱爆发时,杜甫最先担忧的不是自己的家人,而是李白的安危,听说李白可能死了,他夜不能寐。

梦李白二首·其一

死别已吞声,生别常恻恻。

江南瘴疠地,逐客无消息。

故人入我梦,明我长相忆。

君今在罗网,何以有羽翼。

恐非平生魂,路远不可测。

魂来枫林青,魂返关塞黑。

落月满屋梁,犹疑照颜色。

水深波浪阔,无使蛟龙得。

梦李白二首·其二

浮云终日行,游子久不至。

三夜频梦君,情亲见君意。

第一章　家国情怀

告归常局促，苦道来不易。
江湖多风波，舟楫恐失坠。
出门搔白首，若负平生志。
冠盖满京华，斯人独憔悴。
孰云网恢恢，将老身反累。
千秋万岁名，寂寞身后事。

两人相伴一段时间分开之后，杜甫前去长安，开启了人生漂泊的十年。

当时去首都长安的杜甫不会想到，这正是他后来的悲惨日子的开端。

那时候的杜甫刚好35岁，第一次来到帝都长安，顿时被这座城市吸引了，各种面孔的外国人，热闹的街市，好吃的美食，让他眼花缭乱。

这真是天堂。

而且让他高兴的是，自己还认识了很多写作的文人朋友，大家聚在一起写诗，喝酒聊天，日子过得舒服不已。

饮中八仙歌（节选）

知章骑马似乘船，眼花落井水底眠。
汝阳三斗始朝天，道逢麴车口流涎。

…………

> 李白一斗诗百篇，长安市上酒家眠，
> 天子呼来不上船，自称臣是酒中仙。
> ……………

这首诗算是杜甫诗歌中少有的轻松愉悦之作。

汝阳王李琎英俊潇洒，风流倜傥，喝醉了酒才去见圣上，半路上闹出不少趣事。

李白喝酒后都要写诗，直接出口成章。

一个叫崔宗之的文人喝醉酒了还要跳一支舞。

帝都真的是什么样的人都有，好玩。

如果生活一直这样下去该多好，可是梦终究是梦，要醒来的。

来到帝都之后，杜甫精神振奋，立志干出一番事业。

在熙熙攘攘的街头，杜甫对自己说，一定要出人头地，争取做一个"致君尧舜上，再使风俗淳"的人。

要让自己成为辅佐皇帝的大臣，让老百姓过上良好的生活。

娱乐的事情放一边，好好备考吧。

天还没有亮的时候，杜甫就起来复习功课了。此时的杜甫已经快36岁了，这样的岁数已经不再年轻，家庭的重担、家族的希望都寄托在杜甫身上。他明白，成败在此一举，以后的生活就靠这次考试了。

为了能够考上，杜甫先是花钱买来了历年的考试真题，翻来覆去做了几遍。

第一章　家国情怀

准备妥当之后，他便立即报了名。

公元747年，杜甫参加了唐朝额外举行的应制举。

拿到试卷的时候，杜甫一看，这卷子不难嘛，志在必得，很快就做完了。

交完卷子，他笑容满面地走出了考场。

过了一段时间，揭榜了。

杜甫特地买了一件新衣服，走到榜前一看，居然一个都没有录取。

奇怪了，自己难道是去考了个寂寞？

没错，和杜甫一样的众多考生被耍了。

这只能怪杜甫的运气不好，因为这年主持考试的官员正是奸臣李林甫。

为了证明自己的组织工作经得起考验，李林甫自编自导地组织了这次考试，考完后所有的考生试卷看都不看，直接给皇帝回报，启禀陛下，一个考生都没有上分数线，这说明，人才都在咱们朝廷里。

嗯，工作不错。

就是要把人才会聚在朝廷里面，为我大唐所用。

宰相工作，干得不错。

我果然是一位英明的皇帝，哈哈哈。

诸位大臣高呼：洪福齐天，皇帝圣明。

说完这话唐玄宗就找杨贵妃去玩了。

这也太水了，考试肯定有问题。

杜甫气愤不已，马上就写了几篇文章，然后借张垍的关系把信件

043

传给皇帝。

皇帝扫了一眼,说这人文采不错,让宰相出题看看此人是否有才。

接到通知后,杜甫顾不得潦倒的形象,马不停蹄跑到集贤院参加考试。

周围的人都窃窃私语,听说这是皇上点赞的书生,也不知道这人有没有本事,不过看那装束,也过得不容易,得了,咱们拭目以待吧。

正襟危坐的杜甫拿到试题之后,思考片刻,马上落笔成文:

莫相疑行(节选)

男儿生无所成头皓白,牙齿欲落真可惜,

忆献三赋蓬莱宫,自怪一日声辉赫。

集贤学士如堵墙,观我落笔中书堂。

写完之后检查一遍觉得不错,就自信地交了卷。

很不幸,这份试卷还是被李林甫判了"死刑"。

当然这篇章确实写得很深刻,但问题是他前几日才给皇帝表了态,所有的人才都被朝廷重用。正是:野无遗贤。如果现在录取了这杜甫,那就是打自己脸,给自己找不自在。

自然不行。

杜甫,只能怪你运气太差了。

于是,除了干等,没有任何好的消息带给杜甫。

帝都生活压力大,带来的盘缠早就所剩不多。

第一章 家国情怀

按照一般人思维，此处不留爷自有留爷处，老子换个地方依然过得好好的。

但杜甫认死理，我非要在京城找份工作生活下去，随便生活多么苦，一定要坚持下去。这一点往好了说叫坚韧，往坏了说叫偏执。

正所谓大城市容不下肉身，小城市容不下灵魂。

杜甫现在是懂了，有歌《我相信》云：

> 以前自己是想飞上天　和太阳肩并肩
> 世界等着我去改变
> 想做的梦从不怕别人看见
> 在这里我都能实现
> 大声欢笑　让你我肩并肩
> 何处不能欢乐无限
> 抛开烦恼勇敢地大步向前
> 我就站在舞台中间
> 我相信我就是我　我相信明天
> 我相信青春没有地平线
> 在日落的海边　在热闹的大街
> 都是我心中最美的乐园
> …………

现在全是柴米油盐，生活步步紧逼。

没办法,生存是第一要务。杜甫终于放低姿态,开始找人介绍工作。

碰见人就问需不需要帮忙。

生活所迫,压力巨大,高房租高物价,开销又大。

杜甫的生活已经过得非常艰难。

并且在来帝都后不久,他的父亲就因病去世。

没有了父亲的接济,自己已沦落到几乎要饭的境地了。

有诗为证:

奉赠韦左丞丈二十二韵(节选)

骑驴十三载,旅食京华春。

朝扣富儿门,暮随肥马尘。

残杯与冷炙,到处潜悲辛。

主上顷见征,欻然欲求伸。

青冥却垂翅,蹭蹬无纵鳞。

甚愧丈人厚,甚知丈人真。

以至于困顿得在市场上淘陈米吃,卖点药材,维持基本的生活。

不过,虽然生活过得不好,但他的心态还是不错的。

虽然现在像鸟儿折断了翅膀,但总有一天我会等到皇帝召见我的,那时候就可以施展自己的才华。

但这样的天真渐渐被残酷的生活碾压得体无完肤,杜甫逐渐从一个理想主义者向现实主义者不断过渡。

第一章　家国情怀

当生活跌落到底层时，杜甫一下子成熟了。

看待世事的眼光犀利不少，处处都是忧民的情怀。

杜甫外出的时候，路过曲江边，看见一些美丽奢华的贵族妇女在踏青，这些人听说都是杨贵妃的爱宠，一人得道，鸡犬升天。杜甫看在眼里，急在心里。不仅悲忧自己的生活，更担忧百姓的处境，在他的笔下，满是悲天悯人的心绪，正因为身处底层，才得以看见现实世界的残酷。

丽人行（节选）

就中云幕椒房亲，赐名大国虢与秦。

紫驼之峰出翠釜，水精之盘行素鳞。

犀箸厌饫久未下，鸾刀缕切空纷纶。

黄门飞鞚不动尘，御厨络绎送八珍。

箫鼓哀吟感鬼神，宾从杂遝实要津。

后来鞍马何逡巡，当轩下马入锦茵。

而此时，国家动荡。

皇帝不断用兵，强拉百姓，从军入伍，到处都是生离死别的凄惨景象。以致赤地千里，良田荒废。

正如他在《兵车行》所记述的那样：

君不闻汉家山东二百州，千村万落生荆杞。

纵有健妇把锄犁，禾生陇亩无东西。

况复秦兵耐苦战，被驱不异犬与鸡。

长者虽有问，役夫敢申恨？

且如今年冬，未休关西卒。

县官急索租，租税从何出？

信知生男恶，反是生女好。

生女犹得嫁比邻，生男埋没随百草。

君不见，青海头，古来白骨无人收。

新鬼烦冤旧鬼哭，天阴雨湿声啾啾！

杜甫待在帝都的日子，越来越不好过。

生活非常落魄，好的工作也没有找到一个。

时间久了，他也满腹牢骚，一度为自己的处境抓狂。

醉时歌（节选）

但觉高歌有鬼神，焉知饿死填沟壑？

…………

儒术于我何有哉，孔丘盗跖俱尘埃。

…………

而这个时候杜甫已经不再年轻，思来想去，苦等也不是办法。

这年代既然兵荒马乱，那从军应该是最好的出路。看有没有出息，毕竟好男儿戎装卫国。要是建功立业那也不错,即便是当不了将军,解决个温饱应该没问题吧。

对,当兵好。

抱着这样想法。

杜甫说干就干,立即动手写了一封自荐信寄给哥舒翰,自己对军事还是有一定见解,希望将军能够赏口饭给他吃。

前出塞九首·其六

挽弓当挽强,用箭当用长。

射人先射马,擒贼先擒王。

杀人亦有限,列国自有疆。

苟能制侵陵,岂在多杀伤。

战争年代,兵源也很重要。

从这首诗我们可以看出,杜甫的认识还是比较深刻的。

但天不遂人愿,杜甫满怀信心的自荐并没有成功。我个人分析原因,大概主要是因为他长期的营养不良导致身体消瘦,不够入伍标准。

再没收入,就要饿死人啦!

真没想到自己 40 岁了,还一事无成,时间都跑哪里去了。

万般无奈之际,杜甫顾不得那么多,开始给皇帝写信。公元 752 年,唐玄宗在这一年连续举办了三场大型的活动,分别是朝献太清宫、朝享太庙、合祭天地。

杜甫觉得这是个推荐自己的机会,用尽文笔先后写了《朝献太清宫赋》《朝享太庙赋》和《有事于南郊赋》,找人呈给皇帝。

唐玄宗收到了杜甫写的文章一看,哎哟,写得不错哦!留下来任用,于是下令让杜甫到集贤苑听候任用。

也就是说杜甫获得了当官的资格。仅仅是获得,要任用还需要等待空缺和机会。

此话不假,杜甫一等就是三年。

在老杜几乎快要忘记这件事的时候,朝廷的任命下来了,公元755年,"组织部"经过讨论。任命杜甫担任——河西尉。

这是一个基层的从九品小官。

一想到河西的荒凉和发展的前景,杜甫心就凉了,官职本来就比较低,还去一个荒凉的地方,这运气也太差了。

实在对不起自己的苦心等待,便婉言拒绝了。

但后来的事情证明,官职没有好坏,只有更差。拒绝后不久,很快又来了一个职位,右翼驻军曹参军,从八品的官职,主要职责就是看守武器。

因为生活实在艰苦,反正好歹有份工作,还是去吧。总比喝西北风强。

官定后戏赠(节选)

不作河西尉,凄凉为折腰。

老夫怕驱走,率府且逍遥。

第一章 家国情怀

再不工作就要饿死了。

收拾好东西之后,杜甫就上岗了。

才工作了十几天,上天就给了他一个打击。杜甫听说洛阳发生了洪灾,担心家人的安全,他准备抽空回奉先去了解情况。

从帝都到洛阳的半路上,他又听闻安禄山起兵造反的消息,叛军在渔阳起兵了。

他很快就意识到,一场大的政治危机和内乱要来了。

安禄山的部队势如破竹,到处烧杀抢掠,把唐朝搅得一片凌乱。

杜甫好不容易才回到了家,没想到,才进家门,就听到妻子杨氏凄惨的哭声。

接着就是一个晴天霹雳,因为生活难以为继,小儿子已经饿死了。

因为战乱,杜甫才上班不久就失业了。家庭困窘,生活挫折。再也没有这么苦的事了吧。

对于这个家,杜甫心里是愧疚的,因为他30岁才结婚,妻子贤惠,但自己却没有给家庭带来优越的生活。

自京赴奉先县咏怀五百字(节选)

老妻寄异县,十口隔风雪。

谁能久不顾,庶往共饥渴。

入门闻号咷,幼子饥已卒。

吾宁舍一哀,里巷亦呜咽。

所愧为人父,无食致夭折。

> 岂知秋禾登，贫窭有仓卒。
> 生常免租税，名不隶征伐。
> 抚迹犹酸辛，平人固骚屑。
> 默思失业徒，因念远戍卒。
> 忧端齐终南，澒洞不可掇。

家庭破碎，国家也陷入战乱。

安定的日子久了，所有人都不相信叛军攻打来了。甚至唐玄宗也没有想到，安禄山会造反。这人不是口口声声说，我们是相亲相爱的一家人吗？

这些都是表象，等到朝廷反应过来的时候，"安史之乱"已经爆发了接近一个月，叛军长驱直入，潼关随即失守，唐玄宗带领妃嫔逃离长安。

这个时候，杜甫也拖家带口，前往陕西的羌村躲避战乱。

安置好家人后不久，杜甫就听说太子已经在宁夏即位登基，是为唐肃宗。

杜甫觉得这是个好机会，去了没准就可以得到一个好的职位，从而报效国家。于是他马上收拾简单的行李，辞别了家人立即出发。未承想，走到半路就被叛军逮住，送到了长安。

到了长安，杜甫被眼前破碎的景象震惊了，到处都千疮百孔，长安和洛阳被叛军攻占后，已经沦为一片废墟，看着大好的河山成了这幅景象，杜甫的心里很难受。

哀江头（节选）

少陵野老吞声哭，春日潜行曲江曲。

江头宫殿锁千门，细柳新蒲为谁绿？

在长安残破的城墙外，他还发现了一个乞丐。

一打听，原来这人也是唐朝的贵族，为了躲避屠杀，才藏在此处，身上已满是伤痕。

哀王孙（节选）

问之不肯道姓名，但道困苦乞为奴。

已经百日窜荆棘，身上无有完肌肤。

作为贵族尚且如此凄惨，那百姓毫无疑问更没有活路了。国家动荡，到处都是民不聊生的境况。当杜甫得知唐朝的官军在陈陶作战失利的消息时，他的心情更是低落到极点。

悲陈陶

孟冬十郡良家子，血作陈陶泽中水。

野旷天清无战声，四万义军同日死。

群胡归来血洗箭，仍唱胡歌饮都市。

都人回面向北啼，日夜更望官军至。

国破家亡真的让杜甫心急如焚，他为此寝食难安：

春望

国破山河在，城春草木深。

感时花溅泪，恨别鸟惊心。

烽火连三月，家书抵万金。

白头搔更短，浑欲不胜簪。

杜甫在长安一关就是十个月。

有一天瞅着看守分心，他撒开腿就悄悄溜了。在走之前他喊郑虔跟他一起逃走，但因为担心危险，郑虔没有同意。

于是杜甫一个人趁着月黑风高，心惊胆战地开始了逃亡之路，穿越了重重危险之后，终于抵达了安全区。按照我们现在人的思维，离开了危险之地，首先应该是和家人团聚，安心过小日子。

但杜甫认为，做人要心怀国家，此时国家更需要他，于是他打听到唐肃宗在凤翔的消息，又赶紧跑到那里向皇帝报到。

当他衣衫褴褛风尘仆仆地赶到皇帝面前时，陈述了经过，唐肃宗也被他感动了。麻鞋见天子，衣袖露两肘。

辛苦了，杜甫同志，忠心可鉴。

为了勤王真是苦了你了，来吧，你来得正是时候。朕封你为左拾遗。这个职位主要是就给皇帝提一些意见，顺便推荐一些有识之士。

杜甫终于做官了，终于圆梦了。

第一章　家国情怀

但他的个性真不适合官场。才当上左拾遗不久就因为劝谏栽了。

具体来说，就是宰相房琯因为指挥失误，接连在陈陶和青坂打了两次败仗。

按理说，吃了败仗就要好好反思，哪知道他却和幕僚整天讨论一些虚无缥缈的佛学，皇帝早就看不惯了，这人还从不在自己身上找原因，反而对皇帝提出各种建议。

唐肃宗直接出手，借门客举报房琯贪污的事将其罢免。

大臣们都被这个举动吓了一跳，大家都噤若寒蝉。这时，杜甫却站出来说，皇帝，我认为这是下属的错，宰相是没错的，关键时刻罢免宰相不好！

蛇鼠一窝，帮房琯狡辩，肯定是同伙。亏我还给你一个好位置，认为你忠心耿耿。

唐肃宗正要动手处理杜甫，但被其他大臣劝住了，于是杜甫被皇帝记在了黑名单上。

杜甫觉得很委屈，于是继续陈述自己的主张，皇帝不胜其烦，给杜甫放了个假，好好回去歇歇吧。正好回家看看，经过长途跋涉，杜甫终于回到了羌村。

孩子还在，家人还在，活着真好。一家人抱头痛哭。和妻子儿女团聚后，杜甫觉得太幸运了。乱世中，能捡下一条命不错了。

羌村·其一

峥嵘赤云西，日脚下平地。

> 柴门鸟雀噪，归客千里至。
>
> 妻孥怪我在，惊定还拭泪。
>
> 世乱遭飘荡，生还偶然遂。
>
> 邻人满墙头，感叹亦歔欷。
>
> 夜阑更秉烛，相对如梦寐。

公元757年，官军终于收复了长安和洛阳。

杜甫带着家人回到了帝都。一切都似乎向着好的方向在发展。但很快，朝廷又陷入了政治动荡。一山不能容二虎，唐肃宗先下手为强，直接将王维、郑虔问罪关押，接着软禁唐玄宗。

前朝的大臣也要被清理出去，唐肃宗将房琯、严武和杜甫等人驱逐出长安，以绝后患。

杜甫被贬到华州做司功参军，工作环境很糟糕，事情多如牛毛。费精力不说，还不讨好。一些祭祀和教育之类的烦琐工作让他苦不堪言。华州因为处在长安的东边，并且靠近潼关，所以这里算是前线。

公元758年，郭子仪、李光弼等节度使收复帝都之后，出兵安阳包围叛军。此时，唐肃宗担心将领拥兵自重，于是就不设统帅，导致指挥权分散，作战很快失利。

唐军失败。

为了将叛军打败，补充兵源，朝廷下令强征百姓，拉壮丁入伍。

一时间鸡飞狗跳，到处都在拉兵，而在咫尺之间的华州更是成了重点征兵地区。

为了完成上级分发的招兵人数，各级官吏无所不用其极，不管百姓的死活，只要是活人统统带走。

石壕村有一户人家，三个儿子，之前就有两个已经在河南战死，只剩下老头、老太婆、年幼的孙子和儿媳。其他人赶紧躲，留下的老太婆开门随即也被抓走。

抓兵已经风声鹤唳，战争更是让人悲伤。

杜甫在这样的职位上，真切感受到了痛苦。

眼前之景让他过目难忘。此时，杜甫才明白，原来所有的富贵生活都是建立在人民的痛苦之上，少年的自己是富家子弟，从来不会感受到世间的苦痛。

经历过生活，才知道现实的模样。自此，杜甫非常同情人民的遭遇，只有社会安定，人民才有好日子过，此时的杜甫已经和人民站在一起了。

公元759年，杜甫辞去了华州参军的官职，再一次带着家人走上漂泊的生活之路。

他先是带着家人去泰州找朋友和亲戚，但是他们都过得不好，杜甫只好自力更生，种点草药为生。此时，生计已经成了最大的问题。

春天和夏天还能忍，冬天就不行了，缺少衣物御寒，全家都冷得发抖。

空囊

翠柏苦犹食，晨霞高可餐。

世人共卤莽，吾道属艰难。

不爨井晨冻，无衣床夜寒。

囊空恐羞涩，留得一钱看。

随着战争的肆虐，杜甫觉得秦州也不能待了，于是不得不跟着难民逃入四川，在那里他认识了人生的挚友——小他十四岁的严武。两人很聊得来，严武早就听闻杜甫的大名，在成都，担任成都尹的他为杜甫修建了草堂，由此，潦倒的杜甫终于有了安身之所。

虽然有了住所，但是仍然没有收入。杜甫的生活依旧很窘迫。

8月份的一天，因为刮起了大风，自家屋顶上的茅草都被风吹走了。村里有调皮的孩子，捡到茅草就跑，根本不顾年老体弱的杜甫在那儿口干舌燥地呼唤。

晚上又下起了大雨，一家人挤在屋里，风吹雨下。被子又冷又硬，大家根本睡不着。

想着自己的境地，杜甫更想到了天下的百姓，是不是也有很多像自己一样的人，渴望住在温暖的房子里。

茅屋为秋风所破歌（节选）

安得广厦千万间，

大庇天下寒士俱欢颜！

风雨不动安如山。

呜呼！

何时眼前突兀见此屋，

第一章　家国情怀

吾庐独破受冻死亦足！

自己过得落魄却心怀天下，这是何种博大的胸襟！现在时势动荡，百姓受苦，也不知道这样的日子何时是个头！

老杜，你听说了吗？

咱们官军打赢了，河南河北已经被收回来了。

真的啊！

公元763年，杜甫听到这个激动人心的消息欣喜若狂。七年了，终于等来了。这是他在蜀中过的第四年，他现在最担心的就是大好河山。

走吧，回去看看。于是收拾好行李，打算从成都出发，先坐船到三峡，到了襄阳再掉头回长安。

闻官军收河南河北

剑外忽传收蓟北，初闻涕泪满衣裳。
却看妻子愁何在，漫卷诗书喜欲狂。
白日放歌须纵酒，青春作伴好还乡。
即从巴峡穿巫峡，便下襄阳向洛阳。

回去可以，但是没钱怎么办？等等看吧。他只好继续留在四川。

但这样好的时光没有维持多久，公元765年，严武和高适也相继去世了。杜甫没了朋友的接济，不得不再次漂泊。他租了一条船，开始沿着烟波浩渺的长江顺流而下。

希望这次能顺利回到长安。

但回家的路也不好走。天气越来越冷了,人们都准备过冬了。而自己还在路途上漂泊,现在已经五十多岁,要钱没有钱,要家没有家。当他在白帝城登高的时候,这种悲伤的心情更是表露无遗。

秋兴八首·其一

玉露凋伤枫树林,巫山巫峡气萧森。

江间波浪兼天涌,塞上风云接地阴。

丛菊两开他日泪,孤舟一系故园心。

寒衣处处催刀尺,白帝城高急暮砧。

西南一带也很混乱,没想到这一漂泊就是两年的时间。

杜甫和家人一路上心惊胆战。沿途都是盗匪出没,抢劫的事情多得很。

而自己的身体状况也越来越不好。年纪大了,疾病缠身,早年的病卷土重来。他之前就有风湿和疟疾,现在又患上了肺病、风痹。

从他写的诗句中可见他饱受病痛折磨。

缘情慰飘荡,抱疾屡迁移出自唐·杜甫《偶题》

我多长卿病,日夕思朝庭出自唐·杜甫《同元使君春陵行》

肉黄皮皱命如线出自唐·杜甫《病后遇过王倚饮赠歌》

寒热百日相交战出自唐·杜甫《病后遇过王倚饮赠歌》

第一章 家国情怀

右臂偏枯耳半聋出自唐·杜甫《清明二首》

疾病让他痛苦。他从来没想到自己的晚年居然还在漂泊。

战乱、疾病、动荡一直伴着他。好不容易到了岳阳楼,却迎来了洪水。

杜甫和家人被围困了九天,才得以被解救出来。后来,他登上了岳阳楼,抱着衰弱不已的身躯写下了名篇《登岳阳楼》。

昔闻洞庭水,今上岳阳楼。
吴楚东南坼,乾坤日夜浮。
亲朋无一字,老病有孤舟。
戎马关山北,凭轩涕泗流。

人老了,亲人也不知道身在何处,而自己的身体每况愈下,时日不多。

公元770年,杜甫在船上病逝,没有迈过60岁的坎。并且因为战乱和其他原因,他的灵柩在四十三年后才由孙子杜嗣业迁回故乡,葬在先祖杜审言的旁边。

杜甫的一生可谓是落魄至极,除了少年时期的短暂幸福,他一生大部分的时光充满艰难坎坷。

我们可以想象,一位少时家庭富裕的诗人,大半辈子都在外地漂泊,虽然饱读诗书,但却生活艰难,要名气没有名气,要地位没有地位,要生活没有富足的生活，基本上人世间所有的悲欢离合、生老病死他都尝尽了。要是一般的人可能早就向世界投降了，化为尘埃。但杜甫不这样，无论过得怎么困窘，他的诗中永远都充满坚韧，永远都燃烧着希望。

他几十年如一日坚持写诗，给我们留下了宝贵的文化财富。他的诗号称"诗史"。读懂了杜甫就读懂了大半个唐朝。

杜甫对诗歌的贡献极大。对格律、字数要求十分严格的律诗，杜甫经过创新和研究，可以根据题意创作出极富韵味和灵动的诗歌内容。

很多诗人都努力研究过却没有成功。主要原因，我认为一是杜甫具有写诗的天赋；二是他很勤奋，为了写好一句诗可以翻来覆去地琢磨修改；更重要的是，他的生活体验比一般诗人丰富得多。

对诗歌的严格成就了杜甫，他一生写了一千多首诗，全都映照了生活。只有站得高才看得远。杜甫的一生就是诗歌的一生。虽然一生磨难重重，但杜甫在死后却获得了世人极大的肯定。就像艺术家凡·高一样，生前默默无闻，死后大放异彩。

在唐朝，他是所谓的一线文化诗人，但名气比不上李白、王维等巨星。直到元稹首先发现了他。有一年，元稹在给一户姓杜的人家写墓志铭的时候，发现了杜甫。

一读，杜甫的诗写得简直太好了，简直就是一部历史啊！越读越有韵味。

这就是"诗史"。

唐朝中后期开始，很多文坛巨匠都给予了杜甫极高的称赞。

唐代诗人韩愈在《题杜工部坟》中说："独有工部称全美，当日诗人无拟论。"

元稹在《叙诗寄乐天书》中说："杜诗浩荡津涯，处处臻到。"

到了宋代，很多大家纷纷解读杜甫的诗歌。

北宋司马光在《续诗话》中说："古人为诗，贵于意在言外，使人思而得之，故言之者无罪，闻之者足戒也。近世诗人惟杜子美最得诗人之体。"

王安石说："予考古之诗，尤爱杜甫氏作者。"

宋代诗人叶梦得在《石林诗话》评价道："诗人以一字为工，世固知之，惟老杜变化开阖，出奇无穷，殆不可以迹捕。"

杜甫就是这样一位战胜苦难的伟大诗人，他的身上闪烁着优秀的品质，给我们以无限的精神力量。他坚韧不拔，他忧国忧民，他专一痴情，他自律坚强，他尝遍苦痛悲惨，依然积极向上，他用诗歌铸就了一座精神的丰碑。

他和李白一起用诗歌书写了中华的文化，造就了诗歌的顶峰，光辉绵延了历史的长河。

同类诗人

屈原、范仲淹、陈子昂

意象小锦囊

1. 青丝：代指黑发，形容人年轻。此外，还可代指马缰绳、青色的丝绳。极少数代指柳絮。

2. 白发：常用来形容年长迟暮的愁苦，借指老人。

3. 凭栏：登高，远望怀人，想念故国。抒发仕途的坎坷和人生的愤懑，古代词人常凭栏伫立，一瞬间，悲欢离合、荣辱坎坷的哀愁都会涌上心头。

4. 浮生：李白的诗作《春夜宴从弟桃花园序》："而浮生若梦，为欢几何？"常用来形容虚幻短暂的人生。

5. 西楼：顾名思义，建在西边的楼房。"西楼"常用来表达男女之间的离别情绪。后来，演变成了寄托相思的代名词。

6. 云鬓：指姑娘柔美乌黑的头发，代指年轻漂亮的女子。

7. 倚楼：古代女子常常喜欢倚靠在楼窗或楼头栏干上，为用来抒发相思孤寂之情。

情感表达

心忧天下、忧国忧民、怀才不遇、壮志难酬、慷慨愤世等。

专业术语

1. 情境关系：借景抒情，情景交融，以景结情。

2. 结构特征：前后照应、承上启下，层层深入为下片做铺垫、过渡、悬念、伏笔、线索。

3. 主旨术语：以小见大，卒章显志。

链接高考——诗词鉴赏

绝 句

杜 甫

迟日江山丽,春风花鸟香。

泥融飞燕子,沙暖睡鸳鸯。

注释:此诗写于诗人经过"一岁四行役"的奔波流离之后,暂时定居在成都草堂。

问:此诗描绘了怎样的景物?表现了诗人怎样的感情?请简要分析。

【分析点拨】

这是意境分析题的一种,它的提问方式还有其他变式,比如,表现了怎样的画面,诗中描绘了什么样的意境,等等。

解答这样的题,我们要分三步走。先用几个字来概括描绘了什么样的画面,然后用散文化的语言描述画面,接着再答诗人的情感(为什么会有这样的情感,要加上原因)。

注意要分点数答题,要用专业术语,答出层次感。

【参考答案】

这首诗描绘了一幅美丽的初春景象(概括性话语),春天阳光普照,江水映日，春风送来花草的清香。泥融土湿，燕子正繁忙地衔泥筑巢。日丽沙暖，鸳鸯在沙滩上静睡不动。这是一幅色彩明净炫丽的图景，表现了诗人结束漂泊后，生活安定闲适的心境。

【适合话题】

人生奋斗、责任、信仰、忧国忧民……

- 第二章 -

◆ 建功立业

一位诗人的"王者荣耀"——韩愈

一、人物档案

姓名：韩愈　　　　　　　　生卒年：768—824 年

别号：昌黎先生　　　　　　职业：诗人、官员

性别：男

学历：进士

籍贯：河南河阳（今河南孟州）

诗词派别：韩孟诗派

所处时代：唐朝

代表作品：《师说》《马说》《送孟东野序》等

主要成就：古文运动的倡导者，语言巨匠，有"文起八代之衰"的美誉，明代称其为"唐宋八大家"之首。

二、人物小传

说起韩愈的一生，可谓是跌宕起伏。但他从未放弃与悲惨命运的抗争，始终坚定信心，最终逆袭成为王者！

要说诗人中从出生就很苦命的人，韩愈至少能排前三。

为什么这么说，我们先看看他的生长环境和家庭。韩愈出生的时

候,唐朝刚经历了安史之乱,此时民生凋敝,藩镇割据,朝廷大权被宦官把持。在这种兵荒马乱的年头,韩愈在一户贫苦人家出生了。结果,韩愈刚出生不久,他的母亲就去世了,也有一种说法是改嫁了。韩愈长到3岁的时候,父亲也去世了。

父亲母亲都没了,这真的太惨,人生可谓实苦。在这种情形下,他只能和哥哥相依为命,结果12岁时,哥哥又被贬到广东。兄长郁闷不已,整日借酒浇愁,没想到去见了阎王。从此,韩愈几乎成了孤儿。

好在嫂子对他不错,视若己出。要是放到现在,估计很少有这样对待小叔子的吧。这位女子,我相信,她肯定是一位面慈心善的好人。

从记载来看,她对待韩愈和自己的儿子韩老成一样,有什么吃什么,一视同仁。

这种言传身教,让韩愈认识到,原来有一种爱叫作长嫂如母。

古代女子三从四德,如果没有丈夫就等同于没有依靠。为了谋生,她只好跋涉千里,带着儿子和小叔子从广东辗转回到自己的家乡河南,选择一个熟悉的地方定居下来。那时候没有动车、飞机,靠的都是原始的交通工具,在交通非常困难的年代,其中的艰辛不言而喻。

穷人的孩子早当家,父亲和哥哥留下的遗产本就不丰,经历过生活困苦的韩愈对出人头地有着强烈的渴望。学而优则仕,当官成了读书人最好的选择。

19岁的时候,韩愈带着家人的期望,孤身一人,前往唐朝的首都长安参加科举考试。

人生需要一个目标,有目标才有奋斗的动力。顶级富豪会说,目标就是先挣一个亿,而韩愈的目标就是考上进士,最好得个状元,那样就可以,嘿嘿,衣锦还乡。带着强烈的改变自己命运的渴望,韩愈走进了考场。

很快,成绩就出来了,榜单贴在城墙外面,韩愈和众多考生一起挤上去查看,结果从前看到后他也没有看见自己的名字。残酷的现实给了他当头棒喝。是的,第一次考试,他落榜了。

韩愈从小学习就很刻苦,成绩很好,尤其作文,是他擅长的科目,皇甫湜在《韩文公神道碑》中称赞他的老师韩愈是"七岁属文,意语天出",写得一手好文章,可谓是当地家喻户晓的优等生。

第一次落榜后,韩愈心情很差,就像霜冻的茄子,怏怏的。嫂子是一位通情达理的人,就安慰他:阳光总在风雨后,请相信有彩虹。风风雨雨都接受,我一直会在你的左右。人生路上甜苦和喜忧,愿与你分担所有。难免曾经跌倒和等候,要勇敢地抬头。

有了嫂子的鼓励,韩愈在贞元四年(788年)再一次鼓起勇气参加考试。结果还是落榜。

第三次,依然落榜。

我们都知道,往届生复习的压力都特别大,而唐代的科举考试,难度在历朝历代中是排在前三的,每一次录取的名额非常有限,一般就二三十人,而这当中除掉关系户,面向社会考生的名额更是少之又少。

韩愈面对的就是这样残酷的现实。古代考试花钱比现代多,一方面交通不便,因此参加科举考试光是住宿和交通的费用就是很大一笔开支;另一方面韩愈家没有多少经济来源,自己在长安早就花光了钱,要不是堂兄的上级怜悯他,他早都沦为乞丐要饭了。这也是为什么韩愈考不上非常痛苦的原因。嫂子在家期盼着,自己考不上,长安竟然没有自己的容身之处,再这样下去,不知道路在哪里?

韩愈连续三次考试失利,遭遇重大打击,不仅耗费了精力和财力,也让他患上了考试恐惧症,以至于他没有勇气参加第四次考试,打算就此放弃,好好找一份工作养活自己。

嫂子听说韩愈要弃考,就劝他,人生没有过不去的坎,做人就要坚如磐石,苦难和挫折是一笔财富。奔跑吧,韩愈!

在家人的鼓舞下,韩愈抱着不成功便成仁的心态,公元792年,再一次拼尽全力参加了考试。这一次,他如愿以偿,以第十三名进士及第的成绩成功上岸。

考上归考上,但他还是不敢掉以轻心。在很多人看来,考上了进士就可以做官了,我给你讲,那太天真了。你们都被电视剧里的桥段给骗了。

按照唐朝领导干部选拔任职规定的相关条款,考上进士,只是具备了从政的基本资格,要做官还必须参加吏部组织的选拔性考试,也就是和全国各地脱颖而出的文人来一次终极大比拼,这次考试被称为"铨选",难度比考中进士还大。

韩愈考了一次铨选,失败。

再考一次,依然失败。

又来,再失败。

这是上天故意考验我吗?韩愈不止一次自嘲,他在《上宰相书》

中自述，"四举于礼部乃一得，三选于吏部卒无成"。表达了这种无奈，这是什么运气啊，一次又一次的打击。

其实也不是韩愈写作不行，而是有两个方面的原因。第一，他考试选的博学宏词科，这是对写作要求很严格的骈文。这一点，韩愈恰恰不擅长。所以说，选择有时候比努力更重要；第二，唐朝组织部选拔干部，考试自然实力很重要，但是关系需要打点。也就是给主考官送点土特产，问候一下，通过熟人介绍，花点钱请客吃个饭，拉下关系是必须的。这在当时有个专业的词叫作"干谒"。这就是人情世故。

韩愈不懂？并不是不懂，只能说他没有这个条件。他很小的时候父兄就去世了，家里经济拮据，又没有背景和关系，加上从小没有人教导，只晓得刻苦读书，所以这方面的领悟能力就差了很多，因此考试考不上，也就不奇怪了。

长安作为唐朝的首都，物价高昂，经济窘迫的韩愈在长安租房住了十年（公元786年—公元796年），什么都没有得到，钱是越来越少。

不行，还是找份工作养活自己吧。要不然再这样下去非得饿死了。在残酷的现实面前，他也不顾及脸面了，赶紧给当朝的宰相写了几封信，请求给他一个职位，只要能解决温饱就行，可谓是各种卑微，好话都说尽了。然而信寄出去后杳无音信。

高高在上的领导成天公务缠身，忙都忙不过来，哪能顾及他的信呢！

韩愈自认为还是很有才华的，可是为什么混得这么差呢？是因为没有伯乐啊！

因此才有《马说》里的经典名句:"世有伯乐,而后有千里马。千里马常有,而伯乐不常有。"

自己混得不好就是少个伯乐!

考没考出个名堂,仕途没有希望,首都大城市容不下肉身,小地方又放不下灵魂。人生真的太难。屋漏偏逢连夜雨,正在他灰心丧气之际,传来了晴天霹雳,那个待他如母的嫂子去世了。在韩愈的心中,嫂子就是母亲,就是心中最重要的人。公元795年,韩愈马不停蹄地离开了长安,匆忙回到了河南洛阳给嫂子办丧事。

在回去的路上,韩愈悲伤不已,想到自己多年漂泊,一事无成,就倍感辛酸。

有钱任性,没钱认命。既已至此,还是要活在当下。

伤心的长安不想去了,那就去另一个地方试试吧。

公元796年,韩愈到达了汴州。因为毕竟是进士的身份,文字功底还是不错的,他很快就找到一份工作,那就是在董晋的府里担任节度掌书记,相当于现在的秘书。工作内容很琐碎,除了要写各种材料,处理文书、信件之外,还要处理细枝末节的事情。韩愈在《徐泗豪三州节度掌书记厅石记》中对这个职位有这样的记录:

> 书记之任亦难矣!元戎整齐三军之士,统理所部之甿,以镇守邦国,赞天子施教化,而又外与宾客四邻交;其朝觐、聘问、慰荐、祭祀、祈祝之文,与所部之政,三军之号令升黜,凡文辞之事,皆出书记。

翻译成现在的话来说，就是当个掌书记一天各种事多多！

工作又苦又累不说，待遇还低，而且还有很大的风险性。在汴州工作了三年，董晋蹊跷死去，韩愈护送董晋的灵柩才走了一会儿，就得到卫兵传来的消息，汴州发生暴乱，他身边很多昔日一起工作的同事直接被杀掉了。韩愈吓出了一身冷汗。

好险，躲过一劫。但转念一想，糟了，老婆孩子还在那里。

心急如焚的他马上扔下手上的安葬工作，委托给其他人，自己单枪匹马回去找老婆孩子，跑到半路的时候，遇到了一位朋友，听说妻子和亲戚们已经离开了汴州，在去往徐州的路上了。

韩愈又跑到徐州，找到了家人。他这才松了一口气。

汴州是不敢回去了，他在徐州又重新找了一份工作。

还是幕府的秘书，但这次跟的领导是个文化人，喜欢文学，名字叫张建封。他早就听说了韩愈很有才华，加上两人关系不错，于是就让韩愈在自己手下干，虽然是临时工，但享受正式职工一样的待遇。

但干了没多久，韩愈就受不了了，觉得太受约束。

主要原因是张建封是一个雷厉风行的人，做事情要求特别严格，一天打卡签到四五次，中午也不能随意离开单位，工作时间要随叫随到，即使有事情那也不行，必须无条件服从。

韩愈是一个崇尚自由的人，最受不了的就是严苛变态的制度，工作只要在一定时间内干好就行了，用得着一天到晚天天在单位耗着？本来朝九晚五的事情，硬生生被领导压榨成了朝六晚十二。

韩愈的身体明显受不了。事实上也是如此，一个单位如果把考勤

第二章 建功立业

抓成了最主要的工作,那基本上这个单位也就没有多少活力了。

辛苦点无所谓,你涨点待遇啊!

加班给个加班补贴啊!这样大家干工作也就没有多少怨言了。

这种"光让马儿跑,又不让马儿吃草"的事情是绝对不会长久的。

带着为单位同事也为自己的想法,韩愈写了一封信《上张仆射书》:

> 晨入夜归,非有疾病事故,辄不许出。当时以初受命不敢言古人有言曰:人各有能,有不能。若此者,非愈之所能也,抑而行之,必发狂疾。

这封信,先就单位的种种弊端进行了统筹性的分析,然后有理有据地提出了建设性意见,希望领导调整思路,给单位的员工一个相对的自由度。再这样下去,人都要崩溃了。

员工提的意见只能作为参考,张建封当天收到信后草草地看了一眼,没太大反应,只是淡淡说了一句,单位还是要有个单位的规矩,如果都自由散漫,那怎么行?说完,头也不回地带人出去参加自己喜欢的球类运动了。

韩愈见没有收到效果,热情未减,以为是言辞不够恳切。赶紧又写了一封信《上张仆射第二书》:

> 愈再拜:以击球事谏执事者多矣,谏者不休,执事不止,此非为其乐不可舍、其谏不足听故哉?谏不足听者,辞不足感心也;

075

乐不可舍者，患不能切身也。今之言球之害者必曰：有危堕之忧，有激射之虞，小者伤面目，大者残形躯。执事闻之，若不闻者，其意必曰：进若习熟，则无危堕之忧；避能便捷，则免激射之虞；小何伤于面目，大何累于形躯者哉！愈今所言皆不在此，其指要非以他事外物牵引相比也，特以击球之间之事明之耳。

用现在的话来说就是：你身为单位的领导，本来应该以身作则，但你上班的时间却用来击球，这才是不务正业。

张建封的爱好就是"击球"，不过这种玩法是在马上用器械钩球，也是一项有钱人才玩的运动。

张建封这次认真看了一遍，立即火冒三丈。击球是我的爱好，要你一个员工说三道四。况且，身体是革命的本钱，只有身体好才能把工作搞好，直接回复韩愈："儒生之见。不予采纳。"相当于把韩愈怼回去了。

韩愈很气啊，尤其是看到以前的几位进士朋友混得好，他越觉得自己痛苦。自己的才华没有遇到对的人，怎么运气这么差。这个世界上，不缺的是人才，缺的永远是领导的眼光。"世有伯乐，然后有千里马，千里马常有，而伯乐不常有。"

想来想去，他觉得这份工作没有意思，愤而辞职。带着家人离开了徐州。

韩愈这个人毋庸置疑有才华，但自身也有问题，动不动就喜欢提意见。换成现在，他这种刚直不讨好的性格也很难混出来。

第二章　建功立业

不是每一个领导都是你想说就说的！

这个道理你不懂？

懂！但做不到，所以我们有时候讲性格决定命运，这话不假。这也是韩愈一直混不好的主要原因。

韩愈离开张建封后不久，张建封就因病去世了，徐州也陷入了暴乱。

运气又给了他，这死里逃生的次数也是绝了。

看来，秘书这个工作不好干，韩愈突然有所顿悟了，自己为什么被人家招之即来，挥之则去？还不是因为没有地位，是临时工，做什么事情出了问题只有背锅的份儿！残酷的现实让他明白，身份决定工作地位，单位决定是否尊贵。公务员的工作还是要好很多啊！自己再去考一次吧。

第四次参加吏部的考试，没想到韩愈又没有考上，结果一出来，他都崩溃了，这是什么运气，难道天要亡我。不信邪的韩愈决心再考一次，这一次考不上就打算回家务农，当一名真正的农民。

坚持就是胜利，此话不假，前提是你要意识到什么才是正确的道路。有的时候坚持那一点点，的确可以柳暗花明。

事实上，公元801年，考完第五次试的韩愈等来了想要的结果，终于欣慰地笑了，考过了铨选，韩愈被朝廷任命为国子监的四门博士。这个职位的主要工作内容就是负责七品官员的子弟和平民的教书育人工作，相当于大学里面的副教授级别。

从公元792年，韩愈考中进士，再到806年，他到吏部走马上任，跌跌撞撞十四年，他终于获得了人生的成功。韩愈的经历告诉我们，面对挫折困难，要鼓起勇气，迎难而上。

按理说京官不错了，这个教书的职位虽是官场里的冷门，待遇不高，但如果只负担几个人的家庭生活费用还是绰绰有余的。可韩愈要养活的是三十多口的大家庭，除了自己的家人外，还有堂兄和侄儿一家人的生活需要接济。

京城本来物价就高，因此韩愈的生活比较困顿。据说，到了冬天，全家人都冷得缩到一起，缺少御寒的衣服，日子可谓十分艰苦。

有诗为证，在《苦寒》这首诗里，他写道：

肌肤生鳞甲，衣被如刀镰。
气寒鼻莫嗅，血冻指不拈。

翻译成现代的话来说，就是皮肤冻出了伤口，连手指都出血了。

我们现在觉得教授高不可攀，可这个如今看起来非常有地位的工作，在当时却不受待见。当时的社会风气就是耻学于师，既不愿意请教老师，又不愿意当老师，甚至很多读书人都认为到国子监读书是一种耻辱。这造成本地生源不同程度地流失。

韩愈对此深恶痛绝，德高为师，身正为范。他不仅觉得当老师好，当老师光荣，还写了一篇文章来点赞老师。

没错，那篇文章就是《师说》，很多关于老师的名言警句都流传了下来，比如：

古之学者必有师。师者，所以传道受业解惑也。人非生而知

第二章　建功立业

之者，孰能无惑？惑而不从师，其为惑也，终不解矣。生乎吾前，其闻道也固先乎吾，吾从而师之；生乎吾后，其闻道也亦先乎吾，吾从而师之。吾师道也，夫庸知其年之先后生于吾乎？是故无贵无贱，无长无少，道之所存，师之所存也。

——《师说》节选

并强调了从师学习的重要性，"人非生而知之者，孰能无惑？惑而不从师，其为惑也，终不解矣"。

不管对方年龄大小，职务高低，只要有疑问，找到韩愈，他都有问必答，非常认真。其中就有年长的张籍，韩愈依然收他为弟子。

在国子监工作三年，韩愈兢兢业业，他大力倡导尊师重教的学风，号召大家以身作则。在他的主持下，学习的人越来越多，可谓是门庭若市。自己的仕途之路十分坎坷，因此他对于晚辈总是能帮则帮。比如当时出生于没落贵族之家，名声不显的李贺。因为韩愈看他有才华，就给他写推荐信。韩愈认为写文章要"文以载道""文道合一"，要有真情实感，不能流于表面，要深入内核挖掘。韩愈的行文风格和他的性格一脉相承，有啥说啥，这种性格一方面让他的文章通俗易懂，生动有趣，同时也给他带来了意想不到的麻烦。

在国子监工作期限满了之后，韩愈通过熟人京兆尹李实的关系，担任了监察御史的官职。这个职位虽然不高，但是因其岗位的特殊性，可以参与国家大事的讨论，因此举足轻重。

他担任监察御史没有多久，京城就遭遇了特大旱灾，很多良田颗粒无收，饿殍遍野，到处都是流离失所的难民，举目所见一片凄惨的景象。

韩愈在诗《赴江陵途中，寄赠王二十补阙李十一拾遗李二十六员外翰林三学士》中写道：

> 传闻闾里间，赤子弃渠沟。
> 持男易斗粟，掉臂莫肯酬。
> 我时出衢路，饿者何其稠。
> 亲逢道边死，伫立久咿嚘。

朝廷考虑到这一情况，下令免除了百姓这一年的租税，避免百姓雪上加霜。

但是京兆尹李实却不同意，认为虽然有旱灾，但总体是可控的，庄稼收成影响不大，交点税也没有什么大不了。

百姓在灾荒之年，为了活命，卖儿卖女，穷困潦倒。这种惨状让韩愈动了恻隐之心，他不顾李实对自己的照顾提拔，写了一封举报信《御史台上论天旱人饥状》，陈述京城民不聊生的景象，实名举报京城某些官员谎报灾情，压榨百姓的事实，并建议朝廷派人实地考察，尽快停止征收赋税，立即开仓赈灾。

这个举动把李实等人得罪了，朝廷很多人都在说灾情可防可控，就你一直在捅窟窿，加上韩愈平时嘴不留情，得罪了不少官员，因此有怀恨在心的人立即推波助澜，火上浇油。

这样，韩愈没有等到朝廷对相关责任人的处理，自己却因为"诽谤朝政"被贬到连州的阳山境内，担任县令。

古代的阳山位于现在的广东省清远市，现在经济发达，可唐朝的时候那就是穷乡僻壤，蛮荒之地，交通不便，土匪猖獗。韩愈带着一家人从京城出发，走了六十天才到达阳山。

到了之后发现，这地方果然穷，自然条件太恶劣，生活不便。阳山属于粤语山区，当地人都讲土话，韩愈被贬到此地就很痛苦，想找个说话的人交流都不行，根本听不懂。经此教训，韩愈终于明白，说话管不住嘴，早晚要吃大亏。既来之则安之。在阳山，他为当地的百姓做了很多事情，尤其教育方面，广收学生，培养了很多杰出的人才。

在勤恳工作的同时，他也在等待回京的机会。

机会很快就来了，公元805年，永贞革新持续了一年就宣告失败，新皇登基，是为唐宪宗。他上台之后严厉打击改革派，韩愈得以返回长安，仍然到国子监的岗位上工作。

工作了一段时间，谣言四起。韩愈为了求得清静，要求换个地方。接着就到洛阳。到了洛阳后，他也没有闲着，干了两件大事，第一件事就是严厉反对宦官的做法，建议朝廷从严从紧限制寺庙和僧人的数量，这样国家可以节约钱财，保障农业人数，开垦生产。第二件事就是反对地方割据势力，建议对假冒军人从严处罚，维护社会治安。

韩愈的行为让上司烦心不已，捅开的娄子没准就会牵连自己。

委婉地提示一下韩愈，韩愈也不理，直接说就是自己的职责。

元和二年（807），韩愈调到洛阳任职，河南学子纷纷写诗目荐，韩愈在这些诗稿中被一首《雁门太守行》所打动，他不敢相信这竟然出自一个18岁的少年之手，于是约上好友皇甫湜一起前往昌谷见此人，看他是否有真才实学。结果李贺当即动笔写下一首《高轩过》，这诗颇有气势，让韩愈连连赞叹。在了解到他的家庭情况后，鼓励他，来年我主持河南省考，你一定要来考试，大唐需要你这样的青年才俊。

但是听到小道消息的考生，嫉妒心起，到处散布谣言，说李贺不能去考进士，因为父亲的名字和进士谐音。考了就是不肖子孙。同时还乱七八糟地到处讲李贺的坏话。

在这样的情况下，李贺被吓到了。韩愈知道了后安慰他说：荒唐，如果父亲的名字叫"仁"，那岂不是不能叫人了，勉励李贺不要被流言蜚语吓到。

但李贺胆小，居然吓出了心病，结果27岁便抑郁而终。

随着时间的推移，韩愈的名气越来越大。很多人都花钱竞相邀请韩愈写文章。

韩愈的收入也水涨船高，生活因此而得到改善。

在48岁这一年，他还花钱在长安买了一套房子，全家人都搬到里面住。奋斗了大半辈子，终于有了一个安身之所，烦恼一扫而光。

他总是对儿子说：梦想总是要有的，万一实现了呢？

示儿

始我来京师，止携一束书。

第二章　建功立业

辛勤三十年，以有此屋庐。

此屋岂为华，于我自有余。

中堂高且新，四时登牢蔬。

文坛的领袖人物，韩愈有自己的位置了。让他声名大震的则是出征淮西。

公元814年，淮西节度使吴少阳去世，其子吴元济没有选择向朝廷报告，而是伪造少阳遗表，对外称病，要求让元济接任节度使，朝廷没有同意。这个时候，吴元济勾结河北等地势力，攻城略地，公开与朝廷决裂。

宰相武元衡和裴度等大臣是主战派，要求朝廷派遣军队镇压叛乱，而主和派则反对朝廷大动干戈。在这种情况下，此时担任中书舍人官职的韩愈赶紧上了一封《论淮西事宜状》，陈述了征战的必要性，建议皇帝亲自出征，以鼓舞士气，并陈述了自己的作战计划。

上书言战不久，主战派代表人物武元衡就在路上被人暗杀。裴度也受了伤。这两件事情终于让唐宪宗下定决心出征，任命裴度担任宰相，裴度则提拔韩愈担任军中的参谋。

这次战役的重要性不言而喻。在出征之前，韩愈写了一首诗，表达了自己的心情：

过鸿沟

龙疲虎困割川原，亿万苍生性命存。

谁劝君王回马首，真成一掷赌乾坤。

韩愈是一位文人，却发挥了千军万马的作用。为了确保这次战役取得胜利，他先是面见了蠢蠢欲动的节度使韩弘，晓之以利害，迫使韩弘不敢轻举妄动。然后给裴度献计，要求自己带兵打仗，主动带领千人左右的部队，突袭蔡州。因为韩愈的主张和裴度心腹将领李愬不谋而合，于是计划得以实施，他们取得了关键性的胜利。

打了胜仗就是爽。回来的路上众人激动不已。韩愈也作诗一首《次潼关先寄张十二阁老使君》：

荆山已去华山来，日出潼关四扇开。
刺史莫辞迎候远，相公亲破蔡州回。

淮西评定之后，论功行赏，韩愈升任刑部侍郎，正四品。为了纪念这次功劳，众人推举由功底深厚的韩愈写一篇赋《平淮西碑》。对于这样的任务，韩愈用心写了几十天才完成。写完之后就刻碑纪念，同时印发抄本，号召广大官员学习。

李愬妻子看到后气不打一处来，全篇文章都在讲宰相的功劳，自己的老公作为抗战先锋，功劳辛苦居然一笔带过。她十分不满，就找皇帝闹。她是皇帝的堂姐，唐宪宗没有办法，只好换人来写，这一度让韩愈很憋屈。

韩愈在年少的时候就信仰儒教，反对有神论。尤其是对社会上捐钱修寺庙之类的事情很看不惯。佛教在当时很流行，在长安附近有很多寺庙。其中有座寺庙就供奉有所谓释迦牟尼的一节指骨，被称为佛骨，寺庙每隔三十年就会把佛塔打开，供人朝拜。

淮西平定之后，火烧眉毛的事情解决了，唐宪宗也开始迷恋一些长生不老的丹药，不理政务，而迎佛骨则成了他的喜好。

公元819年恰逢佛塔开放的时间，宪宗就想把佛骨接到宫中，自己跪拜，认为一方面可以保护天下太平，另一方面可以让自己长生不老。

皇帝的爱好，大家都知道，一些阿谀奉承的大臣纷纷表态拥护皇上的"英明"决定，只有一个人唱反调，这个人就是韩愈。

这么迷信的事儿，怎么能信呢？！

于是韩愈写了一篇《论佛骨表》，表达对此事的反对。他在文章的开头就表达了自己的观点：

> 臣某言：伏以佛者，夷狄之一法耳，自后汉时流入中国，上古未尝有也。

后面就各个朝代帝王的寿命进行了对比，没有佛教的时候，皇帝都活得好好的，而：

> 汉明帝时，始有佛法，明帝在位，才十八年耳。其后乱亡相继，运祚不长。

也就是说引进佛教之后，这些皇帝的寿命越来越短，朝代也不长，因此结论就是，供奉佛教没有好处，不靠谱。

接着又从佛教的创始人和发源地论述，他不是中国人，也不了解我们，凭啥我们要跪拜他。

> 况其身死已久，枯朽之骨，凶秽之余，岂宜令入宫禁？

你说有功劳可以理解，可这不就是一具死去的尸体？你却非要放在宫里来朝拜，这种做法合理吗？

所以我认为：

> 乞以此骨付之有司，投诸水火，永绝根本，断天下之疑，绝后代之惑。

只有把佛骨销毁了，我看才是要做的事。

韩愈写的这篇文章可谓是唇枪舌剑，观点火爆，痛批皇帝的荒谬作风，尤其是其中一句话"事佛渐谨，年代尤促"更是让皇帝吐血。

你要是越信，就会越短命。还是不信为好。皇帝气得暴跳如雷，马上就要杀了韩愈。

周围的大臣赶紧劝话，韩大人虽然说话很难听，但也是一片好心。皇帝你要息怒，你要是杀了他，以后都没有人敢提了。

唐宪宗怒不可遏：

第二章 建功立业

愈言我奉佛太过，我犹为容之，至谓东汉奉佛之后，帝王咸致夭促，何言之乖剌也！愈为人臣，敢尔狂妄，固不可赦！

这种大臣，你说我过度信奉佛教我可以理解，但说信奉佛教都短命，这还是人话吗？朕非要杀了韩愈。

冷静了一夜，第二天唐宪宗的怒气消了大半。韩愈的胆子是越来越大了，虽然杀了韩愈有点过分，但不处理他，唐宪宗觉得实在没得面子。于是，他将韩愈贬到了广东任潮州刺史。

再一次匆忙离开京城，韩愈内心的凄苦可想而知。这次离开，路途遥远不说，道路的艰险也是前所未有的。自己年事已高，能不能顺利到达都是未知数。

带着一家老小，在寒冬时节出发，韩愈一家人步伐缓慢。韩湘担心爷爷韩愈一家人的安危，一直送他到了蓝关。韩愈说，回去吧，我知道你送我是害怕我突然死掉，这次命运如何，就听天由命吧。

左迁至蓝关示侄孙湘

一封朝奏九重天，夕贬潮州路八千。
欲为圣明除弊事，肯将衰朽惜残年！
云横秦岭家何在？雪拥蓝关马不前。
知汝远来应有意，好收吾骨瘴江边。

因为自己的意见，使得全家人都跟着受罪，韩愈的内心满是愧疚。

尤其让他难受的是，因为艰险的路程，加上凄风苦雨，导致自己的一个女儿在半路死去，连埋葬都是简单处理完事。到了潮州不久，自己的另一个侄儿也患病去世。

去岁自刑部侍郎以罪贬潮州刺史乘驿赴任……留题驿梁

数条藤束木皮棺，草殡荒山白骨寒。

惊恐入心身已病，扶舁沿路众知难。

绕坟不暇号三匝，设祭惟闻饭一盘。

致汝无辜由我罪，百年惭痛泪阑干。

逝去的两位至亲让韩愈念念不忘，备感自责。但一想到自己怼了天子还能活命，也是沾了不错的运气。韩愈直言劝谏被贬潮州的事情，很快就流传开来，很多人对韩愈佩服不已，这韩大人果然是敢说敢做，真乃一代豪杰。

到了潮州之后，韩愈没有因被贬而气馁，他积极谋划，发展当地的教育，做了很多好事。

后来，唐宪宗听说了韩愈在潮州的事，心一软，就将他调到了离长安近一点的江西任职。

韩愈之前说的，越信佛越短命，竟然一语成谶。唐宪宗执意迎佛骨之后仅仅一年多，就去世了。

新登基的皇帝唐穆宗，早就仰慕韩愈的名气，于是让其返回长安，为国家效力。

公元 822 年，此时，韩愈已经 54 岁。

国内再次硝烟四起，藩镇又开始兴风作浪，成德军节度使田弘被下属杀害，藩镇谋求自立。

朝廷派遣兵部侍郎韩愈前往谈判。

众人都为他捏一把汗，你一个人单枪匹马去了，万一有什么差错那可不是说着玩的，搞不好要丢掉小命。皇帝也担忧，派人给韩愈传达自己的意思，你远远打探一下就行了。

但韩愈却坚持要去，自从政开始，他就不怕死，为此跟很多大臣、跟皇帝怼，就是因为他韩愈是一个敢说敢做的人。

韩愈到了之后，不顾年事已高，到藩镇的军营开展攻心宣传，造反就是死，好好活着就能享受荣华富贵，各位自己选，如果一意孤行，那吴元济就是下场。这话直接说到士兵内心深处。气焰嚣张的节度使代理人王廷凑立马表态好好生活，不再作乱。

藩镇之乱就此消除。

韩愈活了 57 岁，于公元 824 年在长安逝世，安葬在今河南省孟州市，为了表彰其功绩，追赠礼部尚书，谥号"文"，世称"韩文公"。公元 1078 年，追封昌黎伯，并从祀孔庙。

韩愈生活的年代，有很多诗词大家出世，比如白居易、元稹、孟郊等都出生在这个年代，但只有韩愈被人称为"百代文宗"。

作为一名刚直的官员，他智勇双全，可谓是能文能武。

作为一名热爱文学的官员，他倡导的古文运动，对后世产生了深远的影响。

作为一名热爱教育的学者,他为教育鼓吹呐喊,兴办教育,广收弟子。苏轼在《韩文公庙碑》里写道:

> 文起八代之衰,而道济天下之溺;忠犯人主之怒,而勇夺三军之帅;此岂非参天地,关盛衰,浩然而独存者乎?

这就是韩愈一生业绩的写照。

韩愈被人称为"唐宋八大家"之首,他是当之无愧的文坛大哥,也是一位诗人的"王者荣耀"!

同类诗人

柳宗元、孟郊、刘禹锡、苏东坡

意象小锦囊

1.浮云:古诗十九首里面有"浮云蔽白日"的诗句,因此浮云常用来比作奸臣小人。因有浮云飞絮的说法,故象征漂泊的游子。浮云具体可指天上的云彩,云彩变化无常,故它又有不可捉摸的变化之含义。

2.斜阳:别称余晖、夕阳、残照、日暮、余红等。夕阳无限好,只是近黄昏。因此,斜阳寓意时间流逝带来的感叹。马致远又有"夕阳西下,断肠人在天涯"之叹,所以它又用于离别的情绪。明代文学家杨慎在《临江仙·滚滚长江东逝水》写道:"青山依旧在,几度夕阳红。"所以其常用来抒发怀古之情。王维《使至塞上》有"大漠孤烟直,长河落日圆",因而,其又象征雄浑辽阔的边塞风光。

3. 青云：有成语"青云直上"，故青云象征高官显位。白居易的《长恨歌》中有"骊宫高处入青云"，所以青云可以代指高空。李白曾经评论"君子为青云客"，因而青云又可比喻高洁的人格。

4. 西风：西风紧，西风也就是秋风的别称。辛弃疾有诗云"休说鲈鱼堪脍，尽西风"，西风又表现为思乡。李清照有诗云"帘卷西风，人比黄花瘦"，西风又代指相思恋人，想念朋友。李致远在《红绣鞋·晚秋》中说，"又见西风换年华"，故西风形容沮丧，颓败。

5. 鹧鸪：其叫声很特别，给人一种撕心裂肺的感觉，容易勾起漂泊在外的人对家乡的思念。因为声调悲戚，又多形容艰难的处境和忧伤的心情。鹧鸪雌雄在一起，引申为爱情。

6. 黄叶：金黄的秋叶，叶子枯落会变成黄色，所以，黄叶象征年老迟暮，抒发的是凄凉愁绪。范仲淹在《苏幕遮》中说，"碧云天，黄叶地……"这里黄叶象征游子流离；而在温庭筠的《送人东游》中有"荒戍落黄叶……"，送友人离开，表现的却是豪迈之情。

情感表达

建功立业的雄心、报国无门的愤懑、年华消逝的无奈、不为人知的愁苦。

专业术语

通过正面描写、侧面烘托，托物言志、托物喻理，运用象征、拟人和对比，表达怀才不遇、命途多舛的坎坷和挫折，抒发理想破灭、感怀伤事的哀愁。

链接高考——诗词鉴赏

学诸进士作精卫衔石填海

韩 愈

鸟有偿冤者,终年抱寸诚。
口衔山石细,心望海波平。
渺渺功难见,区区命已轻。
人皆讥造次,我独赏专精。
岂计休无日,惟应尽此生。
何惭刺客传,不著报雠名。

第一问:本诗前六句是怎样运用对比手法勾勒精卫形象的?请简要分析。

【分析点拨】

从这道题的出题方式来看,考查的实际上是学生的表达技巧。做这道题的时候,我们要厘清答题要求,立足诗歌的内容和写作背景,分析诗歌的意象和手法。最后,分层次答出要点即可。通过阅读这首诗,我们发现其运用了对比手法,刻画的是精卫的人物形象,表现的是坚强的意志和决心。

【参考答案】

终年与寸诚对比，表现了决心之坚；细石与大海对比，表现了抱负之大；任务重与性命轻对比，表现了命运之悲。

第二问：诗歌后六句表达了作者什么样的人生态度？

【分析点拨】

第二问是要求学生掌握诗歌的思想感情和理解能力。我们做这类题时，要对六句诗进行细致的分析，看作者表现的人生态度。很明显，作者写精卫，实际上是表现了自己对这种精神和态度的欣赏。作者赞扬了这种积极进取的优秀品质。

【参考答案】

独抒己见，不随大流；但求尽力，不计结果；贵在实干，无意显名。

【适合话题】

实现理想、甘于奉献、服务他人、成就自我、恪尽职守……

文武双全　壮志未酬——辛弃疾

一、人物档案

姓名：辛弃疾　　　　　　生卒年：1140—1207年

别号：稼轩　　　　　　　职业：武将、诗人

性别：男

学历：进士

籍贯：山东济南（现济南市历城区）

诗词派别：豪放派

所处时代：南宋

代表作品：《永遇乐·京口北固亭怀古》《水龙吟·登建康赏心亭》等

主要成就：文学成就，词中之龙，爱国词人，讨平起义，创设飞虎军。

二、人物小传

开禧三年（1207）的秋天，江西铅（yán）山，临近瓢泉的一个大户人家中。家丁伏在一位身染重病的老人床边正低声耳语着什么。朝廷发来紧急公函，再次任命其为枢密都承旨，要求他火速到临安（杭州）赴任。

第二章　建功立业

老人欣慰地笑了，然后长叹了一口气。这也许就是命吧。如今他年老体弱，病入膏肓，无法成行，却等到了毕生的夙愿，可惜再也没有机会实现了。他让家丁回信婉拒：身体抱恙，有心无力，恐不能行。

代笔信写好后，老人挣扎着孱弱的身躯签下了自己的名字——辛弃疾。

家丁得到答复后便离开了。屋子里空落落的，老人看着挂在墙上的铠甲，岁月片段接二连三地在他的脑海里翻腾。没想到时间过得这么快，转眼之间，现在已经是1207年了。今年，他已经68岁了。回头来看，还记得血气方刚的自己第一次参加反金起义，是在四十六年前。

步入仕途，挥笔写下《美芹十论》呈上奏疏，也有四十三年了。

鹅湖之会，和老朋友朱熹等人见面似乎就在昨天，掐指一算，也过了十九年了。

岁月真是把锋利的刀，若是自己永远年轻该有多好。

最遗憾的事，莫过于不能收复故土。再也等不到成功的那天了。

未曾想到，筹划北伐仅仅才四年。

本以为可以大展宏图，一雪前耻，可兜兜转转宦海浮沉，这时局易变，纵然他尽心尽力，可依然止步不前。

身体越来越差，姑且只有活一天算一天了。想起一生未了的心愿，他的眼眶就溢满了浊泪。

难道天要亡宋？迷迷糊糊之间，他陷入昏睡。

有一次，他梦见自己和金朝作战，身负重伤。眼见局势危急，他大声疾呼"杀贼！杀贼！"，随即从梦中惊醒。至此这豪言似乎耗尽了他的元气。几天之后,他溘然长逝。

一位传奇英雄就此落幕。那么,他又有怎样的故事呢?

且让我们通过几个片段回望文武双全的辛弃疾波澜壮阔的一生。

一

辛弃疾,字幼安,号稼轩,山东济南府四凤闸人,出生于官宦之家。先从他爷爷辛赞说起。辛赞的父亲叫辛寂,担任滨州司理参军;爷爷辛师占,做的是儒林郎的官职;祖上辛维叶官至大理评事。

讲这么多,是想告诉你,辛弃疾的出身很不一般。在他爷爷之前,一直在宋朝为官。而爷爷辛赞就是临界点,效力于金国。为什么会这样,这就要牵涉当时的敌我局势。

公元1127年元月,金军举兵南侵。军队势如破竹,很快攻陷首都东京,直接俘获了宋徽宗、宋钦宗及众多皇族、后宫妃嫔与贵卿、朝臣等。东京财产被掠夺一空,北宋就此灭亡。史称"靖康之变"。

住在山东历城的辛赞一家人,来不及逃走,很快,包括山东在内的广大北方地区已经沦为金国的领地。为了统治当地人民,金国采取以汉制汉政策,从沦陷地区挑选汉人做官治理。

辛赞因为颇有名声,也作为统战对象被要求任职。一开始他不愿意去,但金国通牒,不出仕,那就得死。万般无奈之下,他只好出仕。

出于对金国的恐惧,很多人只能苟且偷安,选择遗忘,在金国的奴役下谋生。但还有一群人不甘心接受异族的统治。对他们来说,国破家亡时刻铭记在心，无论如何，只要有一线生机就不会放弃推翻金朝统治的决心。

一股反抗金国的暗流在无声地酝酿着，而辛弃疾的祖父辛赞就是众多反抗分子中的一员。虽然他在金国任职，但暗地里却一直和各地的起义军互通消息，竭尽所能地提供情报。从辛弃疾后来的发展来看，影响他一生最大的人正是他的祖父辛赞。

公元1140年5月28日，辛弃疾出生，辛赞看着这个可爱的小孙子，高兴不已。

我已经为你想好名字了，的确，在孩子出生之前，他就翻阅了众多的资料书籍。孙儿，你就叫辛弃疾吧。

为什么会取这样的名字呢？

一是希望孙子能够远离疾病，健康成长。

二是希望孙子能够像他崇拜的西汉大将霍去病那样驰骋疆场，守护国土，建功立业。

二

辛弃疾还没到一岁，父亲辛文郁就因病去世。教导孙子的重任落到了爷爷身上。

为了让辛弃疾能够成为有用的人，辛赞做了三件事。第一件事是找靠谱的好老师让他学习文化。齐鲁之地作为圣人之乡，历来文化气息浓厚。绍兴二十六年（1156），名士刘瞻在谯县（今安徽省亳州市）开设了一所培养优秀学子的柳湖学院。而辛赞在儿子辛文郁去世不久，便被调到谯县为官。辛赞早就对一代大儒刘瞻颇有耳闻，于是，当机立断，带辛弃疾前往学院拜师学习。就这样，在祖父辛赞的陪同下，年仅7岁的辛弃疾拜刘瞻为师学习文化。

第二件事是遍寻武艺高手，教授辛弃疾习武，只要是在山东有名的武将，他都亲自带着孙子前去拜师学艺。

第三件事是抓好孙子的思想教育，搜集兵法书籍督促其认真学习。只要自己有时间，他就言传身教，带领辛弃疾游览名山，登高望远。时刻教导他要铭记自己是大宋的子民，要建功立业，最好能够像岳飞那样挥师收复河山，把属于宋朝的领土夺回来。

长大后，辛弃疾问：爷爷你为啥在金朝为官？

形势所迫，拖家带口不好奔逃，你也知道，留得青山在，不怕没柴烧，如果我们不顺从，那就只有死路一条。因此爷爷才被迫留在济南，在刘豫的手下做官。但你要知道，爷爷干这个谯县县令只是幌子。真实的目的就是联络抗金的力量，图谋恢复宋室版图。

弃疾我孙，你看咱们祖上出了好多勇猛善战的豪杰，因此，你作为辛家的子孙也要争口气。

有祖父的陪伴是幸福的。

我不止一次想到这样的画面。也许在几百年前，也真有着这样的场面。

> 月亮在白莲花般的云朵里穿行
> 晚风吹来一阵阵快乐的歌声

第二章 建功立业

辛弃疾坐在高高的谷堆旁边

听辛赞讲那过去的事情

....

辛赞经常给孙儿讲的话就是:"少年少,何不为。若不为,枉年少。"趁自己年轻多学习知识。

在祖父的谆谆教导下,辛弃疾十分努力,从小就立下了自己的志向:光复大宋河山。

老师和祖父双管齐下,辛弃疾成长很快,平时和同学们一起读书学习,课余时间就一起吟诗作对,过得非常充实。在学院求学的日子里,他认识了同是刘瞻门生的党怀英,两人很快熟悉起来,并成为挚友。两人成绩优秀,意气相投,无话不谈,彼此都有远大的理想,都爱写诗填词,喜欢讨论家国大事,因此有"辛党"之称。

有一次,他们写出了几首诗词,请当时的儒士蔡光点评,蔡光对辛弃疾说,你的诗作还行,但是词写得更好,很豪气,有风骨。以后定能以此立名。

但让人遗憾的是,辛弃疾和党怀英的友谊没能一直延续下去。为什么没能继续下去,下面你就知道了。

因为学习努力,加上天资聪颖,辛弃疾14岁就被济南府选定为优秀学子,获得了去京城参加科举考试的资格。

15岁和18岁,他先后两次前往燕京参加科举考试。显然,他心不在此。

之所以前去参加科举考试，主要目的便是沿路考察金国都城的布防，收集情报。

此时，在他的心中，正在谋划一件惊天动地的事情。

三

公元 1161 年，辛弃疾 21 岁，已是一名血气方刚的青年。

这一年，祖父辛赞因病去世。辛弃疾悲痛不已。送别祖父，辛弃疾了无牵挂，得以全身心地走自己的路。

同一年，金军出兵攻打南宋，形势危急。喜爱听曲的金国皇帝完颜亮在宫中听到柳永的《望海潮》时，眼前一亮。

> 烟柳画桥，风帘翠幕。
> 三秋桂子，十里荷花。

世上竟有如此美的地方。一定要夺过来，作为我金国的属地。

听我号令，即刻整军。遂挥师六十万南下攻宋。

完颜亮虽是皇帝，但也是一位勇猛善战的人物。

因为这金国的皇位就是他发动政变抢来的，为了能够当一国之君，他大开杀戒，对皇室宗亲毫不手软，秉承了一个信条，要么不杀，要么做绝。不仅杀了贵族,甚至连自己的老婆都不留活口。这种形势之下，人人自危。他有个堂弟叫完颜雍，很有才能。

皇帝大多是疑心病患者，完颜亮也一样，他总担心堂弟揭竿而起。于是死死压制，不仅时刻提防，甚至要堂弟将妻子送到京城作为人质。

完颜雍的妻子知道，这次有去无回，又担心好色的完颜亮羞辱她，于是在半路选择了自尽。自杀之前，她给丈夫寄送了一封遗书，要他"卧薪尝胆，待时而夺帝位"。

因此，当完颜亮率军亲征南宋时，完颜雍立刻在空虚的后方，发动政变，登基称帝。因为颇有威望，素有名声，所以他得到了后方的众多支持和拥戴。

局势就是这个样子。引起辛党两人矛盾纷争的正是双方关于前程的打算。

学习结束后，在金宋之间的去留问题上，辛弃疾和党怀英两人发生了严重的分歧。

辛弃疾主张回归大宋，理由就是，现在金国内乱，正是起义收复河山的大好时机，机不可失，只要我们携手，一定能够匡扶宋室。

但党怀英却对所谓的收复江山不感冒。

在哪里不是工作，不是生活，况且我在金国出生，我为什么要回到宋朝去。

辛弃疾发出疑问，你我列祖列宗都是宋朝人，你的祖先党进还是宋朝的开国大将。

那又怎样。圣贤云："良禽择木而栖，贤臣择主而事。"现在金国新皇帝完颜雍可谓是明君，而宋朝却偏安江南，昏庸无道，歌舞升平。你我应该为金国效力才是。

辛弃疾眼见劝解不了，彼此谁也说服不了谁，心知情谊已尽。便说："你我是好友，如今道不同不相为谋，从此以后你走你的阳关道，我走我的独木桥。"说完，便转身离去。

党怀英看着辛弃疾离去的背影，大声疾呼：你难道想走岳飞的老路？

自此一别，他们不会想道：一个会成为金国的文坛大佬，一个会成为南宋的金牌词人。

四

在现代社会来看，一个男人帅不帅，首先看身材。从这标准来看，辛弃疾毫无疑问是一位肌肉型帅哥。

这不是我胡诌，而是有史料为证，陈亮在《辛稼轩画像赞》中这样说：

> 眼光有棱，足以映照一世之豪，背胛有负，足以荷载四国之重。出其毫末，翻然震动。不知须龚之既斑，庶几胆力无恐。呼而来，麾而去，无所逃天地之间；挠弗浊，澄弗清，岂自为将相之种？故曰：真鼠枉用，真虎可以不用，而用也者，所以为天宠也。

陈亮正是辛弃疾的朋友。估计很多读者都不想看文言文，这话翻译成白话文的大概意思就是：辛弃疾长得高大威猛，身强力壮，壮到如犀牛的肩胛，神色冷酷严峻，目光炯炯有神，完全是一个类似于现代偶像的型男。简单来讲就是一个字：帅。

第二章　建功立业

呈辛稼轩

精神此老健于虎，红颊白须双眼青。

未可瓢泉便归去，要将九鼎重朝廷。

刘过，字改之，据说是辛弃疾的学生，他对老师的评价就更牛了。上面这首诗的意思就是：辛弃疾虽然年纪大了，但是精神非常好，青黑眼眶，身体健壮和老虎一样，面色也很红润。

少年时期的辛弃疾除了学习之外，还练得一手好字，写出来的字苍劲有力，自如顺畅，浑厚沉婉，有挺拔之气。

除了重视体育锻炼，辛弃疾还喜欢舞刀弄枪，结交朋友。

他曾在词中写下"记少年、骏马走韩卢，掀东郭。吟冻雁，嘲饥鹊"。可见辛弃疾绝对是个顽劣异常的孩子，喜欢骑马，横行无忌，因为血气方刚，胸怀大志，所以有指点江山的豪迈气概。

辛弃疾就这样自信豪迈地度过了年少时光，但因为身处金国的统治区，异族的压迫和祖父、老师的引导，无形当中影响了他以后的道路。

正因为体魄非同一般，强健有力，加上形势所迫，也就可以顺理成章地解释下面这件事了。

五

没错，辛弃疾一直在等待，希望自己有朝一日能够青云直上，手握刀剑，征战沙场。

公元 1160 年，完颜亮率领大军南侵。金军所到之处，十室九空，赤地千里，民不聊生。中原大地抗金运动风起云涌，在这种形势下，各地的起义军如星星之火，渐成燎原之势。

辛弃疾在当年10月也拉起了一支两千多人的队伍。发动攻击，打了几次小小的战役。

众多的起义军中，势力最大的是耿京。在金军分兵四路进犯后，他联合十几名兄弟，趁山东守备空虚，发动起义，很快攻占了莱芜和泰安两座县城。

因为很有威望，很多势单力薄的起义军纷纷前来加入，因此耿京领导的部队很快发展到二十万人，趁着队伍壮大，他又带兵相继占领了兖州和郓州。势力如日中天，自封为"天平军节度使"，统领山东河北忠义军马。

辛弃疾早就听说过耿京的大名，于是立即率军投奔。自己两千多人，门单户薄。要成大事，还要归附才行。辛弃疾带着人马前往拜会耿京，耿京看前来投奔的辛弃疾虽然是一个读书人，但长得器宇轩昂，高大威猛，十分高兴。

在起义军之后的几次战斗中，辛弃疾总是一马当先，表现得英勇无畏，给耿京留下了深刻的印象。于是他就让辛弃疾担任军中的"掌书记"，专门负责起草文书的工作。耿京手下的将领多是大老粗，不通笔墨，耿京就很依赖辛弃疾，很看重他识文断字的能力。

辛弃疾积极为耿京建言献策，他建议耿京继续扩充义军力量，壮大声势，固守城池，以图霸业。他想起一位叫义端的朋友，也组织了数千人的起义军，辛弃疾便劝他前来归顺。义端听取了辛弃疾的建议，带兵前来投奔,但很快他就适应不了耿京部队严格的纪律和艰苦的生活。

耿京义军实力日盛,树大招风。很快,金国派兵围剿。

各地的起义军抵挡不住,纷纷溃败。

在这种情形下,义端动了歪心思,决定投降。以求获得功名利禄。于是在一天晚上,趁辛弃疾睡沉之后,他摸索进屋子,偷走了军中的大印。然后快马加鞭,直接逃走,奔向金军的大营,想要凭此邀功。

六

辛弃疾一觉醒来,发觉大印丢失,赶紧报告耿京。耿京听说帅印被盗,很生气,要将辛弃疾军法处置。

辛弃疾听士兵说义端不在,起了怀疑,就对耿京说,这事责任在我,给我三天时间,我去捉拿义端,如果没有抓到,心甘情愿受罚。

此事《宋史·辛弃疾传》有记载:

> 义端一夕窃印以逃,京大怒,欲杀弃疾。弃疾曰:"丐我三日期,不获,就死未晚。"揣僧必以虚实奔告金帅,急追获之。

耿京同意了,那就给你三天时间。

辛弃疾马上骑上快马,抄近道前往。他猜测义端肯定前往金军大营。就马不停蹄,狂追两日,终于在路上看见了义端的身影。于是,他大喝一声,哪里逃!

义端见此，只好翻身下马，立刻投降。

辛大郎，我是逼不得已才出此计策，金国现在势力强大，咱们好汉不吃眼前亏。

闭嘴。你背信弃义，我岂能容你！

辛兄弟，念在往日情分上，就饶了我这条小命吧！你是英雄豪杰，何必要和一帮大老粗一起共事。

你我相识，我待你为朋友。但你从暗地里盗印之时，已经背叛家国，我岂能容你这卖国求荣之徒。

辛哥人狠话不多。直接手起刀落，义端人头落地。

当人头扔到耿京面前，大印完璧归赵时，起义军爆发出阵阵惊呼。

自此，耿京更加相信辛弃疾。

七

完颜亮被眼前的局势搞蒙了，后院起火，堂弟完颜雍称帝，眼前全是起义军。思来想去，他决定出兵，等收拾完宋朝，再回去夺权。

于是，他在扬州发动渡江战役，因为金兵是游牧民族，不习水性，所以，渡江战役接连惨败，士兵死伤惨重。完颜亮也杀红了眼，下死命令，要求前线部队不顾一切代价，拿下扬州，如若失败，提头来见。

军中诸位大将恐慌不已，反正今日出征，凶多吉少，横竖都是死，不如杀了完颜亮，拥护完颜雍。几人商议之后便开始行动。完颜亮在当日半夜便被乱箭射死。

第二章 建功立业

主帅一死，金军随之退回北方，开始全力镇压起义军。

起义军说白了就是武装的农民，跟职业军队的战斗力不在一个档次。在金军的打击之下，起义军纷纷溃败。

在这种形势下，起义军内部人心惶惶。辛弃疾建议耿京联合宋朝，形成南北呼应之势，才能抵挡金军的打击。这样做有两个好处。

第一，打赢了可以光复中原；第二，打不赢可以随时撤回到南方。耿京觉得很有道理，便让辛弃疾作为代表和南宋谈联合事宜。

皇帝宋高宗赵构听说山东起义军前来投奔，非常高兴，就立刻接见。双方在亲切友好的氛围中举行了会谈。双方就当前的国内形势、合作关系和共同关心的其他重大问题深入交换了意见，达成广泛共识。在完成会谈后，赵构颁布任命状，任命耿京为天平军节度使，辛弃疾为天平军掌书记，告天下。

完成交接任务后，辛弃疾踏上了归程。但是才走到半路，就听到一个震惊不已的消息：起义军老大耿京在海州（今属于江苏连云港）被叛将张安国杀害。

原来，事情是这样的。金军为了分化起义军的内部力量，派遣情报人员找到张安国，诱之以名，许之以利。承诺，只要张安国杀掉耿京，他就是济州的知州。在升官发财的许愿之下，张安国心动了，立马答应。于是在晚上，带兵解决了耿京。

领头人物一死，起义军分崩离析，作鸟兽散。几十万起义军，顷刻间分化瓦解。

八

耿京老大哥被杀，令辛弃疾悲痛不已，他马不停蹄赶往山东，组织旧部，图谋进取。

他对起义军士兵说，耿大哥被杀，大家不能无动于衷。有愿意跟我一起去复仇，杀了张安国的人吗？几位老部下对辛弃疾晓以利害，现在张安国已经在金军大营，金军人多势众，有五万多人。现在我们单枪匹马前去复仇，无异于以卵击石，不如先观察眼前局势再做下步打算。

辛弃疾怒火中烧，青筋暴凸，拍桌而起：大丈夫有所为有所不为，今天就算在追杀叛徒张安国的事情中死掉，我也死得值。

于是举起宝剑，振臂高呼，有谁愿意和我一起追杀叛徒张安国？！

一个，两个，无数个人举起了手。辛弃疾从中选出了五十名身强力壮的好汉，带着长刀，骑着骏马，直接奔向五万人的金军营地。

张安国投降金国后，那边也没有食言，很快就授予他济州知州的官职。

官帽在手，心中目标已经达到，他兴奋不已，和几位将领在金军营帐中推杯换盏，品尝美酒佳肴。正当他举杯的时候，外面传来急促的马蹄声，由远及近。营帐中的人纷纷走出一探究竟。

顷刻之间辛弃疾厉声大喝，举刀高呼，杀……

随行的士兵也纷纷高喊，人虽然不多，但声如雷霆万钧之势，金军一时间没有反应过来。辛弃疾带兵直奔大营，很快就发现了张安国。他直接举刀向前砍杀，张安国赶紧拔剑挡住。只听见哐当一声，张安国手中的剑被打飞。他转身想跑,还没跑出几步,背后就一阵刺痛,随即昏倒在地。

辛弃疾将其提至马背上,高喊,撤,一队人马立即掉头,疾驰而去。

> 齐虏巧负国,赤手领五十骑,缚取于五万众中,如挟毚兔,束马衔枚,间关西奏淮,至通昼夜不粒食。壮声英概,懦士为之兴起,圣天子一见三叹息,用是简深知。
>
> ——洪迈《文敏公集》·卷六《稼轩记》

这件事情被宋高宗听说后,惊讶得嘴巴半天都没合上:率领五十人勇闯五万人的金军营寨,了不得的英雄啊!这位英雄当年才满22岁。

辛弃疾一战成名,声名显赫。这样的人才,按理说应该用在军事上。事实上,他自己也渴望沙场秋点兵,但没想到,自己却被任命为江阴的签判。

你让一个血气方刚、勇猛过人、富有谋略、喜欢征战的人当一名文官。

这是朝廷不想抗击金国啊!流言四起,辛弃疾本人也很失望。他不知道,皇帝赵构根本就不想出兵北方。

待在富庶的江南过过小日子不挺好的吗?非要劳民伤财,拼个你死我活,图啥呢,根本用不着。

对于全国的舆论,宋高宗的做法是不仅不管,还让位给赵眘,是为宋孝宗。而自己则落得一身轻松，每天画画写写，收复的心思早就抛到九霄云外了。

新登基的皇帝赵眘，颇有抱负，上任伊始，就放出豪言："统一南北，收复河山。"于是他任命主战派人物张浚担任枢密使（总司令），着手准备北伐事宜。要北伐了，好消息，辛弃疾激动不已，他马上找个时机拜访了司令官张浚同志，献出了绝佳的计策，那就是四路佯攻。具体来说就是从关陕、西京、淮北、海上同时出兵攻打，诱骗江淮地区的金军主力出兵。彼时，该地必然兵力空虚，我们就可以出奇兵歼灭，收复山东也就大功告成了。

张浚说：建议不错，我知道了，你回去吧。言外之意就是，你算老几，一个毛头小子在我面前摆弄计谋。

自然辛弃疾的计谋没有被采纳。

张浚在公元1163年，还是发动了北伐战争。虽然他冲锋在前，士兵也拼死作战，但缺乏计谋，只知道蛮拼硬打。在这种情形下，宋军在符离遭遇大溃败，死伤惨重，几十万人中生还者只有区区几千人。

战败的结果传回了南宋首都，宋孝宗吓得脸都变白了。

要知道战争实际上是一个很复杂的问题。这里用逐级递增的方式给大家解释一下何为战争。

战争可以归类于打群架的范畴，只不过，个人打架叫斗殴，而几万人、十几万人，甚至几十万人打架就是战争。你要明白，如何指挥手下这些人打仗是一个老大难问题。是人就有性格和思维的差别，有的人自信，有的人自卑，有的人温和，有的人暴躁。这些人的生活方式、处世方式、理解能力上都不一样,如果士兵中有少数民族,没准你还要找几个翻译才能顺畅沟通,因此再考虑到每个人的理解和执行能力,发号施令作战并不容易。战争的制胜规则就是没有规则,不择手段,各种阴招、怪招、损招齐上,只要能把敌人搞死,你就赢了。

当然这样的设定说的是普通人,而不是一拳可以把人打到几十、百来米之外的超人。在绝对的超数量级的实力面前,也许硬拼还说得过去,如果没有或者不具备这个水平,那么不用计谋,打赢才是怪事。

战败是正常的事,尤其是对南宋这种积贫积弱的国家而言。没办法,宋孝宗只好派人议和,有话好好说。直接将张浚罢免,这就是历史上的"隆兴和议"。

割地赔钱,再道歉。进贡白银二十万两,绢二十万匹。

这就亏大了,本来想的是,打出我宋军的军威,打出几十年的和平。没想到打败了,宋孝宗的热情似火直接被这场战役浇了个透心凉。从此,再也不敢提北伐的事。

北伐侥幸捡了一条命的士兵和将领,为了掩饰自己能力的低下,把金军吹得越来越神。朝廷的大臣听到这些议论,一个两个害怕不已,在他们的脑海里,这些金军简直就是打不死的怪物,让人谈之色变。

朝廷被一片恐慌的情绪笼罩着。辛弃疾见此,马上上书十篇军事论文《审势》《察情》《观衅》《自治》《守淮》《屯田》《致勇》《防微》《久任》《详战》,系统分析了金军的优缺点,并针对宋朝的现状提出了切实可行的措施,统称为《美芹十论》。

金军不是打不败的怪物，而是要讲谋略。所以，北伐之事不能操之过急，要慢慢来。

但宋孝宗早就吓破胆，万念俱灰。因此尽管辛弃疾赤胆忠心上书献策，但依然没有得到任何回应。得不到回应的他很无奈，只有借酒浇愁。

公元1168年，辛弃疾任职期满，被调到建康府担任所谓的通判官职。虽然升官了，但他志不在此，工作之余，便填词作赋抒发自己的牢骚和不满。

公元1170年，朝臣在皇帝宋孝宗的组织下讨论南北问题。诸位大臣都知道皇帝害怕打仗，于是都尽量避开北伐的敏感点。只有辛弃疾一语点破："皇陵尚在河南，怎能忘了北伐……"

《宋史》记载，说辛弃疾"持论劲直，不为迎合"。辛弃疾真是一个敢说敢做、赤胆忠心的人。

皇帝都不愿意提到过去，你这么说，肯定对你不满意。于是辛弃疾领到了一份调令，担任司农寺主簿。

这个职务是专门负责处理粮食后勤问题的。遭遇被贬，辛弃疾耿耿于怀。想来想去还是放不下，不甘心被贬。于是又写下了《九议》，针对朝廷的用人制度、国防建设、作战的敌我双方、民族团结、国富民强等方面提出自己的建设性意见。

毫无疑问，依然没有任何回音。几回倾心上奏，不理不管。太让人郁闷啦！

此后的数十年间，他又多次到临安任职，职位换来换去，但都干的时间不长。郁郁不得志，辛弃疾只好填词作赋打发时光。

公元1171年，正值元宵节。辛弃疾看到满城到处是银花火树，不由感慨万分，写下了著名的《青玉案·元夕》：

> 东风夜放花千树，
> 更吹落，星如雨。
> 宝马雕车香满路。
> 凤箫声动，玉壶光转，一夜鱼龙舞。
> 蛾儿雪柳黄金缕，笑语盈盈暗香去。
> 众里寻他千百度，蓦然回首，
> 那人却在，灯火阑珊处。

此诗词抒发了辛弃疾无人赏识的孤独和落寞之情。

九

公元1172年，朝廷任命辛弃疾担任滁州刺史。

滁州这个地方当时混乱不已，盗匪出没，民不聊生，可以说是满目疮痍。

辛弃疾觉得这是个展示自己治理能力的机会，便欣然赴任。到任后，他减免赋税，发展生产，安抚流民，出台新政，兴修水利，训练民兵，鼓励开荒。

种种措施落实到位，短短半年，滁州的面貌就大为改观：

滁州莫枕楼记

自是流通四来,商旅毕集。人情愉愉,上下绥泰。乐生兴事,民用富庶。

从公元1175年开始,辛弃疾仿佛成了"救火队长",哪里动乱调哪里。

江西遭遇了茶贩子叛乱,一名叫赖文政的茶商,以茶税严苛为由,联合各地茶商起义作乱,引发社会动荡。朝廷派遣了多位将领,率军平叛都遭遇失败。

宋孝宗很是头痛,于是征求宰相叶衡的意见,派谁去能够解决。叶衡推荐辛弃疾。皇帝于是任命辛弃疾担任江西提点刑狱,统帅军队,全权负责平定叛乱。

大丈夫有用武之地,辛弃疾乐此不疲。立即赴任,一到任就雷厉风行地干了两件事。

第一,是从驻军选拔优秀壮士,训练部队的战斗力。

第二,是稳扎稳打,在实现军事进攻的同时,采取计谋分化叛乱力量。

凭借着聪敏过人的谋略和不屈不挠的胆识,辛弃疾只用了三个月便成功设计诱杀了匪首赖文政。树倒猢狲散,"茶商军之乱"很快得以平息。

辛弃疾的能力也让朝廷刮目相看。凭借大功,他被朝廷授予"秘阁修撰"。

公元 1179 年，湖南发生农民暴动。郴州农民对政府颁布实施的收购粮食政策不满，认为摊派无异于抢夺粮食。众人义愤填膺，推举陈峒为起义总指挥，率军参与造反。农民军声势浩大，接连攻占了几个县城。

宋孝宗心急如焚，马上下令辛弃疾立刻赴任湖南担任转运副使。辛弃疾不敢怠慢，立刻前往。一到湖南不顾舟车劳顿，便马不停蹄地助当地官员处理突发事件。

在辛弃疾的指挥和帮助下，起义事态得到有效控制。

平定叛乱之后，他认真总结了原因，给朝廷上书。建议朝廷要轻徭薄赋。

此次叛乱的真正原因在于官逼民反。百姓生活在水深火热之中，不能不考虑百姓的死活。

他在《论盗贼札子》的奏疏中说：

> 陛下不许多取百姓斗面米，今有一岁所取反数倍于前者；陛下不许将百姓租米折纳见钱，今有一石折纳至三倍者；陛下不许科罚人户钱贯，令则有旬日之间追二三千户而科罚者……

这封情真意切务实的奏折，把宋孝宗也感动到了，任命辛弃疾担任潭州知州兼湖南安抚使，辛弃疾一上台就雷厉风行，风风火火干了四件事。第一，是解决弊端，澄清吏治，弹劾尸位素餐的官员。第二，整顿乡社，扫除作奸犯科的蛀虫。第三，加强军事，组建一支勇猛善战的部队。他亲自从前来报名的青壮年中，挑选了两千五百余人，严格训练，研讨战法，命名为"飞虎军"。第四，实行宽严相济的利民政策，开仓赈灾。

这几项措施很快就收到了实效，尤其是创设的"飞虎军"在历史上留下了浓墨重彩的一笔。史书对其评价是："北虏颇知畏惮，号虎儿军。""雄震一方，为江上诸军之冠。"这支部队也是让金国闻风丧胆的铁军。

总而言之，在辛弃疾殚精竭虑的工作下，最终平息了这场起义风波。

好官员的措施，基本上大同小异，如果觉得有兴趣，可以参考相关的教科书。

既然是改革，肯定要触动既得利益者，辛弃疾这么强硬，地主豪强不干了。利益被剥夺了，那还得了。于是他们看辛弃疾不顺眼，欲除之而后快。

朝廷收到弹劾辛弃疾的奏疏也接二连三，诬告的借口花样繁多：有说他贪污、草菅人命的，比如，用钱如泥沙，杀人如草芥。有说他欺上瞒下的，如结党营私，欺辱领导。还有更恶毒的，说他想叛乱的，如私自组建"飞虎军"，一旦失控，将成朝廷大祸患。

三人成虎，皇帝宋孝宗看到这么多人上疏弹劾辛弃疾，吓得不得了，马上下旨调离，从此对他也有了防范之心。

同年，旱灾席卷江西。当地官员坐地起价，和不法商贩勾结在一起，哄抬物价，中饱私囊，引起社会动乱。暴动越来越多，朝廷情急之下，只好派"救火队长"出马。

第二章　建功立业

就这样，辛弃疾又上一线。一到任，他便釜底抽薪，实行"闭籴者配，强籴者斩"的政策。囤积粮食的商人统统流放，抢劫粮食的人直接问斩。在得力措施下，动荡很快平息，社会趋于稳定。

上次惹了湖南的既得利益团体，这次动了江西的本地利益蛋糕，辛弃疾再次成为众多官员瞄准的靶子，弹劾的奏疏纷纷飞向朝廷。

为了平息大臣们的火气，皇帝只好给辛弃疾降职。

在一年的时间里，辛弃疾连续遭遇贬谪。最后，居然被解除所有的官职，当了一名百姓。

实在是没想到，自己的一片赤胆忠心，居然沦落到如此境地。辛弃疾绝望了，此处不留爷，自有留爷处。官场我不陪各位大爷玩了，过自己的潇洒日子去。于是他在江西寻觅了一方土地，建了个宅子，唤作散心之所。

自己则"高处建舍，低处辟田"，过得好不自在。

平时种点蔬菜，写点诗词，喝点美酒，自娱自乐，也不错。这期间，他写下了很多流传甚广的诗词，比如《西江月》：

> 明月别枝惊鹊，清风半夜鸣蝉。稻花香里说丰年，听取蛙声一片。

闲情逸致固然有，但壮志难酬抑郁在心中也是免不了。他在《贺新郎》中说：

> 甚矣吾衰矣。怅平生、交游零落，只今余几！
> 白发空垂三千丈，一笑人间万事。问何物能令公喜？
> 我见青山多妩媚，料青山见我应如是。

抒发了自己的忧愁。

这期间写的词，不仅数量多，而且质量也多属上乘之作。

十

辛弃疾在上饶闲居期间，结识了英雄好汉、南宋文学家陈亮。两人的相识也挺有趣，一天，辛弃疾游玩登上城楼远望，正巧看到一名骑着马的男子在小桥边过桥，马因为害怕不肯前往，陈亮大怒，拔出随身佩戴的宝剑就砍，手起刀落，马头落地。

辛弃疾很佩服此人的魄力，便下楼结识。自此两人成为知己。

陈亮为人豪爽，不拘小节，常和辛弃疾分析天下军事，积极倡导收复中原，被辛弃疾引为莫逆之交。

当时的天下也很热闹。南宋两大哲学高手，朱熹和陆九渊常因为某些哲学问题争来争去。他们的熟识吕祖谦主动想要调解他们的关系，于是就邀请他们到江西的鹅湖寺面谈。两人互不相让，硬是争论了三天，依然无法达成共识。

这就是历史上赫赫有名的"鹅湖之会"。

公元1188年，辛弃疾邀请陈亮和朱熹，希望他们前来一起畅谈国家大事，再来一次"鹅湖之会"。辛弃疾满怀期待，但朱熹却没来，理由是自己要吃家里的菊花菜。

这是表面上的原因，实际上朱熹是因为辛弃疾一贬再贬，如果去了，怕自己遭受牵连。

这次邀请，只有陈亮来了，辛弃疾感动不已，两人一起划船、聊天、饮酒、品尝美味佳肴，过得非常惬意，要了十天两人才依依惜别。

知音在身边，日子乐翻天。陈亮走后，辛弃疾很不习惯。马上驾车走近路，想把陈亮请回来再玩一阵。哪知道，跑到泸溪河边的鸬鹚林时，道路湿滑，雪花漫天，马车无法前进。

辛弃疾心酸不已，写下了一首思念陈亮的《贺新郎》：

....

佳人重约还轻别。

怅清江、天寒不渡，水深冰合。

路断车轮生四角，此地行人销骨。

问谁使、君来愁绝？

铸就而今相思错，

料当初、费尽人间铁。

长夜笛，莫吹裂！

陈亮在几天后，收到了友人辛弃疾的诗词，也马上回词一首《贺新郎》：

> 树犹如此堪重别！
> 只使君、从来与我，话头多合。
> 行矣置之无足问，谁换妍皮痴骨……

辛弃疾一看，写得很好，知我者莫过于陈亮。想到自己的一生，百感交集，动笔写下了流传千古的"破阵子"：

> ……………
> 了却君王天下事，赢得生前身后名，可怜白发生。
> ……………

这句话在某种程度上来说，也是辛弃疾一生最真实的写照。

十一

公元1196年，宋宁宗赵扩封韩侂胄加开府仪同三司，位居宰相之上。一时间，韩侂胄权势滔天。上任之后，他就拿朱熹开刀，只因为朱熹之前说了一些关于他的坏话，扣的帽子就是"朱熹道学是伪学，其信仰的人就是逆党"，被逐出京城。

公元1203年，朱熹在忧愤不平中去世。韩侂胄对朱熹赶尽杀绝，勒令不准任何人前去送葬。

朱熹作为理学大家，门生故友遍布天下，从来没有料到最后会沦落到这个结局。众人都不敢来送葬，但有一个人冒着风险来了。这个人的行为诠释了朋友的最高境界,患难见真情。

他就是辛弃疾。祭奠了好友后,辛弃疾写下了这样一句话:

> 所不朽者,垂万世名。孰为公死,凛凛犹生。

他对朱熹的一生做了中肯的评价。

公元 1189 年,宋光宗赵惇登基为帝。他是一位渴望有所作为的皇帝。

上任伊始,他就想起了主战派辛弃疾,于是就重新启用。由此,两袖清风的辛弃疾又主政福建,担任福建安抚使兼任福州知府。辛哥是实干派,话不多,上火药。上任就做了三件事。第一,为了打击海盗,建设"备安库",这个库专门用来筹集军事资金。第二,运用筹集的资金招募勇士,训练军队,提升战斗技能。第三,裁撤官员,实行简政。史书记载:

> 厉威严,轻以文法绳下,官吏惴栗,惟恐奉教条不逮得谴。

这一整,当地官员人心惶惶,弹劾的奏折很快就飞向朝廷。宋光宗一看,吓得不行,急忙将辛弃疾削职为民。才出来上岗,位置还没坐稳,就又成了平民百姓,辛弃疾只好回到江西瓢泉过起了隐居的生活。

公元 1203 年，时任宰相的韩侂胄为了建立更大的威望，想发动北伐战争。《宋史》的原话是这样说的："立盖世功名，以自固。"

要打仗就需要有实力的人，辛弃疾自然就入了韩宰相的眼，他被提拔为镇江知府。一想到自己马上要收复中原故土，辛弃疾喜不自胜。到镇江的第一天，他就登上了城楼，眺望远处，写下了动人心弦的《永遇乐·京口北固亭怀古》：

> 千古江山，英雄无觅孙仲谋处。
> 舞榭歌台，风流总被雨打风吹去。
> 斜阳草树，寻常巷陌，人道寄奴曾住。
> 想当年金戈铁马，气吞万里如虎。
> 元嘉草草，封狼居胥，赢得仓皇北顾。
> 四十三年，望中犹记，烽火扬州路。
> 可堪回首，佛狸祠下，一片神鸦社鼓。
> 凭谁问：廉颇老矣，尚能饭否？

虽然已经 64 岁，但我壮志凌云，依然可以上战场。

到任后，辛弃疾立刻招募壮丁，锻造铠甲，磨砺武器，抓好军事训练。只要能上战场，这位老人立马就变得血气方刚。

十二

皇帝也时刻关注着北伐事宜。一天,他单独召见辛弃疾,问了一个问题:现在北伐是好机会吗?

辛弃疾就当前的形势做了认真分析,认为准备不足不能战,操之过急就要吃大亏。哪知道,自己的一番肺腑之言,却传到韩侂胄耳里。

我恨不得马上北伐,你居然说不能打仗,坏我的好事。于是立刻指示自己的心腹弹劾辛弃疾。这样,辛弃疾又被罢官,以为马上可以收复中原了,却被解职,辛弃疾气得吐血。

不久之后,韩侂胄发布命令,率领大军北伐,这就是史上所谓的"开禧北伐"。

因为准备不足,所以开战不久,北伐军溃败。这种情形之下,辛弃疾作为"救火队长"被韩侂胄想起,急征召他担任兵部侍郎,火速驰援,不久又加封枢密院都承旨,相当于统帅整个北伐军。

但任命书下来的时候,辛弃疾已经卧病在床。

1207年10月3日,他从昏迷中醒来坐起,大喊"杀贼!杀贼!杀贼啊!",然后,倒在床上,溘然长逝。一代英豪就这样告别了世界。

北伐战争也以宋朝的失败结束。

辛弃疾死后被安葬在江西铅山,他的墓碑前还有郭沫若题写的挽联,内容是:

铁板铜琶,继东坡高唱大江东去。

美芹悲黍,冀南宋莫随鸿雁南飞。

通过辛弃疾坎坷跌宕的一生，我们知道，辛弃疾不仅是一位词人、词圣，更是一位抗金将领，一位大写的忠臣。他文武双全，英勇善战，一生力主抗战，矢志不移。

这样的人，他们有一个共同的称呼——民族英雄。

同类诗人

王昌龄、高适、岑参

意象小锦囊

1.军事类：刀、枪、剑、戟、弓、箭、戈、甲、铁马、旌旗、将军、奇兵。常表现战场上挥戈杀敌的战斗，诗词中常用于杀敌报国、建功立业。

2.羌笛：同胡笳，古代西部的一种乐器，常见于边塞诗，象征凄切悲凉哀婉之意。此音常使征夫怆然泪下。

3.吴钩：泛指宝刀、利剑。常指建功立业。

4.击楫：寓意报效国家，收复失地。

5.碧血：指为正义事业奋斗或牺牲所流的血。

情感表达

奋勇杀敌、壮志豪情、英勇无畏、保家卫国、思乡盼归。

专业术语

运用夸张、对比和用典，从正面（动作、肖像、细节等）和侧面塑造人物形象，采用虚实结合和烘托的手法描绘了意境。

链接高考——诗词鉴赏

满江红·送李正之提刑入蜀①

辛弃疾

蜀道登天，一杯送绣衣②行客。还自叹、中年多病，不堪离别。东北看惊诸葛表，西南更草相如檄③。把功名、收拾付君侯，如椽笔。儿女泪，君休滴。荆楚路，吾能说。要新诗准备，庐江山色。赤壁矶头千古浪，铜鞮陌④上三更月。正梅花万里雪深时，须相忆。

注释：①这首词作于宋孝宗淳熙十一年（1184），当时辛弃疾闲居江西上饶。提刑，官名，主管地方司法、监察等事务。②绣衣：官服。③相如檄：指司马相如所《喻巴蜀檄》，主旨是安抚巴蜀百姓。④铜鞮陌：代指襄阳。

问：清人陈廷焯《白雨斋词话》评论本词的艺术特色说："龙吟虎啸之中，却有多少和缓。"请谈谈你对上述评论的理解，结合具体词句作简要阐述。

【分析点拨】

这道高考诗词鉴赏题，从问题设置的方式来看，从评论入手，实际上考查的是整首词的艺术特色和语言风格，要求考生结合具体诗句分析。对于这样的题，考生除了陈述诗词的手法，还要结合诗句分析内容，表达的感情，以及诗词结构的作用。注意要分点数答题，答出层次感。

【参考答案】

1.本词中虎啸龙吟与和缓相对,分别指诗人用典的大气与情感的细腻。旷达豪放与委婉细腻相辅相成,水乳交融。2.诗人通过"诸葛表""相如檄"等典故,表达出对友人的祝愿和期许,希望他能为国家建功立业,给人以"虎啸龙吟"之感;也暗示着为国建功立业的渴望,感慨自己壮年闲居而无法报国的悲愤之情,情感悲壮激烈。3.诗人通过"中年多病""儿女泪""须相忆"几句感怀自身老病交加,怀才不遇,抒发了对友人远行的不舍之情,此为"和缓"。

【适合话题】

天下兴亡,匹夫有责、坚持奋斗、永攀事业高峰、知行合一……

武将诗人的传奇人生——陆游

一、人物档案

姓名：陆游　　　　　　　生卒年：1125—1210 年

别号：放翁　　　　　　　职业：诗人

性别：男

学历：赐进士

籍贯：越州山阴（今浙江绍兴）

诗词派别：豪放派

所处时代：南宋

代表作品：《书愤》《示儿》《游山西村》等

主要成就：我国古代伟大的爱国主义诗人。

二、人物小传

公元 1125 年，北宋宣和七年的一个秋天，一位中年男子携家眷乘坐淮河的一条大船前行。此番他的目的就是进汴京述职。

这位男子就是陆宰，目前担任的职位是京西路转运副使，京西路不是某条街道的名称，路在古代是行政区的叫法，根据历史地图推断范围大致相当于现在的河南省。所谓转运副使也就是主管泽州、潞州地区后勤交通运输的官职。对照现在的职位估计是河南省分管交通运输的副省长。按照南宋惯例，工作几年就要到京城汇报。出身大户人家的妻子唐氏听说老公要去汴京，她立即表示，自己也要去。

进京汇报一个人去就行了，非得拖家带口，这是为啥？

陆大人说，我这次去首都汴京又不是旅游观光，你去干什么，况且，你一个妇道人家又怀着身孕，挺着个大肚子也不方便啊！还不如在家里待着，我过段时间就回来。

唐氏说，老公，没有你我不习惯，再说，这次你带我去还有很大的一个好处。

什么好处？

你想呀！你把大肚子老婆带过去汇报，足以说明你对这件工作的重视，老婆都快要生了，还这么尽职尽责，长途跋涉来京城汇报。领导一看，这就是官员的榜样，说不定会得到嘉奖。

说得老公心服口服，答应带上她一同前往。

为了照顾老婆的大肚子，避免舟车劳顿、过度颠簸，陆大人一行人选择水路前进。

10月17日这天，陆大人和妻子在船上用餐烧烤，过得好不惬意，这个时候，妻子的肚子突然疼痛起来。

老公，快，我好痛！

夫人多半是要生了，船上的丫鬟说。陆宰赶紧一边扶着老婆，一边嘱咐船夫赶紧靠岸找接生婆。结果，船还没靠岸妻子就生了。

第二章　建功立业

随着一声啼哭，一个男婴呱呱坠地。

陆宰赶紧用烧烤的钳子，三下五除二剪掉了脐带，然后轻轻地将孩子抱起来，在水中简单地洗了洗，丫鬟赶紧找来被褥裹好。

这地方距离京城不远，船上的人都来贺喜，说天子脚下，生下男婴，真是好福气。

妻子唐氏说，这是咱们的第三个孩子，老陆，你给取个名字吧。

陆宰沉思片刻道："我陆家水上生子，当善游，必成大器。干脆就叫陆游器吧！"

你意下如何？

妻子说，咱家老大老二都是两个字，老三自然一样，我看就叫陆游。

好的，就这个名字。现在还缺字。老婆，你有什么建议没有？

秦观是我的偶像，你看秦观，字少游。我们完全可以反过来嘛。

陆宰学富五车、才思敏捷。很快就想到了《列子·仲尼》中有"务外游不如务内观"这样一句话。

当即对妻子的话表示赞同，就依你。陆游的字就取务观。毕竟，这是有先例的，唐朝诗人王维的母亲，因为笃信佛教，崇拜大乘佛教居士维摩诘。故拆开作为儿子的名字，王维，字摩诘。

如今第三个儿子取名陆游，字务观，再好不过了。

那小名怎么叫？这就更简单了，陆大人快人快语。这是咱家第三个孩子，你看老大陆淞，大淞子。老二陆濬，二濬子。老三那自然就是三游子。

129

陆宰不会想到，这个刚出生的儿子后来会名垂青史，成为宋代杰出的诗人之一。

陆宰这次述职，得到了领导的高度肯定，得以留在京都任职。

三儿子陆游出生以后，就自带诗人的气质。为什么这么说？很多小孩子都是含着奶嘴轻轻拍拍就睡着，陆游却不一般，每天晚上要大人朗诵一首诗才能睡着。到了晚上睡觉时间，陆宰就会轻轻地来到陆游的卧室，温柔地说，三游子，爸爸给你朗诵一首诗吧！读完一首诗，陆游这孩子就睡着了，用时还不到一分钟。看见没，这就是天才啊！

这也就可以理解，为什么陆游的诗作这么高产。要知道，陆游的一生写了九千二百二十首诗，其产量之高，可以说是前无古人。当然这个纪录保持了几百年，后来被乾隆皇帝以数量高达三万九千三百四十首给打破了。但是乾隆的诗歌只是数量多，要论质量那就"呵呵"了。所以，质量加数量，陆游绝对是古代诗歌界当仁不让的王者。

从这里，我们知道，原来做一件事情，除了天赋，还要后天的教育加勤奋缺一不可。

陆游出生的时候正值金兵南侵，社会动荡，风雨飘摇。

公元1127年，也就是靖康二年。金军大举南侵，势如破竹。五月初一这天攻克首都汴京，当即俘虏徽宗、钦宗两位皇帝，抓走众多大臣和妃嫔等共计三千多人。他们被直接拉到北方接受劳动再教育，汴京则被金军一把大火，烧成了一片废墟。北宋就此宣告灭亡，史称"靖康之耻"。

宋代的史书为了面子，还发明了两个特色的词语，分别是"北狩"

和"航海"。意即北方狩猎和海上逃亡。

宋钦宗的弟弟,时任河北兵马大元帅的赵构则因为没有救援京师,得以幸免,最后在应天府(今河南商丘)定都,史称南宋。

金军攻打的消息传来,陆宰不敢怠慢,赶紧带领惶恐不安的家人,一路奔逃。这一年,陆游才两岁,一路上缺衣少食,颠沛流离。幸运的是,在一位将军的帮助下,他们总算成功逃到了山阴(今浙江绍兴)老家,暂时远离了危机。

没想到,仅仅过了两年,金军再次渡江攻打南宋,宋高宗率领诸位大臣带头逃跑。兵荒马乱的年代,陆游一家人不得已又开启逃难生活,辗转逃到东阳,才逐渐安定下来。

要说这宋高宗被称为逃跑皇帝也名副其实,古代交通不发达,最好最快的交通工具就是马,而这位仁兄,愣是凭着"大无畏"的逃跑精神,跑了三千多里,实在是让人瞠目结舌。

感兴二首·其一(节选)
少小遇丧乱,妄意忧元元。
恐饥卧空山,着书十万言。

民不聊生,水深火热,山河破碎,眼前残酷的战争给陆游的心灵留下了不可磨灭的印记。

后来他在文章中回忆说:"亲见当时士大夫相与言及国事,或裂眦嚼齿,或流涕痛哭,人人自期以杀身翊戴王室。"(《跋傅给事帖》)。

宋朝的子民遭受国难家亡，每个人都恨不得和金军决一死战。

陆游就在这样的一个环境中长大。面对国土沦丧，山河破碎，陆宰心急如焚，多次上书建议南宋朝廷尽快解决北宋问题。因为力主抗金，遭受朝廷主和派打压，他直接被撤职回了家。

于是，无官一身轻的陆宰开始重拾自己收藏书籍的爱好，以至于后来国家重建藏书馆，还派遣人员到他家"复印"了上万册书。

陆游打小就是在书堆里长大的。

陆游从小就显示了与众不同的文学天赋，12岁就能够写诗作文，闻名于乡里，有"小李白"之称。虽然聪慧，但年纪尚小，一些深奥的书他也看不懂。有一次，为了弄清张载所写的"横渠四句"的含义，他去请教自己的父亲，在他看来，自己的父亲嗜书如命，上知天文下知地理，应该无所不能。然而这一次，父亲陆宰看了后，半响都没有说话。他不希望陆游小小年纪就承载这些民族的痛苦，毕竟少年应该享受天真快乐的时光。但他转念一想，早晚要知道，陆家的子女更要秉承这份民族危亡的责任感，于是一字一顿地说道：

这是对我们的要求，这是你我的使命也是责任。

> 为天地立心
>
> 为生民立命
>
> 为往圣继绝学
>
> 为万世开太平
>
> ……

第二章　建功立业

陆游若有所思地点点头。自己的勤奋苦学和父亲的言传身教，在小小的陆游心中埋下了报效国家的种子。

自古学而优则仕，陆游也不例外。

他28岁的时候，参加了礼部举办的全国选拔性锁厅考试（当朝官员恩荫子弟的进士考试），其文大气磅礴，文采飞扬，获得时任主考官陈子茂的赏识，将其列为第一。

这样下去，陆游早晚会飞黄腾达，一朝看尽长安花。没那么简单。

历史这个导演估计是觉得一点曲折没有不好看，正如电视剧一样，在关键时刻总会来点波折起伏。

没承想，秦桧的孙子秦埙也碰巧参加了这次考试。

大树底下好乘凉，有当朝宰相爷爷罩着，他虽然文章写得差，但关系在，啥都好说。

秦桧也多次给秦埙说，不用担心，好好考就行，考官都知道你是我的孙子，肯定会给面子。

考试结束后，主考官陈子茂批改试卷，对陆游的文章欣赏不已，尤其是陆游关于北伐的建议读得他热血沸腾，为人正直的他，虽然知道秦埙是秦桧的孙子，但其试卷确实质量欠佳，并且没有答完，于是他毫不犹豫便将陆游录为第一，秦桧这人惹不起，那就视情给秦埙个第二吧。结果，还是把秦桧惹到了。

一个名不见经传的陆游居然考到我孙儿前面去了，谁这么不懂事。于是，他连夜约谈考试负责人。

这陆游的名次怎么回事，比我孙儿还高。

他的文章写得真的好，不信大人你可以看。

好，我倒要看看，这厮的文章到底如何？要是让我找到差错，那就对不住了……

回大人，这是您要的文章。

快速浏览一遍后，秦桧提出了问题。

这厮居然敢鼓吹北伐，而今朝廷根基不稳，国弱民贫，北伐岂不是以卵击石，一派胡言！

立即撤掉了考官陈子茂的职，陆游没有被录取，仕途自然是泡汤了。

第二次礼部考试。同样地，陆游的考试成绩也是出类拔萃，但秦桧早就对陆游起了戒心，直接指示主考官不能录取陆游。并且为了保证万无一失，他还跑到皇帝宋高宗面前煽风点火，说陆游就是"喜论恢复"。宋高宗本就是一个不想折腾的人，觉得偏安江南挺好。于是陆游的看法和皇帝相反，落第也就在所难免了。

就这样，陆游仕途受阻，连续几年原地踏步。但陆游是一位有骨气的人，明知道秦桧是主和派，他却几次在考试的文章中，都坚定讨论北伐收复河山的事。这样执着的人，我们称之为民族的脊梁。

坚韧和血性，是任何时代不可缺少的灵魂。

陆游被诬陷的事不是我胡编，而是有历史记载。《宋史》里有原话：

锁厅荐送第一，秦桧孙埙适居其次，桧怒，至罪主司。明年，

第二章 建功立业

试礼部，主司复置游前列，桧显黜之，由是为所嫉。

陆游也在《放翁自赞》中说，自己之所以如此，是"名动高皇，语触秦桧"。

所以，陆游是一位真正的爱国诗人，可敬可佩。

尽管几次都没有考上，但他依然坚定自己的志向，从他的文章《夜读兵书》中可以窥见他那颗火热的心：

平生万里心，执戈王前驱。

战死士所有，耻复守妻孥。

他一直都秉持着对国家的一片赤诚和热爱。这个状态一直持续到公元1155年，秦桧去世，30岁的陆游才终于翻身农奴把歌唱，获得了新生，仕途开始顺利。

说到这里大家肯定有个疑问，你陆游少有美名，按理说早就入了仕途，难道是一考试就遇到奸人所害？

还真不是，确切地说，原因是那句古话：自古英雄难过美人关。敲黑板，明重点，这里就有必要插播一条关于陆游的爱情故事。之所以这么晚才考，是因为陆游遇到了人生挚爱的姑娘，那就是历史上赫赫有名的才女唐婉。

唐婉，字蕙仙，浙江人。出身江南书香世家，为时任通判唐闳的独生女，祖父就是大名鼎鼎的鸿胪少卿唐翊。而唐闳是陆宰妻子唐氏的亲哥，因此唐婉和陆游是表兄妹的关系，这关系说起来比较凌乱，你只需要记得他们是三代以内的旁系血亲就行了，在现代肯定是结不了婚的。但古代可没这条，流行的就是亲戚结婚，那是锦上添花。两人从小关系就不错，青梅竹马。

公元1146年，唐婉芳龄16岁，已经出落成一位漂亮的姑娘。

作为家中的独生女，她颇受家庭的宠爱，加上良好的家庭氛围熏陶，因此也颇有才学，琴棋书画信手拈来，诗词歌赋样样精通。

前来求亲的人数不胜数，这里面既有达官贵人，也有翩翩公子。

唐家对前来的对象一一分析，再征求女儿的意见，最终选择了门当户对的陆游作为女婿。

陆游高兴不已，以家传的一支凤钗作为定情信物，经过传统的纳采、问名、纳吉、纳征、请期、亲迎"六礼"之后，抱得美人归，迎娶了唐婉。

成婚之后，两人齐眉举案，相亲相爱，志趣相近，每日都耳鬓厮磨在一起。不是吟诗，就是作画。

两人倒是合适了，陆游母亲看不下去了。

知道年轻人喜欢玩是天性，要一段时间是可以理解的。但玩来玩去，总要有个结果啊。

陆游耽误公务员考试，影响仕途也就罢了。结婚在一起三年了，两人好歹生个娃出来啊！几年时间，唐婉的肚子也没什么动静。

不孝有三无后为大，不生孩子不能忍。耽搁我儿的前途也不能忍。

陆游母亲是一位非常强势的人，开始对儿媳妇唐婉的行为指指

第二章 建功立业

点点，整天在她耳朵边念叨。不是说她不会做家务，就是说她太贪玩，不思进取，影响陆游的学习。反正无论婆婆怎么看，唐婉就是不顺眼。

我们知道，量变引起质变。身为大家闺秀的唐婉为了得到婆婆的认可，在家里可谓是处处小心谨慎，生怕惹到了婆婆。遇到婆婆刁难，她开始还能努力控制自己的脾气，后来随着频率越来越高，她也忍不住还嘴了。

婆媳大战开始爆发。

唐婉哪里受过这种气，在家里那是集万千宠爱于一身。

和陆游结婚后，婆婆不仅不宠她，而且还天天来找碴儿，实在忍受不了。

而陆游夹在中间，左右为难。

有一次，陆母去寺庙求签算命，被告知你媳妇是"克夫命"，与你儿子陆游八字不合。

我儿仕途怎么这么坎坷，原来是这个"扫把星"。

当天陆母回到家便叫来了陆游，让他休妻。闹到老妈和老婆只能选择一个的地步。

陆母在家里说一不二，以死相逼，陆游只好忍痛割爱，写了一份休书，将妻子休掉。

感情深厚的日子说分就分，一个人怎么可能习惯，所以陆游明面休妻的同时，还动起了小心思，在郊外租了一处别院。好说歹说，愣是让唐婉同意了自己的请求。我估计是因为唐婉太爱陆游了，毕竟女人和男人不一样，女人敏感细腻，容易把爱情当成全世界，男人性格粗犷，爱情通常是调味剂，他们玩的就是典型的金屋藏娇游戏。这样即使分了，也依然可以过二人世界。

但陆母火眼金睛，纸终究包不住火，很快就发现了两人的秘密，一气之下，马上安排一个女子王氏跟陆游成亲，其动作之快，令人咋舌。

万般无奈之下，陆游只能同意。

也许是为了发泄心中的怒气，陆游和王氏结婚后，短短几年间，便生了六个儿子两个女儿，总算是遂了陆母的心愿。

唐婉被休后，只能回到娘家，虽然还是千金小姐，但经此感情重创，她一直无法释怀。宋朝对被休女子不太友好，总会有人说三道四，指指点点。这让她郁结在心，愁眉紧锁。

而前夫陆游再婚，与王氏恩爱的消息不断传到她的耳朵里，这让她更加苦闷不已。

当时，有位男士叫赵士程，身份显贵，也是陆游的朋友，为宋太祖赵匡胤的五世孙，算是正儿八经的皇室后裔，才貌双全，玉树临风。他早就对唐婉倾心不已，但时运不济，认识唐婉时，她已为陆游妻。听说两人分开的消息，赵士程如获至宝，不顾社会的眼光，直接派人上门求婚，已经被陆游伤害的唐婉，马上答应，从此她和陆游各自开始了新生活。

公元 1154 年，陆游和唐婉分开已经十年，这一年他又一次参加进士考试，因为秦桧从中作梗，仕途再次遇阻。

这天，郁闷不已的他来绍兴沈园喝酒散心。在这里，他遇见了赵士程、唐婉夫妇。两人你看我，我看你，一时间感慨万千。赵士程见此，赶紧打破尴尬，陆兄，近来可好？今天中午，我请客，大家一起吃个饭吧。

安排好饭菜之后，他一拍脑门，说自己还有点急事需要处理，先回去了，唐婉你陪陆哥哥吃点菜。说完就离开了，留下了独处的唐陆两人。

两人相顾无言，唯有泪千行。半晌之后，唐婉向服务员要了一壶黄滕酒，然后轻轻给陆游斟满。

看着那双纤细柔软的手，陆游叹息，这双手曾经是那么的柔软可亲啊，属于自己，而今却成了最熟悉的陌生人。

沉默了一会儿，两人才开始互相问候。

陆游：你最近好吗？

唐婉：还好。只是有点放不开，有点想你。

陆游：我也想你。

…………

互诉衷肠后，陆游目送唐婉离开。

如今物是人非，看见昔日心上人离去，陆游感慨不已，情到深处，不能自已。他让人拿来墨笔，当即在沈园的墙壁上赋词一首：

钗头凤·红酥手

红酥手,黄滕酒,满城春色宫墙柳。东风恶,欢情薄。一怀愁绪,几年离索。错、错、错。

　　春如旧,人空瘦,泪痕红浥鲛绡透。桃花落,闲池阁。山盟虽在,锦书难托。莫、莫、莫!

陆游写这首词,完全是一时兴起,抒发自己的感伤,却没有站在唐婉的角度考虑,更没有顾及赵士程的感受,自己无限深情地描写相思之苦,这也给后来唐婉的悲剧,埋下了伏笔。

说实话,婚后赵士程对唐婉真心不错,不仅没有责怪其未生育,反而多多包容,对她呵护备至,这成为唐婉活下去的精神支柱。

本来好不容易唐婉才从情感旋涡中走出来,公元1152年,唐婉再次畅游沈园,读到陆游写的诗,又禁不住泪如雨下,伤心欲绝。见前夫写得字字泣血,她也提笔在墙壁上写下了自己的感受。

钗头凤·世情薄

　　世情薄,人情恶,雨送黄昏花易落;晓风干,泪痕残,欲笺心事,独语斜阑。难、难、难。

　　人成各,今非昨,病魂常似秋千索;角声寒,夜阑珊,怕人寻问,咽泪装欢。瞒、瞒、瞒。

唐婉写下这首回应的词不久,她便抑郁成疾,香消玉殒,告别人世。享年28岁。

赵士程用行动践行了爱的含义,妻子走后,终身未娶。

第二章 建功立业

沈园从此以后就成了陆游的怀旧之地，多次前往，写诗怀旧，甚至在 75 岁的高龄，还写下了闻名后世的《沈园二首》：

（一）

城上斜阳画角哀，沈园非复旧池台。
伤心桥下春波绿，曾是惊鸿照影来。

（二）

梦断香消四十年，沈园柳老不吹绵。
此身行作稽山土，犹吊遗踪一泫然。

陆游没有料到，唐婉年纪轻轻便早逝。为了排遣心中的亏欠，他便专心仕途，希望自己能够建功立业。但是南宋偏安一隅，不思进取，陆游是坚定的主战派，自然遭到排挤。

公元 1162 年，宋孝宗继任皇帝。他是一个很有抱负的人，很想有所作为，看着宋朝的江山越来越小，他心急如焚。上任之后，第一件事情就是为岳飞平反。

陆游因为属于主战派，加上文章写得好，也受到了孝宗皇帝的大力肯定，赏赐了一个进士头衔。此时，他的内心是激动的，盼了好久终于盼到今天，忍了好久终于梦要实现。那些不变的风霜早就无所谓，累也不说累。

激动并不是因为成为了进士，而是因为终于等来了立志收复中原的明君。在孝宗皇帝的认可下，陆游积极上疏：

> 陛下初即位，乃信诏令以示人之时，而官吏将帅一切玩习，宜取其尤沮格者，与众弃之。
>
> ——《宋史·陆游传》

那意思就是皇帝你才登基，要任用贤能，罢免一批占着职位不干事的无能将领。当时，龙大渊、曾觌拉帮结派，把持着朝政，权势滔天。

陆游私下和枢密使张焘摆谈国事，认为这两人干政，祸害不小，如果不除掉，将会贻害无穷。张焘深感此事重大，急忙向皇帝孝宗汇报。

没想到，孝宗对龙、曾二人，信任不已，认为陆游是在挑拨离间，直接下旨将其贬为建康府通判。

估计是嫌惩罚力度不够，几个月之后，陆游又被贬到更加荒凉的隆兴府任职。

人要是倒霉了，喝水都会塞牙。被贬不久，又有大臣上疏皇帝，陈述陆游执迷不悟、搬弄是非。这下完了，陆游直接被免去了所有的官职。彻底凉凉了。

无官一身轻，回去就回去吧。回到越州之后，他便寄情山水。当地民风淳朴，陆游融入其中，心情好了不少。

有诗为证：

游山西村

莫笑农家腊酒浑,丰年留客足鸡豚。
山重水复疑无路,柳暗花明又一村。
箫鼓追随春社近,衣冠简朴古风存。
从今若许闲乘月,拄杖无时夜叩门。

但快乐只是暂时的,已经42岁的陆游一想到自己沦落至此,不能建功立业,征战沙场,收复故土,不禁悲从中来。

公元1169年,陈俊卿担任宰相,他是一位主战派,在他的力荐下,陆游重新被启用,担任夔州(今重庆奉节)通判。才上任不久,陆游就接到时任陕西宣抚使王炎的邀请,希望他能亲自到抗金一线工作。陆游兴奋不已,当即答应,只要能上战场,啥都好说,于是他得以调任南郑幕府。

终于能干自己喜欢的事,他工作非常卖力。

经常巡查驻军营地,和当地将领分析敌我双方的情况,根据收集的资料,写出了《平戎策》,并提出了部队北伐的建议:

以为经略中原必自长安始,取长安必自陇右始。当积粟练兵,有衅则攻,无则守。

这些务实的建议,得到了王炎大人的肯定。

陆游欣喜不已,正当他们准备实施的时候,王炎却接到一纸调令,回京任职。没有统帅,幕府就是空架子。

陆游的建功立业的愿望又落空了,这让他郁闷不已。

这以后的几年,他在四川各地辗转,工作换来换去,虽然几任宣抚史都对陆游不错,但对其提出的军事措施,却不置可否。

这让陆游抓狂不已,老子难道都是对牛弹琴?

从下面这首词中可以窥见陆游的怨气:

双头莲·呈范至能待制

华鬓星星,惊壮志成虚,此身如寄。萧条病骥。向暗里、消尽当年豪气。梦断故国山川,隔重重烟水。身万里,旧社凋零,青门俊游谁记?

尽道锦里繁华,叹官闲昼永,柴荆添睡。清愁自醉。念此际、付与何人心事。纵有楚柂吴樯,知何时东逝?空怅望,鲙美菰香,秋风又起。

大家都得过且过,沉迷于歌舞升平,我这样是不是太执着了?眼见收复中原无望,陆游也试着放纵,一度在楚馆秦楼散心。

主和派抓住这个机会,找了个"不拘礼法,恃酒颓放"的罪名,将其弹劾罢免。

这一贬就是三年。

公元1178年,已经53岁的老百姓陆游正打算在成都浣花溪度过余生,未承想这个时候却收到了朝廷的诏令。宋孝宗不知怎么就想起了陆游，也许是念其能力强。

于是陆游得以被召回内地，任职江西常平的提举，主要工作就是管理农田设施的建设和灾荒年代的赈济。刚接到任职通知的陆游依然不改"救火队长"的英雄本色。

当年（公元1180年）江西抚州恰逢灾情严重，先是大旱，后是大涝。粮食减产，饿殍遍野。陆游到任之后不向上级请示就开仓赈灾，只因为他认为人命关天。于是他又遭到弹劾，因擅自专权而被罢官。

已经接近花甲之年的陆游，再一次回到了故乡山阴。闲暇的生活，依然埋没不了他的雄心壮志。

公元1186年，已经赋闲在家六年的陆游写下了传世的七律名篇：

书愤·其一

早岁那知世事艰，中原北望气如山。
楼船夜雪瓜洲渡，铁马秋风大散关。
塞上长城空自许，镜中衰鬓已先斑。
出师一表真名世，千载谁堪伯仲间。

写这首诗时，他已经62岁。诗文是写得越来越好，可是理想却似乎越来越远。

本以为这次是彻底远离官场了，没想到他又接到宋孝宗的任职文件，担任严州知州。他实在是搞不懂，于是任职前还专门去拜见了皇帝。本想谈谈心中的真实想法，哪知皇帝顾左右而言他：严州好山好水，爱卿诗文写得好，可以多写点。

皇帝还是那个皇帝，但是怎么就不明白我的心呢！

陆游见此，只好打消念头。严州任职结束后，他又回京担任了军器少监等官职。

国家怎么能偏安一隅呢，他在工作之余，依然心心念念祖国的统一。

主和派大臣翻出了陈谷子烂芝麻的事接连弹劾他。此时，新登基的皇帝宋光宗，不管青红皂白，直接将陆游贬出了京城。

这次回到山阴老家后，陆游不由苦笑。自己年岁越来越老，不知道朝廷什么时候才有收复中原的一天啊。

上了年纪的陆游，一刻也没有忘记收复河山，连做梦都在想打仗。

十一月四日风雨大作

僵卧孤村不自哀，尚思为国戍轮台。

夜阑卧听风吹雨，铁马冰河入梦来。

公元 1202 年，已经 78 岁高龄的陆游，在家里坐了十三年冷板凳之后，再次受到皇帝征召，回到京城主持国史的撰写工作。次年完成后就告老还乡，退休回家。

当时担任浙东安抚使兼绍兴知府的辛弃疾还前去看望了他，两人都是主战派，很聊得来。他见陆游住处鄙陋，还主动捐款为其修缮。

草堂

幸有湖边旧草堂，敢烦地主筑林塘？

这算是他人生最后的时光。回到山阴老家后，陆游再也没有离开过一步。

南宋就在派系纷争中，浪费了大好的时光和机会，陆游本人也没有等到收复故土的那一天。

公元 1207 年除夕夜，已经 85 岁的陆游溘然长逝，在临终前，他对身边的子女说的是，如果哪天河山收复了，记得烧纸钱告诉我。

示儿

死去元知万事空，但悲不见九州同。

王师北定中原日，家祭无忘告乃翁。

陆游心系家国，在自己的一生中，以报效祖国为己任，时刻关注国家命运，以身作则，无愧于伟大爱国诗人这个称号，他身体力行践行了爱国精神，并传给了后代。南宋末年在崖山海战中牺牲的陆元廷、陆传义、陆天骐正是陆游的后代，正可谓满门英烈，永传后世。

同类诗人

文天祥、岳飞

意象小锦囊

1. 羌笛（边塞乐器，悲怆凄凉）：征戍将士思乡和戍边幽怨的象征。

2. 柳营（又称细柳营，指军营）：纪律严明的军营。

3. 楼兰：代指边境之地，破楼兰代指建功立业。

4. 长城（地处北方，自然环境残酷，国家重要的战略防御工事）：万里长城，代指守边的将领。

5. 请缨：代指杀敌报国。

6. 投笔：弃文从武。

情感表达

雄奇瑰丽的边塞风光、沉痛的反战思考、保家卫国、渴望和平、记录战争及对民族关系的思考。

专业术语

运用对比等手法，描（述）绘了边塞……的形象或场景。集中反映了……社会现实，表达了作者……的思想感情/理想/追求/情操。

链接高考——诗词鉴赏

题醉中所作草书卷后（节选）

陆 游

胸中磊落藏五兵，欲试无路空峥嵘。
酒为旗鼓笔刀槊，势从天落银河倾。
端溪石池浓作墨，烛光相射飞纵横。
须臾收卷复把酒，如见万里烟尘清。

问：诗中前后两次出现"酒"，各有什么作用？请结合诗句简要分析。

【分析点拨】

陆游这一生可谓是报国无门，虽有雄心壮志，一腔爱国热情，可一生终不能如愿，因此其写的诗词风格兼具雄奇豪放和凄凉沉郁。他成长的苟且偷安的南宋社会，民族矛盾、国家衰败、家庭流离交织在一起，形成了他独特的诗歌印记。

作答这首诗，我们通过题目和注释，再联系诗人的生平，不难猜出诗人的感情。

首先找到"酒"出现的地方，发现在本诗的第二行和第四行，第二行的酒明显是一个比喻，将酒比喻成了杀敌战场的旗鼓，表现了诗人的奋起的情绪。第四行的酒是写完之后内心的豪情。

注意答题要点,答出层次感。

【参考答案】

1.本诗中第一个"酒"在诗的第二行,在作草书前,诗人把它比喻成杀敌战场上的旗鼓,有积蓄气势之用;

2.第二个"酒"出现在第四行,主要表现诗人书写完草书后,内心志得意满的状态。如见万里烟尘清,似乎自己获得了一场战役的胜利。

【适合话题】

担当使命、心怀家国、凌云壮志、顽强坚韧、信念、力量……

- 第三章 -

◇ 羁旅思乡

颠沛流离的学霸"枪手"——温庭筠

一、人物档案

姓名：温庭筠　　　　　　　　生卒年：约 812—870 年

别号：温岐、温庭云、温八吟等　职业：（诗）词人

性别：男

学历：无（恃才傲物，屡试不第）

籍贯：太原祁县（今属山西）

诗词派别：花间派

所处时代：唐代

代表作品：《菩萨蛮·小山重叠金明灭》《商山早行》《望江南·梳洗罢》等

主要成就：作品辞藻华丽，秾艳精致，多写闺情；其词艺术成就在晚唐诸词人之上，为"花间派"鼻祖，对词的发展影响较大。

二、人物小传

公元 855 年 3 月，唐朝都城长安，备受社会关注的全国进士选拔考试正式拉开帷幕。

来自五湖四海的学子依次排队进入考场。开考后，巡考人员依次

检查考生的信息。很快，他们就注意到了一位正襟危坐的大龄考生。

这是什么原因呢？

不是因为上了年纪的缘故，毕竟考场里也有不少大龄的考生，要知道唐朝的科举考试并没有年龄要求的限制。也不是因为长得难看，毕竟考试是凭成绩而不是靠颜值取胜的。

那是为什么呢？

主要是这位考生很不一般，不仅长相独特，骨骼清奇，还是万中无一的学霸奇才，彻底考出名了。这些年来，这位大龄考生，年年考，次次考，考到江湖上众所周知，如雷贯耳。堪称科举考试"钉子户"。

来，最后这位考生，说的就是你。

你和他互换一个位置。主考官沈侍郎防止他在考场胡来，也或许是为了保护他，特地把温庭筠的位置从考场的倒数第三排调到第一排，单独弄一个座位，放在自己的眼皮底下。这样一来，考试监考就顺利多了，纪律得到保证，考生们也能考出真实水平。

这也是万不得已的无奈之举，毕竟，就在前几年，唐朝的科举考试就被人质疑不公正，传言当年的进士高考满分作文就是温庭筠代笔写的。为此，朝廷还处理了一批相关的人员。这次考试千万不要出什么差错，要是自己被处理那就亏大了，毕竟这是一个频繁参加科举考试的怪人。民间传言，这人三番四次参加科举考试其实不是为了自己，而是帮助别人答题，是名副其实的"枪手"。情况特殊，不得不防。

眼见考官盯着自己目不转睛，温庭筠知道是被特别关注了。无计可施，只好在考场上匆忙答题，提前交卷走出了考场。等温庭筠走出考场，考官窃喜，松了口气。这考霸随便怎么浑都逃脱不了我的眼睛。"枪手"，不过如此。

结果，第二天，社会上就传出风言风语，说考试的时候，温庭筠居然给八名考生传授了答案。说这话的不是别人，而是温庭筠本人，无法理解是不是，不仅你们不理解，我也不理解，我相信你看到下面还会更理解不了。

事后温庭筠本人到处宣扬，自己确实在考场上受到严密监视，当然不能帮人答卷，但嘴巴可以对口型，他就这样帮助了八名考生。不知道这事真假如何。但结果是肯定的，主考官记住了他。

莫不是精神有问题吧，参加决定一生命运的科举考试，都不认真对待，视同儿戏，口无遮拦。我想，就算放在现在，这样的人也是谁都不敢用。

《新唐书·温庭筠传》大致记载了事情的经过：

> 大中末，试有司，廉视尤谨，廷筠不乐，上书千余言，然私占授者已八人。

既然是学霸，为啥不能一次性考上，考个官做不香嘛？非要去当所谓的"枪手"？

温庭筠的身世背后难道隐藏了不可告人的秘密？

温庭筠，字飞卿，籍贯太原祁县（今山西祁县），是唐初宰相温彦博后裔，妥妥的名相之后。

第三章　羁旅思乡

作为名门之后，温庭筠自幼受到了良好的教育，衣食无忧，饱读诗书，并展现出了过人的写作天赋，出口成章，诗词典故信手拈来，是闻名乡里的小神童。

《唐才子传》中对其记载为：

少敏悟，天才雄赡，能走笔成万言。

堪称写作大神。

可是这样的好日子并没有持续多久。

9岁，父亲因病去世，温庭筠和几个姊妹跟随母亲一起生活。

13岁，其父好友段文昌，眼见温庭筠家孤儿寡母，生活艰苦，顿生怜悯之心，施以援手，表示可以帮带一个孩子抚养。他见温庭筠才华横溢，就心中有意让他去陪伴儿子段成式一起学习，毕竟耳濡目染，身边的人就是榜样，孩子受到的影响肯定也大。

这无疑是雪中送炭，温母当即满口答应。于是，天资聪慧的温庭筠就跟随段文昌到了杜陵（今陕西西安）生活。温庭筠在段家生活了12年，从他整个人生走向来看，这无疑是他为数不多的幸福时光之一，段家生活富足，待他不薄。俩孩子也志趣相投，关系亲密，成为了要好的朋友，并且根据历史记载，他们后来还发展成了老年亲家，当然这是后话。

公元835年，段文昌在西川去世，温庭筠没有了依靠。已经23岁的他决定外出游学扬州，闯荡天下。正如现代一名女教师所说的那样，世界那么大，我想去看看。

　　大城市不比小地方，物价高昂，生活消费水平高。温庭筠才落脚扬州几天，所带的盘缠就已经所剩无几。于是他打定主意，前去投靠一位远房亲戚姚勖。这亲戚从辈分来说应该算是温庭筠的表叔，表叔对才华横溢的他早有耳闻，看见这个晚辈后生也是尽量帮忙，毕竟万一将来发达了，以后也有个照应。于是，他对温庭筠不仅好吃好喝招待，还在生活之余给点零花钱。给他购买了很多资料，叮嘱他好好学习，争取早日考取功名，光宗耀祖。

　　温庭筠当即表态一口应承，实际上根本就不当回事。

　　第一次到扬州来，不玩够怎么对得起自己，他拿着表叔给的钱和一帮社会上的公子哥儿花天酒地，混迹于青楼，玩得不亦乐乎。

　　这个消息很快就传到姚勖耳中，他怒火中烧，操起鞭子就立马赶到，抓到温庭筠就是一顿痛打，并将其毫不留情地赶出了家门。

　　《玉泉子》记载：

> 温庭筠有词赋盛名，初从乡里举，客游江淮间。扬子留后姚勖厚遗之。庭筠少年，其所得钱帛，多为狎邪所费。勖大怒，笞且逐之。以故庭筠卒不中第。

　　结果，才在扬州待了不久，坊间就传遍了温庭筠"士行尘杂"的消息，这除了人民群众多嘴外，与其本人的个性也息息相关。到处都是风言风语，扬州是待不下去了。温庭筠便立即收拾行囊，起身前往

第三章 羁旅思乡

长安。

唐帝国的首都就是不一样,虽然不复鼎盛时期的繁华,但依然富庶,灯火通明,一片热闹的景象。

长安应该算是温庭筠的福地,因为才华横溢,"善鼓琴吹笛,有弦即弹,有孔即吹",所以他很快就闻名于市坊,等到了属于自己的机会。

经过山南东道节度使李翱的推荐,温庭筠终于在东宫谋得了一个职位——执笔砚。

东宫就是太子居住地,要是服侍的太子以后当了皇帝,那就赚大发了。但根据历史发展论来看,进入东宫,并不意味着成为帝王,往往有很多变数,搞不好就会身首异处。毕竟,伴君如伴虎,伴太子就更不用说了。

我要告诉你的还有,据现存的资料记载,从唐朝建立到灭亡,有众多的太子为此付出了生命的代价。

温庭筠服侍的这位太子属于小娃娃,稚气未脱,生母王德妃不得皇帝宠爱,日子难过。加上杨贤妃的敌对排挤,宦官谗言,所以日子并不好过。但温庭筠认为机会难得,当即同意。进入东宫,他24岁,年轻有为,时间还长,等得起。因为和太子年龄相近,有话可谈,他们很快成为朋友。东宫府邸里歌舞升平,觥筹交错,日子妙不可言。

温庭筠心里甜甜的,但没过多久,就遇到重大打击。众所周知,太子就是朝廷派系的中心,出于某种原因,即使你什么都不干,整日厮混,过点小日子也不安全,谁叫你是太子,大家都盯着呢。

很快,太子整日沉迷于享乐的事情就被别有用心的宦官告发。杨贤妃逮住机会，在皇帝面前吹耳边风，说太子不务正业，德行败坏。储君如此，情何以堪，皇帝震怒。

李永因此被废掉。不久暴毙而亡，死因不明。

失去了靠山，温庭筠心如死灰，悲恸不已。

文宗皇帝追究太子暴毙之因，温庭筠作为东宫执笔砚，本来难逃干系，但好在李德裕当了宰相，在皇帝面前力挺温庭筠无罪，加上缺乏证据，其本人并不在长安，没有作案时间，才得以保全性命，要不然早被打入十八层地狱。

好不容易开脱了，却没想到温庭筠自己往火坑里跳，写了很多怀念庄恪太子的诗篇，尤其是部分内容还对"甘露之变"进行了影射。

这脑袋莫不是被驴踢了，真的胆大包天。完了，彻底完了，悲哀，温庭筠，我真为你感到悲哀！

没想到，关键时刻，天无绝人之路，文宗不久驾崩，宫廷接连政变，温庭筠躲过一劫。

常言道，大难不死必有后福。温庭筠以后的人生可以开挂了，不，这才是悲剧的开始。

才华横溢的温庭筠，按理说应该功成名就。那为啥他过得不如意，处处碰壁呢？简单概括来说，原因在于自己，行为处事水平太差。

温庭筠恃才傲物，目中无人，且流连酒色，尤其嘴碎，嘲讽权贵更是锋利如刃，不知不觉间，得罪了许多人。

温庭筠27岁，第一次到京城参加科举考试。

因为颇有才情，且作词惊艳，其诗文已经在长安城里如雷贯耳。

到达都城后，其他考生都在抓紧时间，努力学习，为了考取功名，废寝忘食夜以继日地苦读。但温庭筠没有当回事，整日与众多的豪门子弟厮混，放浪形骸，逛青楼，饮美酒，花天酒地，不亦乐乎。其中就包括了宰相之子令狐滈。

《旧唐书·温庭筠传》：

> 初至京师，人士翕然推重。然士行尘杂，不修边幅，能逐弦吹之音，为侧艳之词，公卿家无赖子弟裴诚、令狐滈之徒，相与蒱饮，酣醉终日。

俗话说，机会是留给有准备的人的，但有的人不准备依然可以一鸣惊人。

人比人，气死人。温庭筠参加初试，一举夺得第二名。成绩不错，再进一步就是功名富贵。结果，让人大跌眼镜的是，礼部复试，温庭筠居然缺考。

到底咋回事，人生最重要的考试都不参加了，这是干啥。

别人关心问他，他不好开口。半天才吭声说抱疾。其实，真实原因是怪自己头一天晚上喝醉了酒，睡到第二天下午才醒。错过了复试时间，这怎么好意思说出来。

但沮丧了一阵他又看开了，现在还年轻，有的是时间，大不了再考一次。可是，他不知道的是，人生没有那么多机会，一旦错过，便不会再有。

科举考试目前是没戏了，等明年吧。

时间还有，接下来怎么办？他正打算回家，就接到了宰相令狐绹的邀请，说你有才华，这样，你也别回去了，就留在京城陪我儿子吧。

温庭筠一想，也不错，留在京城也挺好，反正没别的去处，当即应承。

其他考生得知消息，说温庭筠简直走大运了。可不是嘛，还没有走上仕途就得到领导的垂青了，能被领导赏识且还能住进人家里，这就相当于一只脚已经步入了官场。这机会简直像中彩票一样。

但温庭筠真不是一般人，一般人早就走上人生巅峰了。他呢，妥妥的一个愤青，愣是把一手好牌打得稀烂。

话说唐宣宗李忱也喜欢诗词，尤其钟爱乐曲《菩萨蛮》，只是苦于找不到适合填词的内容。有一天，皇宫花园办庆祝晚会，提起此事，时任宰相的令狐绹为了讨皇帝开心，自告奋勇，表示自己可以写，皇帝将信将疑，说那爱卿写好给我便是。

令狐绹填词水平不行，之所以敢夸下海口，那是因为有温庭筠在。

果然不出所料，他将此曲交给温庭筠，请求帮忙。

温庭筠觉得这也不难，二话不说，提笔一挥就写成了。

拿到作品后，令狐绹一再叮嘱温庭筠，你帮我这个事千万要保密。

在得到肯定回答后，令狐绹第二天拿着填好的词马上进献给皇帝，大言不惭地表示这是自己冥思苦想的作品，希望皇帝喜欢。

皇帝一看，哎哟，不错，这词填得简直太好了，越看越喜欢，于

是当即组织人员排练,最后演出效果也很好。这首词便是流传后世的:

菩萨蛮·小山重叠金明灭

小山重叠金明灭,鬓云欲度香腮雪。

懒起画蛾眉,弄妆梳洗迟。

照花前后镜,花面交相映。

新帖绣罗襦,双双金鹧鸪。

唐宣宗了却心中一件大事,十分高兴,连连夸奖宰相令狐绹博学多才,诸位大臣也都吹捧其诗词素养高。这让令狐绹更加飘飘然,连忙表示,这都是自己随手写的拙作,能得到大家的肯定,惭愧惭愧。

圣上,你要是有啥要写的,尽管开口说,我一定完成好。为了表示忠心,他又说,自己还可以再填几首《菩萨蛮》。

得到皇帝的同意后,令狐绹回到家找到温庭筠,请求帮忙写十四首《菩萨蛮》。温庭筠虽然疑惑,但这难不倒他,于是鼓捣一阵就填好了。

后来,温庭筠听说皇帝喜欢的词居然是他填写的,兴奋不已,逢人便说,皇帝最喜欢的《菩萨蛮》根本不是令狐绹填的,而是我。只有我温庭筠才行。瞧见了吧,这就是实力,这就是水平。

就这样,一传十,十传百,这可把令狐绹的脸都丢尽了,堂堂一朝宰相,居然剽窃他人作品,还恬不知耻地邀功。没见过脸皮这么厚的。

令狐绹得知后,气得暴跳如雷,觉得这人不懂礼数,实在是烂泥扶不上墙。

这样的事还不止一回。一天，唐宣宗雅兴颇浓，作了一首诗，词中有"金步摇"三个字，不知道怎么对才得体，于是就随口问令狐绹。

令狐大人说回去好好思考，转身就求助温庭筠。温庭筠说，这个好对，直接"玉条脱"完美。

令狐宰相好奇地问，你这对词从哪里找到的？

温庭筠说，《南华经》第二篇里就有。

第二天，令狐大人给皇帝一说，皇帝啧啧称赞，我宰相果然学富五车，对得如此巧妙。按理说这件事挺好，但温庭筠那张惹是生非的嘴又闲不住了，在令狐大人回来后，阴阳怪气地补了两刀：大人，你每天处理完公事的时候，多看看古书嘛，这又不是什么生僻的典籍。言外之意就是不学无术，妥妥地看不起。

堂堂朝廷重臣、一国宰相被一个手下打工的人嘲讽挖苦，心情可想而知。令狐大人拂袖而去。

通过这几件事，令狐大人觉得温庭筠此人性格孤傲，情商极低，虽然才华横溢，但难当大任。如果任其发展，估计自己都要玩完。于是在以后举行的仕途考试中，只要温庭筠参加，令狐大人都从中阻挠，千方百计让他落空。温庭筠后来离开了宰相府，一直在京城租房复读，考了多次，连面试的机会都没有。后来才从别人口中得知，原因是自己得罪了令狐宰相。

自己触碰了当朝宰相令狐绹的脸面自不必说，可令狐大人贵为宰相，居然连《南华经》都不知道，真是可笑至极。他才不愿意与之为伍。另一个则是无知犯了错。说起来，都怪自己有眼不识泰山。话说，一年冬季的某天，温庭筠在旅馆里遇到一位中年男人。温庭筠看此人，长的白白净净，穿着华丽，一派富态，以为是位中饱私囊的官员。便用戏谑的口吻质问：你是司马、长史之类的官吗？

对方摇摇头。

温庭筠意犹未尽，那么你就是那些县尉、主簿之类的人吧？

中年男人大跌眼镜。"非也，非也！"

长得这么富态，那就是伙夫了！对方怒气地回道："皆非也。"甩下一句话就转身离去。

后来，他才知道，这男人不一般，正是喜欢微服私访的宣宗皇帝，这下子算是把自己的路给堵死了。自知仕途无望，温庭筠干脆沉迷于酒色，整天厮混在青楼，写词谋生。

也就是这时，他邂逅了抱憾终生的爱情。这位女子就是晚唐著名的才女鱼幼薇，和温庭筠认识时，她还只是一名11岁的小女孩。

鱼幼薇出身贫寒，父亲早逝，由母亲靠做针线活和浆洗维持生计。虽然才11岁，可她聪明伶俐，长得清秀动人，并且喜爱诗书，对温庭筠的词有所耳闻，在她看来，这是一位很厉害的人。

温庭筠也觉得这姑娘聪慧，两人一见如故。尤其是他出的考题要求小姑娘以"江边柳"作文。结果，对方只是沉思了一会儿，便写出了：

翠色连荒岸，烟姿入远楼；

影铺春水面，花落钓人头。

> 根老藏鱼窟，枝底系客舟；
> 萧萧风雨夜，惊梦复添愁。

才情让人折服，欣喜之余，便收为弟子。

鱼幼薇长到14岁，少女的情窦初开，爱上了不修边幅的温庭筠。以一首《冬夜寄温飞卿》送给心上人。

> 苦思搜诗灯下吟，不眠长夜怕寒衾；
> 满庭木叶愁风起，透幌纱窗惜月沈。
> 疏散未闻终随愿，盛衰空见本来心；
> 幽栖莫定梧桐处，暮雀啾啾空绕林。

温庭筠一眼就知道这是一封告白情书，面对少女的爱意，他陷入矛盾和纠结当中。他和小姑娘年龄相差悬殊不说，自己也没有事业。虽然他对鱼幼薇很疼爱，可他一直把感情控制在师生朋友的界限内。

鱼幼薇多次表白温庭筠，但对方毫无回应，这让她十分难过，愁思不断。她甚至在自己住的院落里种上了三棵树，分别取名："温""庭""筠"。

咸通元年（860），温庭筠回到长安，鱼幼薇已经出落成明艳动人的少女了。为了她的幸福，温庭筠主动做媒，把她介绍给了好友的儿子李亿为妾。李亿长得健壮端庄，但性格懦弱，尤其害怕老婆，是出了名的"妻管严"。鱼幼薇嫁过去以后，被大老婆整天找碴儿，没过上好日子，落得个被赶出家门的结果。鱼幼薇只得死心，选择在道观出家，道号：玄机。

得不到爱情，日子又不顺。鱼幼薇开始放纵自己，招募女徒弟服侍自己不说，后来，还在道观张贴告示，表示自己会和全天下的风流才子切磋诗文，共度良宵。

道观成了混乱之所。

温庭筠听说后，大为震惊，当即过来劝解，得到的回复是：鱼幼薇已死。

被恨和欲望裹挟，走向极端的鱼幼薇，越来越疯狂。果然，几年之后，她就因为争风吃醋，杀死了道观里的侍女，自己也被处以极刑。

鱼幼薇死后多年，温庭筠才得到这个让他痛心万分的消息，那时的他已经饱经忧患，呆坐在窗前，凝望远方，没有说一句话。

随着开销增大，生活入不敷出，温庭筠开始在考场做"枪手"，专门帮人写文，弄得人尽皆知，人称"无敌枪手"。

有一次作弊甚至惊动了皇帝。话说一名官宦子弟买到了试题，花钱请温庭筠作文，他当即答应，事后，该生也被录取。后来此事闹到皇帝那里，皇帝彻查，所有与考试相关的官员都遭到处理，录取名单作废。但温庭筠却走了好运，大中十三年（859），他接到了圣旨，令他到随县担任县尉！

所谓县尉就是当时的公安局局长，算是唐朝基层的小官。估计是此人太招人烦，礼部那帮老爷子实在受不了，考来考去，这人不就是要个官嘛，给个小官，消停点，要不然，他年年考，我们受不了。就这样，温庭筠等到了官职。接到圣旨后，他清早出发，沿途经过商山，路过村舍，听到鸡鸣狗叫，板桥上起了一层薄霜。联想到自己的处境，他感慨万分，写下了《商山早行》：

晨起动征铎，客行悲故乡。
鸡声茅店月，人迹板桥霜。
槲叶落山路，枳花明驿墙。
因思杜陵梦，凫雁满回塘。

这首诗将他当时的内心情感表现得淋漓尽致，受到后来者的追捧与模仿。

温庭筠到随县为官了？并没有，他投奔了襄阳刺史徐商。随县正是徐商的管辖地区，早年，温庭筠便听说此人喜欢有才之人，徐商也很欣赏他的才华，两人还短暂交流过，可谓一见如故。这次正好顺道，就入了徐商的幕府。

公元860年，襄阳刺史徐商封温庭筠为巡官，这是一个低等职位，但近50岁的他一口答应了。虽然职位不高，但好歹衣食无忧，可以干事，温庭筠很知足。在此工作期间，他如鱼得水，度过了一段快乐的时光。

他和担任幕僚的段成式等人很聊得来，几人互相写诗调侃，过得好不自在。那时，他认识了李商隐。正是因为生活不错，他创作了不少脍炙人口的佳句名篇。

望江南

梳洗罢,独倚望江楼。

过尽千帆皆不是,斜晖脉脉水悠悠。

肠断白蘋洲。

梦江南

千万恨,恨极在天涯。

山月不知心里事,水风空落眼前花。

摇曳碧云斜。

　　后来,徐商又当了宰相,他便推荐温庭筠在国子监任职。诸位朝廷大臣对徐商的建议很赞成,原因就是:温庭筠常年混迹于科考考场,肯定有非常丰富的考试经验,这就是他的特长,让他负责科举考试,不正是发挥优势?

　　皇帝说,爱卿的建议不错,还真是这样。于是当即封温庭筠担任国子助教,从六品,主要工作是主持科举考试。

　　公元865年,温庭筠第一次主持科举考试,全国一千三百余人参考。当时,有的考生为了能够步入仕途,到处找关系,请人吃饭写推荐。

　　温庭筠为了发现真正的人才,不让与自己类似的悲剧重演,上任之后就表示自己会唯才是举,不分门第。考生答题之后,不仅可以要求查分，甚至还把拟录取的文章全部张贴出来，以示公平公正。此举一出，轰动京城，引来百姓叫好，但也损害了一些权贵的利益。诸位大臣纷纷弹劾温庭筠自作主张，更改祖宗制度，祸害科举，要求处理。欲加之罪，何患无辞？

温庭筠人微言轻，独木难支。最终被贬方城。

他被处理的消息披露后，众多文人都惋惜不已。离开时，送别的人络绎不绝。其中就有纪唐夫写的《送温庭筠尉方城》：

何事明时泣玉频，长安不见杏园春。
凤凰诏下虽沾命，鹦鹉才高却累身。
且尽绿醽销积恨，莫辞黄绶拂行尘。
方城若比长沙路，犹隔千山与万津。

公元 866 年，温庭筠在方城任上，健康状况恶化，溘然长逝。一代叱咤科举风云的学霸枪手、词人温庭筠就此落幕。

同类诗人

韦庄、皇甫松

意象小锦囊

1. 露：常和秋天联用为秋露，象征悲秋。露在早上出来，遇到太阳就消失，故又用来形容人生和时间的短暂。屈原在《离骚》中说，"朝饮木兰之坠露兮"，露又可以形容高洁的精神。草木摇落露为霜，露还表现为思念。陶渊明言"夕露沾我衣",故露又用来比作田园生活。

2.雪:忽如一夜春风来,千树万树梨花开。雪有纯洁、美好的意思。柳宗元曾经用"千山鸟飞绝,万径人踪灭"描写江雪。雪寒冷,所以又引申为恶劣的环境和苦难。雪花晶莹,因此形容人格的高尚。

3.琴瑟:琴瑟友之,琴瑟形容和睦的爱情,《诗经·小雅》中有"我有嘉宾,鼓瑟吹笙",因而瑟又用来形容朋友间深厚的情谊。

4.金风:金风送爽,丹桂飘香,金风代指秋天。秦观在《鹊桥仙》里有"金风玉露一相逢,便胜却人间无数"。

5.东篱:"采菊东篱下,悠然见南山。"东篱代指归隐后的田园生活。白居易在《咏菊》中说,"一夜新霜著瓦轻,芭蕉新折败荷倾"。东篱又指摘菊花的地方。

6.南山:陶渊明有"种豆南山下,草盛豆苗稀",因此南山寓意隐居。孟浩然有《岁暮归南山》的诗,南山因此又有故乡的意思。

7.鸳鸯:鸳鸯都是成双成对的,因此鸳鸯比喻相爱的夫妻。杜甫在《绝句》中说,"泥融飞燕子,沙暖睡鸳鸯",所以鸳鸯用来形容美好的春光。嵇康在《赠兄秀才入军》有"鸳鸯于飞,肃肃其羽"句,因此鸳鸯还可以形容同舟共济的兄弟。

情感表达

寄情山水、热爱生活、向往自由、厌倦官场……

专业术语

运用对比、同感等修辞手法,通过角度的描写和色彩的渲染,借景抒情,表达怀才不遇的苦闷之情。

链接高考——诗词鉴赏

梦江南

温庭筠

千万恨,恨极在天涯。山月不知心里事,水风空落眼前花,摇曳碧云斜。

第一问:词中"恨极在天涯"的"恨"是指什么?

【分析点拨】

从这首词的字里行间,我们不难发现,这是一首闺怨词,通读大意我们发现,词人是因为思念的人不在眼前而在天边,才有此恨,这是得不到的思念之恨,用情至深。此问分值比较少,因此答题的时候言简意赅即可。

【参考答案】

思念远在天涯的心上人的怅恨之情。

第二问:词中三、四两句刻画了一位什么样的主人公形象?请简要分析。

【分析点拨】

第二问给出了具体的作答范围。三、四两句用了很多意象,比如山月、水风等词,来反衬出渴望人归来的期盼。这两句的含义就是,山月不知道"我"的心事,拟人化的修辞,故意把"我"眼前的花吹落。突出表现了思妇内心的伤悲。

【参考答案】

女主人公满腹哀怨,对月怀远,月却不解;临水看花,花自飘零,无人怜惜。刻画了一位孤独寂寞又自哀自怜的女主人公形象。

第三问:请简要赏析这首词的结句。

【分析点拨】

问题要求的是赏析,我们就要从景物、感情的角度入手,月光、白云、时间的流逝都要结合词中的感情来回答。

【参考答案】

借景抒情。把天涯之思投向无边天际,以碧云摇曳表现心绪的不宁,以碧云斜落表现心情的低沉。

【适合话题】

孤独、人生价值、自由、自信勇气、离愁别恨……

多才多艺的佛系诗人——王维

一、人物档案

姓名：王维　　　　　　　　生卒年：701—761 年

别号：摩诘居士（诗佛）　　职业：诗人

性别：男

学历：进士

籍贯：河东蒲州（今山西永济）

诗词派别：山水田园诗派

所处时代：唐朝

代表作品：《使至塞上》《山居秋暝》《闻王昌龄左迁龙标遥有此寄》等

主要成就：精通诗、书、画、音乐等。多才多艺，堪称全才，其作品被人称为诗中有画，画中有诗。其为盛唐山水诗派代表，水墨山水画派创始人。

二、人物小传

如果要说唐代最全能的诗人是谁，那王维肯定稳坐第一把交椅。王维不仅精通诗词、书法、音乐，甚至在佛学、绘画、园林艺术等方面的造诣也堪称行家。可以说，横空出世的王维，对我国的艺术产生

第三章　羁旅思乡

了深远的影响。书法擅长草书隶书，绘画可以卖出天价，音乐研究更是让人惊叹，这么牛的人又有怎样的故事？且让我们穿越时代，追寻他的人生轨迹。

王维出生于山西祁县的名门望族、书香门第。太原王氏是贵族世家，先祖为周灵王的太子姬晋。母亲崔氏为博陵大姓。魏晋到唐代几百年，博陵崔、祁县王、陇西李、赵郡李、清河崔、范阳卢、荥阳郑是当时显赫的七大家族。

王维自幼聪明过人，勤奋好学，家庭艺术氛围浓厚。爷爷王胄是朝廷的乐官，相当于"中央歌剧院"的干部，教他音乐。父亲王处廉是公务员，曾任汾州司马，才高八斗，教其诗文。母亲知书达理，喜欢绘画，点拨其画艺。在这样的环境熏陶下，王维"九岁知属辞"，妥妥的学霸，不光成绩好，而且才华横溢，是远近闻名的才子。我们耳熟能详的诗作《九月九日忆山东兄弟》就是其17岁的作品。

独在异乡为异客，每逢佳节倍思亲。
遥知兄弟登高处，遍插茱萸少一人。

可惜好景不长，王维9岁时，父亲去世。于是培育王维的重任就落在了母亲身上。

王维是老大，有五个兄弟，还有妹妹。二弟王缙、三弟王繟、四弟王紘、五弟王紞，兄弟几人都很信服母亲的教导。母亲笃行佛教且擅长绘画，是妥妥的气质女人。王维在诗中描述母亲是："故博陵县君

崔氏，师事大照禅师三十余岁，褐衣蔬食，持戒安禅，乐住山林，志求寂静"（《请施庄为寺表》）

正是母亲身体力行吃斋念佛的影响，使王维和兄弟们也养成了不吃肉只吃蔬菜的习惯。"弟兄俱奉佛，居常蔬食，不菇荤血。"（《旧唐书·王维传》）

看到她辛苦养育六个孩子，为了互相照应，王维的舅舅崔员外好心帮忙，让她把家迁到了蒲县居住。

公元715年，王维15岁，身高已经蹿到一米七，风度翩翩、一表人才。王维眼见相邻的公子高中进士，得到大家赞赏，羡慕不已，当即回家告诉母亲自己也要考。得到母亲的允诺后，他便和一位老仆人出发，迈潼关，过骊山，前往长安找权贵举荐自己。

在帝都待了两年多，由于王维初到，人生地不熟，处处碰壁，终告失败。

公元717年，他和弟弟王缙再次来到长安，这次靠着王缙的小聪明，王维终于敲开了岐王李范的大门，他献上了自己精心挑选的几首作品。

岐王是玄宗皇帝的四弟，钟爱文学、书法，喜欢结交文人，尤其欣赏有才的人。

李范一看，哎哟，不错哦。特别是王维写的《过始皇墓》和《九月九日忆山东兄弟》，读来非常感人。当即就请乐工给《九月九日忆山东兄弟》和《题友人云母障子》谱曲。

王维开心不已，当即就在王爷面前展示了一把才艺秀，一曲琵琶弹得如怨如慕，如泣如诉，余音袅袅，不绝如缕。

这才艺让王爷惊讶得嘴都忘了合，王府的乐师也称赞王维技艺高超。此后，王维便成了王府的座上宾。

《新唐书》载，王维进京后，"豪英贵人，虚左以迎""宁、薛诸王待若师友"。

经过岐王的引荐，王维认识了玉真公主。此时的王维和大唐盛世是合拍的，诗中充满了建功立业的雄心。

观猎

风劲角弓鸣，将军猎渭城。

草枯鹰眼疾，雪尽马蹄轻。

忽过新丰市，还归细柳营。

回看射雕处，千里暮云平。

王维长得白净，五官俊秀，可谓是玉树临风，光彩照人。玉真公主第一次见到王维就对他产生了好感，又见他现场表演《郁轮袍》，技艺精湛，更让她倾心不已。当观看完表演后，公主得知这词竟然是王维写的，更是连连赞叹奇才。

有了公主的点赞加持，王维得以在京兆府考试中一举夺魁，成为开元七年名震京都的状元郎。终于取得了仕途生涯的开门红，王维心情无比喜悦，准备继续向上奋斗。

第二年春，王维信心满满地参加吏部组织的考试，没想到居然名落孙山。但他并未气馁，一边暂住在长安，一边混迹于岐王、宁王之间，并积极备考。终于在开元九年，时年21岁的王维中了进士，顺利为官。最初王维任秘书省校书郎，后调为太乐丞，也就是皇家音乐的负责人。虽然级别不高，才八品，但工作不累。这也算是继承祖业，毕竟爷爷王胄也干过，王维耳濡目染，这份工作干得游刃有余。

凡事都顺风顺水，连老天看了都会嫉妒的。王维不仅琵琶弹得棒，字画也是一绝。加上长得帅，有诗才，一下子就成为众星捧月。长安的权贵都以到王维家做客为荣。

但没多久，王维就遭遇了人生第一次重大挫折。

原因是因为，岐王在府邸里举行宴会，喝醉酒使性子，说要看黄狮子舞。这可是大罪，因为"黄"和"皇"谐音，这只能皇帝专享。王维的上司刘贶别有用心，怂恿开了舞。此事随即被告发，皇帝震怒，疑心病又起，担心兄弟干权，于是降旨处罚，岐王被赶出京城。

王维遭受牵连，被贬为济州司仓参军，也就是所谓的粮仓保管员，等同于基层公务员，工作内容杂而乱。从一个繁华之地，调到老少边穷地区，王维倍受打击。

但他有口难辩，只能匆忙和家人告别。他自然不会明白，正因为优秀，和岐王太近，才招致皇帝猜忌、宁王嫉恨、同僚诋毁。经此打击，王维倍感受伤。

在济州基层一线苦干四年，王维先后跟了三个领导。第一个出身武将，一直瞧不上读书人，不干实事，只知吹嘘。第二任领导叫裴耀卿，王维和他聊得来，两人相互配合，惩恶扬善，抗洪救灾，做了很多利民的实事。第三任领导嫉妒贤才，对王维横挑鼻子竖挑眼，专门找王维的碴儿。酸甜苦辣，五味杂陈，几年时间王维成熟很多，在济州一线的日子，王维孤独万分。

公元725年，他的老朋友祖咏，正好要去东州赴任。经过济州，就顺便和王维见面。王维见到老友，欣喜感伤一起涌上心头。他邀请祖咏留下来借住一宿。

喜祖三至留宿

门前洛阳客，下马拂征衣。

不枉故人驾，平生多掩扉。

行人返深巷，积雪带馀晖。

早岁同袍者，高车何处归。

祖咏离开的时候，王维依依不舍，送了很远，以至于船离开了他还在原地驻足远眺。

齐州送祖三

相逢方一笑，相送还成泣。

祖帐已伤离，荒城复愁入。

天寒远山净，日暮长河急。

解缆君已遥，望君犹伫立。

本以为基层的工作遥遥无期，没想到事情起了转机。就在他几乎绝望之时，唐玄宗在泰山举行封禅仪式，大赦天下。王维凭此获得自由，他一个人悄悄离开济州，到达泗水。他悲从中来，写下《寒食汜上作》：

广武城边逢暮春，汶阳归客泪沾巾。
落花寂寂啼山鸟，杨柳青青渡水人。

也就是此时，他在半路上遇到了去卫县任职的房管，两人相谈甚欢，房管知晓王维的境遇后，鼓励他，人生没有过不去的坎，以后如果需要自己帮忙，尽管开口便是。王维感激不尽。

自由后的第一件事，就是回家看望老婆。此时的他已经35岁。老婆是他的意中人，不仅善解人意，而且还特别体贴，两人琴瑟和谐，羡煞旁人。在寻觅到佳人之前，王维曾有过一段恋情。

王维之前在宁王府仗义执言，帮助甄氏和周干喜结良缘。恰好甄氏有位长得花容月貌的小妹，还未满17岁。平时，她就听到姐夫、姐姐说到新科状元王维做的好事，内心就有了好感，后来又在机缘巧合之下见到王维，不禁对帅气的王维着迷。

王维第一眼也被这位青涩美女吸引了，到周干家里喝酒，心乱如麻，七上八下。其实周干知道王维动心了，但他并没有向王维提亲，毕竟古代讲究门当户对，自己小姨子的家庭条件他心如肚明，怎么能高攀得上？可回到家后的王维当天晚上就失眠了，脑子里全是小姑娘的身影。

第二天，外面下起了雪，王维鼓起勇气，出了门，直接来到十几里外的周干家，询问小甄氏有无婚配。小妹妹高兴不已，连忙要姐夫、姐姐做主答应。但周干和大甄氏却犹豫了。虽然妹妹的婚事是由他们做主，但甄氏父母早亡，且无兄长，家庭条件与王维的更是天差地别。王维表示，没关系，我在乎的是这个人，其他都不重要。既然兄弟一片深情，那就好好待她吧。

有了允诺，王维和小甄氏高兴不已，在繁华热闹的长安城里相游，结伴而行，在人群中窜来窜去，即便是冬季，两人手心也攥出了汗。

随着时间推移，两人的恋情也飞速发展，王维去宫廷上班，小甄氏每天都在宫外守候。还时不时前往王维的官舍新居暂住，王维灯下绘画，她便专注深情地凝视。

王维打心眼里满意这段感情，他计划等到弟弟王缙5月回蒲城时，就让他把这个事情告知母亲。

甄姑娘满心欢喜地等着王维的嫁娶日期，姐姐还为她置办了嫁妆。但弟弟还没有起身，王维就收到了母亲寄来的亲笔书信，打开一看，不禁左右为难。原来母亲已经为他定了一门亲事，姑娘是母亲本家，也姓崔，18岁，长得端庄秀丽，会写文弹琴，家境优越，父亲是官员，担任过蒲州长史。母亲在信中说，这个婚事她已经替王维做主，正式下了聘礼。这消息仿佛晴天霹雳。父母之命，媒妁之言。王维痛苦万分，小甄姑娘听到后更是伤心欲绝。

很快甄氏姐妹就看了信件，妹妹神色难以言状，半晌说不出话来，

姐姐也是愁容满面,无计可施。几天后,小甄姑娘离开长安,准备回荆州,王维万般不舍,写下了《相思》:

> 红豆生南国,春来发几枝?
> 愿君多采撷,此物最相思。

此后,王维和小甄姑娘再也没有见过面。只是后来听说,小甄氏居于南国,嫁人生子。

王维按照母亲的要求回家会见崔姑娘。没想到崔氏不仅长得标致,而且善解人意,人也很贤惠。虽是山西女孩,但却一点也不输江南女子,身材、气质、文采、素养俱佳。

两人相谈甚欢,于是几个月之后,王维正式娶了崔姑娘,小两口在蒲州待了一个月,便一起前往长安定居。王维在帝都的西北角买了地,并盖好了房子,搭建了花园。两人布置新家,忙得不亦乐乎!王维、崔氏,琴瑟和谐,非常恩爱。王维多才多艺,器宇轩昂;崔氏体态柔美,明眸皓齿,堪称天作之合。王维若是写字,她会主动研墨;若是画画,她也会耐心陪伴。一年后,王维调出长安,贬于淇水,那地方非常荒凉,生活条件差,但崔氏任劳任怨,依然无悔地陪伴着老公王维。

后来崔氏怀孕,王维觉得淇水条件实在太差,不利于保养身子,于是要求妻子回长安休养。

王维说:我们一起离开这里,回长安吧。

第三章 羁旅思乡

那你的工作不要了？

工作的事以后再说。

但你没有工作就没有收入，那我们怎么生活？

我们可以卖画，还可以开私塾。你夫君不靠俸禄也能生活。

但计划赶不上变化，第二天回来，崔氏脸色苍白，神情痛苦。王维赶紧喊了郎中来，问诊后，郎中表示，夫人身子虚弱，妊娠反应强烈，需要多加调理，不能剧烈运动。

如此来看，回长安肯定不行。王维就找了一份县尉的工作，好好陪护妻子。两人苦中作乐，度过了一段愉快的时光。《淇上田园即事》即是证明：

> 屏居淇水上，东野旷无山。
> 日隐桑柘外，河明闾井间。
> 牧童望村去，猎犬随人还。
> 静者亦何事，荆扉乘昼关。

秋季，胎儿已足月，即将生产的当口，出了岔子。

接生忙活了一两个小时，孩子都没有生出来，眼见情况不妙，慌忙问王维：大人小孩要保哪个？肯定是大人，又过了一阵，屋内传出凄惨的叫声。王维冲了进去，只见妻子已经面色暗黄，躺在床上气若游丝。崔氏用尽一口气对王维说道：我是不行了，我死后，你别太伤心。说完便气绝而亡。

先是贬官，随后又是丧妻丧子。没有人经历过这种接二连三的厄运。要知道古人都流行三妻四妾，即便是苏轼也为我们留下了《江城子》等脍炙人口的诗篇，但贵为天才诗人的王维，我们却未发现他写下妻子崔氏的只言片语。难道是不爱？并不是，用一句话来说是，为什么王维的眼睛常含泪水，这是因为他爱妻爱得深沉。他用行动证明了对妻子崔氏刻骨铭心的爱，他亡妻三十年，做到了"孤居三十年，终身不娶"。

深刻的爱不是靠嘴巴敷衍，而是用真情守候。

此后，悲痛的王维开始四处游历，寄情山水。天地间美好的景致慢慢治愈了他的心。在此期间，他写下了有名的《鸟鸣涧》和《山居秋暝》。

鸟鸣涧

人闲桂花落，夜静春山空。

月出惊山鸟，时鸣春涧中。

山居秋暝

空山新雨后，天气晚来秋。

明月松间照，清泉石上流。

竹喧归浣女，莲动下渔舟。

随意春芳歇，王孙自可留。

第三章 羁旅思乡

公元 728 年,有个叫孟浩然的年轻人,从隐居之地襄阳出发来到长安参加科举考试,结果落第。恰好此时,王维和他相识。

公元 735 年,张九龄帮了王维一把,他才得以重回官场,担任正八品的右拾遗。

第二年,边境烽烟又起,唐朝的宗主国小勃律被吐蕃攻打,抵挡不住。唐朝权衡利弊,决定出兵,调令河西节度使率军驰援。唐军势如破竹,打得吐蕃丢盔弃甲。

公元 737 年 9 月,唐朝任命王维担任监察御史,让他带队慰问嘉奖凯旋的河西军队,并就地担任节度判官,扎根边防一线,保家卫国。我们现在耳熟能详的《使至塞上》就是当时他赴任途中写的作品:

单车欲问边,属国过居延。
征蓬出汉塞,归雁入胡天。
大漠孤烟直,长河落日圆。
萧关逢候骑,都护在燕然。

王维刚去就领教了边塞环境的厉害,他一路向西,劈头盖脸只见漫天黄沙,茫茫戈壁,飞沙走石,骄阳似火,晒在身上热乎乎的。以前自己羡慕征战沙场的部队生活,现在终于圆梦了,虽然条件艰苦,但也是建功立业的好机会。在边塞,王维学到了很多东西,尤其是他在观看当地的一场祭祀灶神的活动时,领悟到了最重要的一条:无论社会怎样黑暗，有的人也过得快乐；无论社会如何繁华，也有人过得痛苦。换言之，快乐和痛苦是个人的感觉，既然痛苦也是过，快乐也是过，为什么不快乐点呢？

公元738年，王维接到上级安排，到桂州考察学习，他一路南行，在中途休息的驿站遇到了神会大师，两人交流了关于佛理的心得，他还写了一首《汉江临泛》：

> 楚塞三湘接，荆门九派通。
> 江流天地外，山色有无中。
> 郡邑浮前浦，波澜动远空。
> 襄阳好风日，留醉与山翁。

在襄阳停顿的时刻，他惊悉朋友孟浩然去世的消息，心情沉重，写下了《哭孟浩然》：

> 故人不可见，江水日东流。
> 借问襄阳老，江山空蔡州。

公元741年（开元二十八年），此时的唐朝，国富民强。全国有八百四十多万户，总人口四千八百多万人。

公元744年，王维在蓝田购买了一处房产，过上了平静恬淡的日子。这处房产不仅地段好，而且根据流传下来的《辋川集》记载，占地面积很大，有亭台楼阁、湖泊和园林，规模颇为壮硕，景色十分秀丽，只是东西不多。王维把原来的物件大多清除，只留下了简单的床、经案、茶铛，只要能过基本的生活就足够。王维喜欢参禅打坐，经常在禅房里一坐就是半天，诵读《维摩诘经》："如是我闻……"

《维摩诘经》又名《不可思议经》。大居士在西方极乐世界讲经，方丈之内，万千佛陀齐至。随着对佛学的悟性越来越深，王维归隐的情绪也越来越多。这期间，他抱着无欲无求、顺其自然的想法，过上了清闲的日子。

王维打算和綦毋潜一起去隐居务农，就在他准备退隐的时候，当年10月，杜甫也来到了朝廷，他积极热忱地为国解忧，给了王维极深的印象。但当时的朝政已经是病入膏肓，回天乏力，一场惊天风暴马上席卷而来。

公元755年末，安史之乱爆发。

唐军节节败退，玄宗皇帝带着东西跑路，王维来不及逃走，于是被黑压压的叛军抓住，成了囚徒，一同被抓的还有杜甫。当时王维名气大、官大，安禄山为了拉拢人心，于是给了个官让王维做。

王维不想任职，吃了哑药自残，依然没能逃脱，于是只好担任给事中。

"禄山素怜之，遣人迎置洛阳，拘于普施寺，迫以伪署。"《旧唐书·王维传》

第二年9月，唐朝军队成功收复长安，10月又得到了洛阳。王维因任伪职，被抓捕，定罪六等，理应当斩。但他赶紧拿出材料证明：

凝碧池

万户伤心生野烟，百僚何日更朝天？

秋槐叶落空宫里，凝碧池头奏管弦。

自陈自己的一片忠心，肃宗皇帝动了恻隐之心，网开一面。于是定罪三等，又因亲弟弟王缙平乱有功，愿用自己的官职将功赎罪，兄弟深情，王维得以捡回一条命，降职担任太子允。

经此磨难，王维彻底心灰意冷，更坚定了礼佛之心。他白天上班，晚上就打坐，在佛教经典里寻找寄托和安慰。退朝之后每次回到家，他都要点香、独坐、诵读经书。

此后，王维又担任了中书舍人。公元 758 年秋，官复原职给事中。公元 759 年，转为尚书右丞。

安史之乱之后，匪患不断，朝政混乱。肃宗皇帝也常到佛门祈祷，王维知道这件事后，把终南别业的房产献出，然后把辋川的别业房产改为清源寺，出家当了和尚。

又过了两年，公元 761 年，王维自感时日不多，于是让下人摆好纸墨，给远在凤翔的弟弟王缙写了离别信，并留下了遗嘱。信中的内容"多敦励朋友奉佛修心之旨"，写完后不久，淡然离世。

一代诗佛就此落幕。

盛唐诗坛群星璀璨，在王维走后的第二年，李白也登仙。九年后，杜甫也成仙。三大诗人被后人称为诗佛、诗仙、诗圣。

第三章 羁旅思乡

同类诗人

孟浩然、祖咏、裴迪、綦毋潜、储光羲等。

意象小锦囊

1. 云：王维在《送别》诗中说，"但去莫复问，白云无尽时"，因此云寓意坦荡超脱的胸怀。杜甫在《恨别》中说，"忆弟看云白日眠"，所以有看云思念朋友。崔颢说，"白云千载空悠悠"，云引申为时间的流逝。李欣在《古从军行》中有"野云万里无城郭"，云寓意环境的荒凉。

2. 月：李白有"床前明月光，疑是地上霜"的诗句，所以月有思念故国家乡的含义，又有"今人不见古时月，今月曾经照古人"，因此，月又有时间流逝、无限时空的意思。

3. 青鸟：李商隐有"青鸟殷勤为探看"的诗句，因此青鸟是信使的别称。

4. 芦花：诗人张炎在《甘州》中说，"折芦花赠远，零落一身秋"，芦花有凄凉身世的含义。又有芦花棉袄的故事，因此芦花形容母爱的伟大。因芦花常见于乡村，故芦花又作为江南水乡的景色特征之一。

5. 鸿鹄：《史记·陈涉世家》里说，"燕雀安知鸿鹄之志哉"，所以鸿鹄象征远大的志向。

6. 黄莺：又叫仓庚、黄鹂。杜甫曾经写下"两个黄鹂鸣翠柳，一行白鹭上青天"。黄莺是春天的信使，它的出现表达了诗人的寻春和惜春之意。李白在《江南怀春》中说，"青春几何时，黄鸟鸣不歇"，黄莺引申为游子的家乡之思。"啼时惊妾梦，不得到辽西"表现的是闺

187

怨的女子。

7. 双鲤：李商隐在《寄令狐郎中》说，"嵩云秦树久离居，双鲤迢迢一纸书"，双鲤代指书信。

情感表达

人生风雨、恬淡之心、怀才不遇、洒脱。

专业术语

运用工笔和白描，用精准有力的笔锋，简洁明快的语言，朴素易懂的文字，对描写对象作了精细地刻画和描绘，干净利索地勾画出事物的形状、明暗、声响等，充分表现了作者真挚的情感。

链接高考——诗词鉴赏

晓行巴峡

王维

际晓投巴峡，余春忆帝京。

晴江一女浣，朝日众鸡鸣。

水国舟中市，山桥树杪①行。

登高万井出，眺迥二流明。

人作殊方语，莺为故国声。

赖多山水趣，稍解别离情。

注释：①树杪：树梢。

问：同样是描绘山峡，《晓行巴峡》与下列诗句相比，在运用意象、抒发情感方面有何不同？请结合诗句，具体分析。

巴东三峡巫峡长，猿鸣三声泪沾裳。（郦道元《水经注》）

玉露凋伤枫树林，巫山巫峡气萧森。（杜甫《秋兴八首》）

【分析点拨】

这是一道分析理解题，要求考生分析意象和抒发情感方面有何不同。

通过研读诗歌内容，抓取山桥、舟行等意象，我们不难读出诗人的思乡之情，尤其是漂泊在外，听到家乡熟悉的乡音才略感安慰。猿猴、秋天这些意象都是凄凉的象征，这些意象词语为全诗的走向奠定了阴沉的情感基调。这道题我们要善于抓意象，再结合诗人的情感变化点作答。

【参考答案】

《晓行巴峡》所用的"晴江""浣女""朝日""鸡鸣""水国""万井"等意象，显示了巴峡水乡的祥和，色调明丽，诗人置身其中，虽有淡淡的思乡之情，情感却并不悲苦。

对比诗句所用的"猿鸣""玉露""枫树"等意象，显示出巫峡的萧瑟阴森，色调凄冷，情感悲苦。

【适合话题】

坎坷挫折、哀愁、闲适恬淡、现实苦闷……

- 第四章 -

◇ 生活百态

农村那么大，我想去看看——陶渊明

一、人物档案

姓名：陶渊明　　　　　　生卒年：约 365—427 年

别号：五柳先生　　　　　职业：诗人、辞赋家

性别：男

籍贯：浔阳柴桑人（今江西九江）

诗词派别：田园诗派

所处时代：东晋—南北朝

代表作品：《归去来兮辞》《桃花源记》《归园田居》《五柳先生传》《饮酒二十首》等

主要成就：田园诗派之开山鼻祖，隐逸诗人之宗。

二、人物小传

辞去公务员的工作后，住在浔阳柴桑（今江西九江）务农的陶渊明怎么也想不到，自己无心之举写的二十首抱怨诗，一下子就火爆了东晋的文化圈。

尤其是第五首《饮酒》：

第四章 生活百态

> 结庐在人境，而无车马喧。
> 问君何能尔？心远地自偏。
> 采菊东篱下，悠然见南山。
> 山气日夕佳，飞鸟相与还。
> 此中有真意，欲辨已忘言。

这首意气之作，抒发自己闲适心境的小诗，成了口口相传的佳作，朋友圈里可谓是点赞不断。大家看到这首诗，纷纷转载、留言，支持点赞作者，称作品引人共鸣，意境深远。

特别是"采菊东篱下，悠然见南山"，这句说出了多少当代职场人的心声和向往。每天起得比鸡早，睡得比狗晚。上班天天乘坐公交车，挤地铁，来回奔波，工作又苦又累，压力巨大，干不好工作还经常被领导批评，职场里面各种钩心斗角，挖坑设陷，人际关系复杂，辛勤工作还拿不到多少钱。关键是还不敢辞职。房贷、车贷、孩子、家庭的各种开销，压得人头痛欲裂。每天都有做不完的事、开不完的会，需要衔接处理的鸡毛蒜皮的小事，写不完的材料，永无止境的加班，真恨不得把工作一脚踢飞了。但一想到银行卡里的余额，各种还款短信，一下子就又充满了力量。接着坚持吧。

在现代生活压力巨大的背景下，大家都只能咬着牙挺着，哪敢像陶渊明那样，勇气可嘉，说不干就不干，远离城市，回归农村，种点有机蔬菜，养点鸡鸭鱼鹅，不用早起，想睡多久睡多久。起来之后，煮点原生态早餐，再和家人聊聊天，种种菜，这日子如诗如画，再看看书，写写诗，这感觉它不香吗？

但这是农村生活的真实面貌吗？让我们走进陶渊明的生活一探究竟吧。

通过基本资料我们知道陶渊明的出身是不错的，祖辈几代都是读书人。曾祖父叫陶侃，是东晋开国的元老，官至大司马，封长沙郡公。祖父陶茂、父亲陶逸都先后做过太守这样的大官。按理说陶渊明应该是官二代，但是他出生的时候，家道已经中落了。他8岁的时候，父亲就病故了，家里没有了顶梁柱，他和妹妹只能跟随母亲艰难度日。很不幸，12岁的时候，母亲也去世了。没有办法，他们只能寄居在外祖父孟嘉家里生活。孟嘉是当时的名士，行不苟合，年无夸矜，未尝有喜愠之容，好酣酒，逾多不乱；至于忘怀得意，旁若无人。翻译成现代的话就是：他的外祖父，做事情很有主见，不会轻易迎合别人；说话很内敛，从不自夸；似乎从未有过喜怒哀乐之情。特别喜欢喝酒，喝多了也言行不乱。

这也许就可以解释，为什么陶渊明嗜酒如命，因为环境对他的影响很深。外祖父家里书多，他平日可以随心所欲地阅读历史、人文、地理古籍，这无形当中培养了他热爱山水、向往自由的志趣。

寄居在外祖父的家里，使他小小的心里满是自卑，他后来回忆这段经历说：慈妣早逝，时尚孺婴。我年二六，尔才九龄（《祭程氏妹文》），字里行间表达了这种悲伤。

虽然陶渊明自幼喜欢看书，年少便立志要做品德高尚之人，但家道中落让他不得不向现实屈服。

第四章 生活百态

到了 20 岁，他便外出打工，找一份养家糊口的工作，因为饱读诗书，所以他找的工作主要是文秘写材料一类的。等同于平民子弟的陶渊明在外面工作了好几年，一直到 29 岁才得到了一个"祭酒"的工作，从而进入了国家机关。当时门阀制度森严，因为出身落魄的寒门，他做这份工作一开始就受人轻视，干得一点都不顺心。工作单位要求随时加班，每天定时签到，工作时间要求异常严格，还不能喝酒，加上工作琐碎，看不到前途，而且他因为工作交接的事情和领导吵了一架，一气之下就辞职了。

"以亲老家贫，起为州祭酒，不堪吏职，少日自解归。"（《晋书·陶潜传》）

第一次辞职，从陶渊明事后的情况来看，无疑是一次正确的选择。东晋末年，战乱不断，政治统治黑暗。陶渊明祭酒工作的直接领导叫王凝之。对，你猜得没错，就是书法家王羲之的二儿子。这人受父亲的影响，写得一手好字，但管理能力欠缺，只知道按照制度做事，随机应变的能力太差。陶渊明辞职才十几天，叛军攻占江州。时任江州太守的王凝之，因为作战指挥失误，导致城池失守。太守一家全部被杀，陶渊明正好因为辞职躲过。幸好辞职了，要不然也成刀下鬼了。

陶渊明心有余悸，这以后，他又为生活所迫，先后在不同的军阀手下做过参军的工作，但因为个人原因，都没有干多久。有的工作试用期还没有结束，他就放弃了。就这样，陶渊明兜兜转转，时间飞逝，过了十几年，他居然一事无成。因为缺少持续稳定的收入，家里的生活也日渐困窘。

此时的他已经 41 岁了，但没有哪一份工作干得久的。换作别人早就急死了，但陶渊明不着急，甚至他工作的时候，不止一次流露出对田园生活的渴望。

他是一个没有事业心的人吗？不是。陶渊明很有事业心。年轻的时候他就有一颗躁动的心，虽然没有去过远方，但周围还是去过的，《拟古九首》里有：

> 少时壮且厉，抚剑独行游。
> 谁言行游近？张掖至幽州。

还有《杂诗·忆我少壮时》：

> 忆我少壮时，无乐自欣豫。
> 猛志逸四海，骞翮思远翥。

我年轻，身体健康，对生活充满激情，可谓是志向远大，但在现实面前我领悟到了残酷的真相。

这话不假，因为陶渊明找的五份工作，其中有两个单位的一把手（桓温和刘裕）直接造反，把皇帝都给杀掉了。自己福大命大，才捡了一条命。生在乱世之中，工作找不对就容易惹来杀身之祸。嵇康、阮籍他们就是一个个活生生的教训。

虽然乱世之中找个工作有风险，但不赚钱喝西北风啊，家里各种开销也是步步紧逼，老婆天天念叨没钱过日子，埋怨他成天无所事事，除了喝酒写诗，啥都不会干。在这种情况下，他终于坐不住了。亲戚朋友也赶紧帮他物色工作。就这样，41岁的他通过叔叔的推荐，找到了一份难得的好工作，担任彭泽县县令。

虽然只是一个县令，但这是当时陶渊明人生中最好的工作了。得到他赴任的消息后，全家都松了一口气，亲戚朋友们纷纷表示祝贺，说老陶家终于迎来曙光了，马上就要告别吃了上顿没下顿的日子了。

有了好工作，那以后的日子就是暖暖的春风迎面吹，桃花朵朵开，生活妙不可言。正当大家以为老陶生活开新篇时，没想到还没干满三个月，他就辞职回家了。

你这不是闹着玩的？现在工作压力这么大，这么好的工作你说丢就丢，有没有考虑大家的感受，是不是哪根筋搭错了？种种质问让陶渊明百口莫辩。

原来，他在彭泽县令的任上，一天，浔阳郡太守按照以往的规定，派遣督邮来视察工作。所谓视察工作主要是来巡视看看，虽然督邮职位不高，但好歹是上级派来的，相当于现在的省纪委派驻纪检专员，因此，他每到一个地方，当地的主官都必须亲自招待，好酒好菜伺候，把各方面给照顾好。毕竟，工作做得好不好，关键在于人家督邮的评价。

这样的检查在机关很常见。

但老陶担任县长不久，也不懂这些规矩。听说上级派了人下来，就自做主张备一辆马车安排手下去接待领导。身边的幕僚一看，这怎么行？

陶大人，您得亲自去接上级，而且必须穿官服，要行大礼，另外还要给点见面礼。

不就是一个小小的督邮，比我官还小，年龄也小，我看就是个愣头青。我作为一县的长官，给他行大礼，怎么可能？

嘴上这么说，但经过幕僚的好言相劝，他还是接受了。中午搞接待，酒喝得有点多，老陶自由的本性就展露无遗，喝到起劲处，两人居然为了一件小事吵了起来，陶渊明脸红脖子粗，大吼一句：吾不能为五斗米折腰，拳拳事乡里小人邪！

五斗米是县令的收入，翻译成现代白话文的意思就是，老子为了那点工资就阿谀奉承巴结讨好你，才不干呢！随便你怎么检查！老子不干了！一气之下，他回到办公室，留下一封辞职信，接着就跑回了家。

回去之后，相邻亲戚朋友听说后都炸了。这么好的县长职位不干了，你是不是有病？

我才懒得给你们解释，你们这种庸俗之人不懂我。回去之后他文思泉涌，心中似乎有千言万语想要说出来，于是立马动手写了一篇《归去来兮辞》，以表明自己的心迹。

归去来兮，田园将芜胡不归？既自以心为形役，奚惆怅而独悲？悟已往之不谏，知来者之可追。实迷途其未远，觉今是而昨非。舟遥遥以轻飏，风飘飘而吹衣。问征夫以前路，恨晨光之熹微。

第四章 生活百态

乃瞻衡宇，载欣载奔。僮仆欢迎，稚子候门。三径就荒，松菊犹存。携幼入室，有酒盈樽。引壶觞以自酌，眄庭柯以怡颜。倚南窗以寄傲，审容膝之易安。园日涉以成趣，门虽设而常关。策扶老以流憩，时矫首而遐观。云无心以出岫，鸟倦飞而知还。景翳翳以将入，抚孤松而盘桓。

归去来兮，请息交以绝游。世与我而相违，复驾言兮焉求？悦亲戚之情话，乐琴书以消忧。农人告余以春及，将有事于西畴。或命巾车，或棹孤舟。既窈窕以寻壑，亦崎岖而经丘。木欣欣以向荣，泉涓涓而始流。善万物之得时，感吾生之行休。

已矣乎！寓形宇内复几时？曷不委心任去留？胡为乎遑遑欲何之？富贵非吾愿，帝乡不可期。怀良辰以孤往，或植杖而耘耔。登东皋以舒啸，临清流而赋诗。聊乘化以归尽，乐夫天命复奚疑！

这篇辞赋将宁静恬适、乐天自然的意境完美糅合在了一起，字里行间，寄托了作者的生活理想，语言畅达，清新自然，很快就火了。

社会上据此形成了两派声音，一派读者认为这是陶渊明执拗宿命论，消极人生态度的写照，是失败的典型，根本原因是缺少适应社会的能力。

另一派读者认为，陶渊明充分展示了向往山水田园，不与世俗同流合污的自由本性，堪称一个知识分子在乱世之下的典范，具有崇高的气节。

这一次辞职，轰动了当时的文坛，大家都议论纷纷，但陶渊明从来不与人争辩，遇到逼问的，只是淡淡地说，这就是我喜欢的生活方式。

那么，陶渊明为什么会辞职呢？我觉得主要有以下几个方面的原因。首先，陶渊明出生于没落之家，缺少世俗情商的培养。他年少时期也想过要走仕途，毕竟古代人都信奉学而优则仕，当官自然是最好的职业。但陶渊明自幼寄人篱下，性格敏感、自卑，加上读了很多年的诗书，受到生活环境的影响，导致他清高直率，这样的人自然对乌烟瘴气的官场天生就排斥。其次，陶渊明从小都是放养型，各种制度性的约束太少，导致他在工作上往往显得很被动。最后，陶渊明在41岁才当了一个县令，虽然现在看来这是很年轻了，可是在古代人的眼里，41岁应该是到了老龄了，再加上自己又没有多大的靠山。分析自己的实际情况，他发现辞职是最好的选择。除了以上三个方面的原因，还有一个因素对他的工作不利，那就是他喜欢喝酒。只要有酒，啥子日子都好过。

目前有据可查的他关于喝酒的诗词多达二十首。其中在《饮酒二十首》开头他就讲了自己对酒的态度：

> 余闲居寡欢，兼比夜已长，偶有名酒，无夕不饮，顾影独尽。忽焉复醉。既醉之后，辄题数句自娱，纸墨遂多。辞无诠次，聊命故人书之，以为欢笑尔。

我离不开酒，每天都必须喝，每次喝都要喝个大醉。

《晋书·陶潜传》："或要之共至酒坐，虽不识主人，亦欣然无忤，酣醉便反。"

他有时受邀要参加酒局，即便是不认识的主人，也有邀请必去，去了就要喝到大醉。

这样来看，说陶渊明是一个地道的酒鬼一点也不为过。因此陶渊明说自己工作不顺心，请求辞职，我估计有相当一部分原因是喝酒误事，然后被批评得多了，没办法待下去，所以就申请离职了。

事实上也是如此，陶渊明对酒无法自拔，家里的几十亩地大部分都被他种了高粱，因为这可以酿酒，如果不是他老婆阻挡，说全部种了高粱，我们喝西北风啊，他可能都不会勉为其难地留下几块土地种植粮食和蔬菜。

刚辞职的那段时间，日子还是不错的，毕竟老陶家里还有几间屋子，积蓄虽然不多，但好在开销不大，日子还能维持，生的五个儿子，因为还没有长大，所以用度也很小。

这段时间是他自认为最快乐的时光，这种喜悦之情有诗为证：

读《山海经》·其一

孟夏草木长，绕屋树扶疏。

众鸟欣有托，吾亦爱吾庐。

既耕亦已种，时还读我书。

穷巷隔深辙，颇回故人车。

欢言酌春酒，摘我园中蔬。

微雨从东来，好风与之俱。

> 泛览《周王传》，流观《山海》图。
> 俯仰终宇宙，不乐复何如？

因为奉行喝酒为主、读书为辅的生活习惯，很少研究种地，所以陶渊明对种地比较生疏。他在《归园田居·其三》诗中说：

> 种豆南山下，草盛豆苗稀。
> 晨兴理荒秽，带月荷锄归。

即便是披星戴月，起早贪黑，地里的作物也是长得稀稀拉拉，一片萧瑟，杂草却长得非常茂盛。种的什么田啊，要是搁现在早被骂死了。

但陶渊明是一个乐观旷达的人，他觉得这没有什么，只要有收成，不管丰收还是歉收一概欣然接受。在所有的农作物中，他最关心的自然还是高粱，因为成熟了就可以酿酒了。酿酒的工具也是就地取材，没有钱买过滤的纱巾，过滤时他就直接把头巾取下来，用完后，再戴到头上。按照现在人的思维一想，多不爱卫生，但陶渊明认为这样做出来的酒才最有味道。

他在诗中说：

> 若复不快饮，空负头上巾。

这简直就是一个"奇葩"的存在。因为长期酗酒，导致无暇顾及

第四章 生活百态

孩子的教育，五个孩子的成长全是原生态发展。由于长期缺少谆谆教导和以身作则的引导，导致老陶的孩子全军覆没，没有一个成才。

五个儿子，没有一个喜欢读书，不是懒就是混日子，简直不学无术。这一度让老陶很后悔。因此，他在《责子》诗中写道：

> 白发被两鬓，肌肤不复实。
> 虽有五男儿，总不好纸笔。
> 阿舒已二八，懒惰故无匹。
> 阿宣行志学，而不爱文术。
> 雍端年十三，不识六与七。
> 通子垂九龄，但觅梨与栗。
> 天运苟如此，且进杯中物。

三分天注定，七分靠打拼。老陶自由散漫，虽然快乐了自己，却给孩子们树立了不好的榜样。

辞官三年后的某一天，他自己住的房子也因为失火被烧光了。本来生活就很困窘，这下可好，家里的经济又回到了解放前。经济雪上加霜，生活水平降到温饱线以下，可以说是四壁萧条，一贫如洗。最后穷得连酒也买不起了，酒瘾发作的时候只好厚着脸皮去朋友家蹭吃蹭喝。

> 性嗜酒，家贫不能常得。亲旧知其如此，或置酒而招之；造

饮辄尽,期在必醉。既醉而退,曾不吝情去留。

这是什么样的男人,居然落魄到了乞丐的地步,要靠亲朋好友施舍,吃了上顿没得下顿,日子过得要多悲惨有多悲惨。

有时候陶渊明半夜会从梦中醒来,想起这段时间过的狼狈日子,在心里不断发问:这就是我的追求?这就是我想过的田园生活?当初那么好的工作,丢掉了是不是太冲动了。可惜人生没有如果啊!路是自己选择的,既然选择了就要风雨兼程。这下子全家没有了栖身之地,只好蜷缩在船上。就这样狼狈地过了几个月,才在南村找到一块地,准备在那里修建房子。

按理说,建房子要看交通购物方便与否。可老陶只有一个条件,那就是和邻居聊得来。事实上也是如此,在费了九牛二虎之力后,终于建好了新房子,全家才告别居无定所的状态。

移居·其二

春秋多佳日,登高赋新诗。

过门更相呼,有酒斟酌之。

农务各自归,闲暇辄相思。

相思则披衣,言笑无厌时。

此理将不胜?无为忽去兹。

衣食当须纪,力耕不吾欺。

第四章 生活百态

这次搬家之后，老陶觉得自己已经弱不禁风了，表现最明显的就是做农活越来越力不从心。这直接导致老陶的日子不好过。通过下面这首诗，我们可以知道老陶的生活已经落魄到了何种寒碜的地步！

怨诗楚调示庞主簿邓治中

天道幽且远，鬼神茫昧然。
结发念善事，僶俛六九年。
弱冠逢世阻，始室丧其偏。
炎火屡焚如，螟蜮恣中田。
风雨纵横至，收敛不盈廛。
夏日长抱饥，寒夜无被眠。
造夕思鸡鸣，及晨愿乌迁。
在己何怨天，离忧凄目前。
吁嗟身后名，于我若浮烟。
慷慨独悲歌，锺期信为贤。

他不得已又去周围邻居家借粮食。这时候他虽然是农民，但名气还是有的，只要他想做官，还是有路子的。但他思来想去，还是放弃了。放弃的原因，书上说他是因为向往自由，我觉得这只能算是一个方面的因素，更重要的是动荡的社会很难给他安全感，官场的复杂，他亲身体会过，所以知道自己还是更适合简单纯粹的生活。他已经不想折腾自己了。

公元 427 年，陶渊明病倒了。

觉得不久之后就要告别尘世，他给自己写了三首诗《拟挽歌歌辞》。这三首诗分别是：

其一

有生必有死，早终非命促。

昨暮同为人，今旦在鬼录。

魂气散何之，枯形寄空木。

娇儿索父啼，良友抚我哭。

得失不复知，是非安能觉！

千秋万岁后，谁知荣与辱？

但恨在世时，饮酒不得足。

其二

在昔无酒饮，今但湛空觞。

春醪生浮蚁，何时更能尝！

肴案盈我前，亲旧哭我旁。

欲语口无音，欲视眼无光。

昔在高堂寝，今宿荒草乡。

一朝出门去，归来夜未央。

其三

荒草何茫茫，白杨亦萧萧。

严霜九月中，送我出远郊。

第四章 生活百态

四面无人居，高坟正嶕峣。

马为仰天鸣，风为自萧条。

幽室一已闭，千年不复朝。

千年不复朝，贤达无奈何。

向来相送人，各自还其家。

亲戚或余悲，他人亦已歌。

死去何所道，托体同山阿。

每个人都会面临死亡，都渴望有一个理想的生活。陶渊明虽然生活不幸福，但在他的心里，永远有一个《桃花源记》，那里才是他理想的田园生活。

晋太元中，武陵人捕鱼为业。缘溪行，忘路之远近。忽逢桃花林，夹岸数百步，中无杂树，芳草鲜美，落英缤纷。渔人甚异之，复前行，欲穷其林。

林尽水源，便得一山，山有小口，仿佛若有光。便舍船，从口入。初极狭，才通人。复行数十步，豁然开朗。土地平旷，屋舍俨然，有良田、美池、桑竹之属。阡陌交通，鸡犬相闻。其中往来种作，男女衣着，悉如外人。黄发垂髫，并怡然自乐。

见渔人，乃大惊，问所从来。具答之。便要还家，设酒杀鸡作食。村中闻有此人，咸来问讯。自云先世避秦时乱，率妻子邑人来此绝境，不复出焉，遂与外人间隔。问今是何世，乃不知有汉,无论魏晋。此人一一为具言所闻,皆叹惋。余人各复延至其家,皆出酒食。停数日,辞去。此中人语云:"不足为外人道也。"

既出,得其船,便扶向路,处处志之。及郡下,诣太守,说如此。太守即遣人随其往,寻向所志,遂迷,不复得路。

南阳刘子骥,高尚士也,闻之,欣然规往。未果,寻病终,后遂无问津者。

同类诗人

唐寅、孟浩然、王维等

意象小锦囊

1. 竹:竹者重节,节者为信!所以竹子既抒发情感,又象征高洁不屈的品格。陶渊明在《桃花源记》中说:"有良田美池桑竹之属。"竹子生长的地方,清幽寂静,可以纳凉,故竹子也象征着诗人对安宁生活的向往和追求。

2. 梅:王安石在《梅花》中说:"墙角数枝梅,凌寒独自开。遥知不是雪,为有暗香来。"梅花象征高风亮节的品性、贞洁自爱的风骨,表现诗人的孤清与落寞。南北朝陆凯的《赠范晔诗》中有"折花逢驿使,寄与陇头人"句,所以梅花也是传递友情、赐予祝福的媒介。

3. 莲:又叫芙蓉。李白在《经乱离后天恩流夜郎忆旧游书怀赠江夏韦太守良宰》中有"清水出芙蓉,天然去雕饰"。莲象征年轻貌美的姑娘。周敦颐在《爱莲说》中有"独爱莲之出淤泥而不染,濯清涟而不妖"。因此莲是人格高尚、富有节操的象征。因为莲谐音怜,古代怜有疼爱的意思,所以莲又可以指代爱情。

4. 草:辛弃疾在《永遇乐·京口北固亭怀古》中有"斜阳草树,寻常巷陌,人道寄奴曾住"的句子,草有物是人非、兴衰更替的含义。陶渊明在《归园田居》中说,"种豆南山下,草盛豆苗稀",因此草寓意恬淡的生活。崔颢在《黄鹤楼》中说,"芳草萋萋鹦鹉洲",所以芳草比喻分离的愁苦。韩愈在《早春呈水部张十八员外》说,"天街小雨润如酥,草色遥看近却无"。草就是早春的景色,表达对早春的喜爱。

5. 鱼:柳宗元在《小石潭记》说,"潭中鱼可百许头,皆若空游无所依",鱼是自由称心生活,无拘无束的象征。

6. 酒:李白在《宣州谢朓楼饯别校书叔云》中言,"抽刀断水水更流,举杯消愁愁更愁"。酒有悲愁的含义。杜甫在《闻官军收河南河北》中说,"白日放歌须纵酒,青春作伴好还乡"。高兴的时候要喝酒,所以酒也有欢喜的含义。王维在《送元二使安西》中说,"劝君更尽一杯酒,西出阳关无故人"。分别的时候要喝酒,酒是对朋友远行的祝愿。

7. 泪:任翻在《宫怨》中说,"泪干红落脸,心尽白垂头"。泪是宫怨的抒发。杜甫在《秋兴八首》(其一)中说,"丛菊两开他日泪,孤舟一系故园心"。这里泪是思乡。杜甫在《登岳阳楼》中说,"戎马关山北,凭轩涕泗流"。辛弃疾在《水龙吟·登建康赏心亭》说,"倩何人唤取,红巾翠袖,揾英雄泪"。泪是国破家亡的感伤。秦观在《鹊鸪天》里说,"枝上流莺和泪闻,新啼痕间旧啼痕"。泪又有相思惜别的含义。

情感表达

高洁不屈、向往追求安宁生活、相思惜别、远行祝愿……

专业术语

……生动/传神地描绘出……(景象)表现了作者……(感情),也为/与……做铺垫/相呼应/形成对比(结构),寄托了作者的超脱/隐逸之情……

第四章　生活百态

链接高考——诗词鉴赏

癸卯岁始春怀古田舍二首·其二

陶渊明

先师有遗训，忧道不忧贫。瞻望邈难逮，转欲志长勤。秉耒欢时务，解颜劝农人。平畴交远风，良苗亦怀新。虽未量岁功，既事多所欣。耕种有时息，行者无问津[①]。日入相与归，壶浆劳近邻。长吟掩柴门，聊为陇亩民。

注释：①问津：指孔子让子路向两位隐士长沮、桀溺问路的典故。

问题一："平畴交远风，良苗亦怀新。"描绘了一幅怎样的画面？

【分析点拨】

这道题考查的是，全句描述了怎样的画面。我们首先要做的是抓住词中的意象，然后将这些词用散文化的语言串联起来，进行表述。需要注意的是，要弄清词意。比如"平畴"，意思是平缓的田野。"怀新"则是生机勃勃的意思。其他的词都比较简单，连接起来注意逻辑通顺即可。

【参考答案】

空旷的田野上，微风从远处吹来，轻轻拂过禾苗。生机勃勃的禾苗长势良好。

问题二："长吟掩柴门，聊为陇亩民。"表达了哪些情感？

【分析点拨】

根据以往诗歌题考查情感的方式,我们知道,情感考查有两个角度,一是自己,二是站在作者给的方向进行解读。而这道题很明显属于给定方向。从诗句中我们抓住"掩柴门""为陇亩民"这些行为,就能知道诗人希望拯救黎民百姓的情怀,而聊字很特别,应翻译为暂且的意思,也就是说,虽然诗人隐居了,但心怀天下的感情没有变。

【参考答案】

表达了诗人隐居田园、避世隐逸的宁静淡泊之情,济世与归隐相互矛盾的复杂情感。

【适合话题】

友情、守望相助、生命韧性、淡泊宁静……

长寿诗人的风流事——白居易

一、人物档案

姓名：白居易　　　　　　　生卒年：772—846 年

别号：香山居士　　　　　　职业：诗人、官员

性别：男

学历：进士

籍贯：河南新郑（今属河南）

诗词派别：元白诗派

所处时代：唐朝

代表作品：《琵琶行》《长恨歌》《卖炭翁》等

主要成就：唐代三大诗人之一，有诗魔、诗王之称，与元稹共同倡导
　　　　　新乐府运动，是继杜甫之后实际派文学的重要领袖人物。

二、人物小传

纵观历史长河，中国盛产诗人的朝代首推唐代。正所谓唐诗宋词元曲，这话一点不假。说起唐代的诗人，名气如雷贯耳的就是李白和杜甫，正所谓李杜诗篇万口传。李白的诗歌浪漫飘逸，在大唐名声斐然，堪称唐朝文化圈重量级的人物。而杜甫则凭借忧国忧民、沉郁顿

挫的诗风在唐代独树一帜。这样看来，后起之辈白居易最多只能排第三，尽管如此，依然不妨碍白居易获得"诗王"的称号。

白居易"诗王"的名号绝非浪得虚名。这主要因为他是一位十分高产的诗人，唐朝流传下来有据可查的五万多首唐诗中，诗人白居易一个人就写了三千八百多首，数量比李白和杜甫的总和还多。产量之高，在唐朝简直无人能比。这样的吉尼斯纪录一直持续到南宋才被一个叫陆游的人超越，陆游一生写了九千二百二十首诗词，基本上除了吃饭睡觉就是在写诗。这算最多的吗？不是，如果单论数量不讲质量，实际上还有一个人写诗也超级多，这个人就是大名鼎鼎的乾隆皇帝。据《四库全书》记载，乾隆皇帝利用空闲时间写诗，写出来的诗多达三万九千三百四十首，这么多诗，可以说是前无古人，后无来者。乾隆活了88岁，按照这个数量，平均下来至少一天三首诗歌，可以说是写诗走火入魔，但真正让人记住的却少之又少。

白居易出生于唐代宗大历七年，也就是公元722年。出生在河南省的一个官宦家庭。

按照现在的话来说，这白居易是个不折不扣的官二代。他从小就很聪慧，我们耳熟能详的《赋得古原草送别》："离离原上草，一岁一枯荣，野火烧不尽，春风吹又生。"就是他15岁的时候写出来的。

白居易虽然是官二代，但学习却很踏实刻苦，一点都不娇气。据说他在读书这方面很努力，一个佐证的说法就是，他读书下的功夫很深，年纪轻轻头发就读白了。

虽然从现代科学角度来讲，读白头发的说法未必可信，但根据我们现在的课业负担，不难推断，当时他也应该是肩负很大的学习压力，加上某些微量元素缺乏，才导致发如白雪的。

凭借努力学习打下的坚实基础，白居易顺利通过了科举考试，走上了从政之路，先后担任县尉、翰林学士、户部参军、江州司马、杭州刺史、苏州刺史等官职。工作之余他培养了自己的爱好，那就是写诗。他和好朋友元稹一起领导过新乐府运动，创作了很多揭露社会现实、针砭时弊的诗歌。内容涉及社会的方方面面。比如他写的《卖炭翁》就是描写社会贫富差距的诗：

可怜身上衣正单，心忧炭贱愿天寒。
夜来城外一尺雪，晓驾炭车辗冰辙。

比如《秦中吟十首》的第七首诗《轻肥》，里面写道：

尊罍溢九酝，水陆罗八珍。
果擘洞庭橘，脍切天池鳞。
食饱心自若，酒酣气益振。
是岁江南旱，衢州人食人。

前面描写了吃不完的山珍海味，锦衣玉食，随之话锋一转，写到了百姓流离失所，人吃人的凄惨景象。

而在《长恨歌》里则描写了帝王沉迷酒色的荒淫生活：

> 汉皇重色思倾国，御宇多年求不得。
> 杨家有女初长成，养在深闺人未识。
> 天生丽质难自弃，一朝选在君王侧。
> 回眸一笑百媚生，六宫粉黛无颜色。
> ……
> 春宵苦短日高起，从此君王不早朝。

这些诗歌，在当时得到了广泛流传，而且在他去世后还得到了唐宣宗的极高评价：

> 缀玉联珠六十年，谁教冥路作诗仙？
> 浮云不系名居易，造化无为字乐天……
> 文章已满行人耳，一度思卿一怆然。

这首诗充分表达了唐宣宗对白居易的赞赏。

白居易除了写诗，还做生意。他开办了一家酒厂，并且凭借自己的身份，在政府机关吃得很开，酒厂的酒成了机关定制的接待酒。他对自己的酒有很高的评价，认为自己的酒的功效强大：

> 一酌发好容，再酌开愁眉；
> 连延四五酌，酣畅入四肢。

第四章 生活百态

诗人爱饮酒,他也不例外,平时空闲就喜欢喝酒,喝高兴了就写诗,醉了之后更是写一遍就成。因此,他又有个绰号"醉吟先生"。

为了让自己的文章更有感染力,白居易还经常去青楼实地考察。

自古以来,文人都喜欢流连于"歌舞厅",因此,青楼是文艺青年最容易扎堆的地方。从东晋开始,到唐宋之际发展到顶峰,青楼都是夜夜笙歌。文人名流喜欢聚集在一起,平时吃饭请客,都会安排跳舞的女子来助兴。青楼是很多诗人创作的场所,在白居易写的几千首诗中,描写青楼的诗超过一半。

比如在《江南喜逢萧九彻因话长安旧游戏赠五十韵》中,他就写道:

忆昔嬉游伴,多陪欢宴场。
寓居同永乐,幽会共平康。
师子寻前曲,声儿出内坊。
花深态奴宅,竹错得怜堂。
庭晚开红药,门闲荫绿杨。
经过悉同巷,居处尽连墙。
时世高梳髻,风流淡作妆。
戴花红石竹,帔晕紫槟榔。
鬓动悬蝉翼,钗垂小凤行。
拂胸轻粉絮,暖手小香囊。
选胜移银烛,邀欢举玉觞。

>　　　　　　炉烟凝麝气，酒色注鹅黄。
>　　　　　　…………

不仅写到了青楼女子的境遇，还写到了青楼女子的生活和婚姻，可以说，描写得十分详尽。高中语文课本里的长诗《琵琶行》，自然也是描写青楼女子遭遇的诗。

在白居易生活的时代，娱乐文化产业非常发达，白居易任职之地又是苏杭，所以他也留下了许多爱情故事。传言白居易担任杭州官员时，他的好朋友元稹从绍兴跑过来找他玩耍。两人关系很好，是文学上的挚友，所以两人被后世统称为"元白"。

朋友来了以后，自然要好好喝一杯，元稹率先表示自己请客吃饭，还点了青楼的头牌商玲珑唱歌助兴。这姑娘才艺双绝，一出来就把两位眼睛都看直了，太好看了，像仙女一样，加上酒精的作用，两人顷刻间都被商姑娘迷住了。

但白居易胆大，吃完饭后直接就找玲珑姑娘表白了：

>　　那夜我喝醉了拉着你的手，
>　　胡乱地说话。
>　　只顾着自己心中压抑的想法，
>　　狂乱地表达。
>　　我迷醉的眼睛已看不清你表情，
>　　忘记了你当时会有怎样的反应。

第四章 生活百态

> 我拉着你的手放在我手心，
> 我错误地感觉到你也没有生气，
> 所以我以为，
> 你会明白我的良苦用心。
> ……………

苏杭之地是白居易管辖的地方，正好肥水不流外人田，吃了这顿饭后，白居易更是经常找玲珑姑娘谈心聊人生，最后两人的关系迅速发展，差点就结婚了。

看到二人常常出双入对，大家心里都明白，商姑娘这是白居易的人了。

但有个人一直不死心，那就是元稹。回去之后，元稹对商姑娘一直念念不忘，周围的姑娘哪有这么好看的。于是，一天，趁着喝醉了酒，他鼓起勇气直接就来到了苏杭，绕开朋友白居易，约会玲珑姑娘，还邀请她到浙江绍兴，足足耍了一个月才放她离开。

白居易是一个很重友情的人，事后，他不仅没有跟元稹闹翻，反而还经常在一起玩。

元稹找玲珑的事情，其实白居易心里一直有个疙瘩，你以为我真那么大方？

只是碍于兄弟情面不好意思戳破，毕竟，自己也做得不对，以前元稹喜欢过的姑娘薛涛自己不也追求过？但他思来想去，觉得最大的问题还是出在玲珑姑娘身上。

因此，白居易后来工作调动，走的时候不仅没有带上玲珑姑娘，而且还让下属以整治娱乐场所为由，直接让她失业了。在这样的情况下，玲珑只好去浙江绍兴见元稹。

男人都是图一时新鲜，这个时候的元稹早就有另外喜欢的人了，对商姑娘的到来也是不冷不热。这样，玲珑的生活没有人接济，又没有工作就很难生活，迫于无奈，只好加入当地的青楼，后来不幸染病。在她走投无路的时候，一位商人对她的遭遇动了恻隐之心，拿钱治好了她的病，带她回到了杭州。玲珑和商人在杭州开了一家小酒馆，因为价钱公道，童叟无欺，加上位置极好，所以生意很是兴隆，她的生活变得越来越好了。只是在夜深人静的时候，回想起白天看见路边的公子哥带着年轻的姑娘玩耍，她会想到从前，有时候就悄悄流眼泪。繁华落幕，一切都会逝去，生活都会归于平淡。

没有人知道，这位朴素的小酒馆老板娘，当年是名震苏杭的红人，是让白居易和元稹曾经争风吃醋的女人。

白居易一生当中，认识的女人众多，他的作品也写到了很多女人。我们可以从他的作品中推断，至少有十几位姑娘是他曾经喜欢的人，而其中又以小蛮姑娘和樊素最得他的喜爱。

唐代孟棨《本事诗·事感》记载：白尚书（居易）姬人樊素善歌，妓人小蛮善舞。连白居易本人都高兴地说，遇到她们两位年轻貌美的姑娘，真的是老天赐予自己晚年最好的礼物，他为两位心爱的姑娘写下了流传至今的诗：

樱桃樊素口，杨柳小蛮腰。

第四章 生活百态

黛青描画眉，凝脂若雪肤。

这两人也是才华横溢，一个擅长唱歌，一个擅长跳舞。两人一直陪伴在白居易身旁，直到白居易年老体弱，才分开。

送别的时候，白居易还特地写了一首诗：

两枝杨柳小楼中，袅娜多年伴醉翁。
明日放归归去后，世间应不要春风。

这首诗简直太肉麻，后世的豪放派诗人苏东坡就直接看不起，认为白居易的诗全是庸俗的生活，没有多少真才实学。不过随着年龄的增长，苏东坡却接受了白居易的作品，主要是他发现，自己老了也和白居易的追求没有多少区别，同样离不开女人。

白居易退休后住在洛阳，这时候的他没有了官场的牵绊，平日无所事事，开始对佛学产生了兴趣，仔细研究，还给自己起了一个佛学名号——香山居士。

可能是研究佛学的缘故，他比好朋友元稹活得久。白居易本身比元稹大7岁，他们初次见面那年，白居易30岁，元稹23岁。而白居易活了75岁，元稹才活了52岁。也就是说，去掉年长的7岁，白居易多活了十六年。

大和五年（831）的时候，元稹突然暴病而亡，这对白居易打击很大。

多年的好友死去，他十分悲痛，为元稹（字微之）写了寄托思念的《梦微之》。

夜来携手梦同游，晨起盈巾泪莫收。
漳浦老身三度病，咸阳宿草八回秋。
君埋泉下泥销骨，我寄人间雪满头。
阿卫韩郎相次去，夜台茫昧得知不？

这首诗翻译成白话文就是：我在夜里做了一个梦，梦中我们在一起玩，早上醒来的时候，想起你，我就流泪。在漳浦这个地方我已经连续三次生病，住在长安城也已经八个年头。兄弟，我一想起你尸骨都已经变成了泥土，而我却还在人间苟活，已经满头白发。阿卫（元稹的小儿子）、韩郎（元稹的爱婿）他们也已经先后去世，黄泉渺茫昏暗能够知晓吗？

除了写诗纪念元稹外，白居易还为其写了墓志铭，墓志铭写得非常感人，读来催人泪下。元家很有钱，也不拿他当外人，直接给了他六十多万的报酬。

白居易也不差钱，直接就把钱捐给了自己常去的香山寺。

老年的白居易，除了念佛之外，还会写诗。头须均白的时候，他也会想起年轻时候在苏杭纸醉金迷的时光，以及和年轻姑娘厮混的日子。于是他提笔，写下了迷恋江南烟花之地的《忆江南》：

> ……
> 江南忆，最忆是杭州。
> 山寺月中寻桂子，郡亭枕上看潮头。
> 何日更重游？
> ……

公元846年，白居易去世，享年75岁。

在整个唐朝璀璨的诗歌星河界，白居易的寿命最长。其次是刘禹锡71岁，李白和王维60岁。

在我看来，白居易的体质不仅不好，还很弱，29岁才考上京师，随后仕途也较为坎坷，三起三落。相对于一些人的顺利，他的仕途生活可谓比较悲苦，54岁患了白内障，后来又骑马摔伤了腰和脚。那么为什么他如此高寿呢？主要是因为乐观积极的人生态度，晚年又研究佛学养生，顺应规律，知足常乐，修身养性。

开国后的陈毅元帅也对白居易的诗给予了高度评价："吾读乐天诗，晓畅有深意。一生事白描，古今谁能继？"一位诗人能活成这个样子，值了！

同类诗人

元稹、韩愈、刘禹锡等

意象小锦囊

1. 菊花：又叫黄花。陶渊明在《饮酒》诗中说，"采菊东篱下，悠然见南山"。菊花寓意诗人淡雅悠闲自得的情趣。李清照在《醉花阴》中说,"东篱把酒黄昏后,有暗香盈袖"。菊花有淡淡哀愁的含义。黄巢在《不第后赋菊》中说,"待到来年九月八,我花开后百花杀"。菊花象征着勇者的壮志豪情、坚贞不移的节操。张可久在《清江引·秋怀》中说,"西风信来家万里……人醉黄花地"。菊花有思念家乡的意思。还可以形容美人,比如《秋风辞》里的"兰有秀兮菊有芳"。

2. 蟋蟀:《诗经·唐风·蟋蟀》有"蟋蟀在堂,岁聿其逝……蟋蟀在堂,役车其休"。蟋蟀象征光阴飞逝,时代更迭。蟋蟀的叫声像是在哀鸣一般,故蟋蟀在诗词中用来表示思念家国,容易引起人的忧愁。

3. 黍离:常说黍离之悲。最早出自《诗经·王风·黍离》,大意就是周平王迁都洛邑后,王室衰败,天子地位和列国诸侯一样,其间产生的诗歌,多哀伤之情,被称为"王风"。其中《黍离》就是悲悼故国的代表作,所以黍离寓意物是人非的感伤。

4. 杏花:杏花常在春天开,叶绍翁在《游园不值》中说,"春色满园关不住,一枝红杏出墙来"。杏花寓意春天的美好。志南在《绝句·古木阴中系短篷》中说,"沾衣欲湿杏花雨,吹面不寒杨柳风"。杏花也有着浓重的春意色彩。杏花虽然很香,但颜色为白,容易让失意的人惆怅。杜牧在《清明》中说,"借问酒家何处有,牧童遥指杏花村"。杏花有客居异乡的意思。王安石独爱杏花,他曾在《北陂杏花》中说,"一陂春水绕花身,花影妖娆各占春"。杏花又形容诗人孤高的品格。

5. 红尘:又叫尘世间,人间俗世。元好问在《人月圆·重冈已隔红尘断》中说,"重冈已隔红尘断,村落更年丰"。苏轼《临江仙·送钱穆父》中说,"一别都门三改火,天涯踏尽红尘"。所以红尘又指尘土飞扬。

6. 流水:常用来形容时光逝去。南唐李煜《浪淘沙》词:"流水落花春去也,天上人间。"他在《虞美人》中说,"问君能有几多愁,恰似一江春水向东流"。所以流水比喻忧愁之多,常见的忧愁有爱恨离别,失意孤愤,国破家亡等。

7. 捣衣:古代在秋夜为远行的人做衣服,常用于征战,所以捣衣寓意女子对丈夫出征的思念和牵挂。杜甫在《秋兴八首》(其一)中说,"寒衣处处催刀尺,白帝城高急暮砧"。捣衣表示游子对家乡及亲人的怀念。

情感表达

朦胧、凄清、寂静、低沉伤感……

专业术语

该句交代/点明……,通过描写渲染出……的景象/氛围,表达了作者……(思想感情),为全诗(词)奠定了……的情感基调/与"……"句形成呼应/点明了……的题旨。

链接高考——诗词鉴赏

编集拙诗,成十一五卷,因题卷末,戏赠元九、李二十①

白居易

一篇长恨有风情②,十首秦吟近正声③。

每被老元偷格律,苦教短李伏歌行④。

世间富贵应无分,身后文章合有名。

莫怪气粗言语大,新排十五卷诗成。

注释:①元九、李二十:分指作者的朋友元稹、李绅,即诗中的"老元""短李"。李绅身材矮小,时称"短李"。②长恨:指作者的长诗《长恨歌》。③秦吟:指作者的讽喻组诗《秦中吟》。正声:雅正的诗篇。④伏:服气。

问:请从"戏赠"入手,结合全诗,分析作者表达的情感态度。

【分析点拨】

从这道题的设置方式来看,考查的还是诗人的情感表达。做这道题,我们需要结合具体的诗句来分析。首先是要厘清诗词的大意,接着要圈定"戏赠"二字的内涵,要从作者的生平和经历方面考虑。本诗的一、二句讲的是作者所有诗作中最有名气、流传最广的代表作,说明自己创作是很上心的。三、四句则是朋友之间的戏辞,这也说明元、李、白三诗人之间的关系之深。五、六句这是诗人自己的牢骚话,世上富贵人人所羡，但我却命中无分，看来只有身后的文名，可以算作自我安慰了。这里夹杂着作者自身不平和辛酸的复杂情感，作答的时候从这些角度入手即可。

【参考答案】

1.诗人戏谑朋友，夸耀自己的诗作，通过这种调侃的态度，表达了自己对所取得的文学成就的自信。2.诗歌并不全都是所谓的戏言，也夹杂着作者对现实的不平和辛酸，带有一丝无奈之感。

【适合话题】

爱恨离别、怀念、忧愁、物是人非……

- 第五章 -

◇

离愁别绪

白衣卿相——柳永

一、人物档案

姓名：柳永　　　　　　　　生卒年：约987—1053年

别号：柳三变，柳七，柳屯田　职业：职业词人

性别：男

学历：进士

籍贯：福建崇安（今福建武夷山）

诗词派别：婉约派

所处时代：北宋

代表作品：《雨霖铃》《定风波》《望海潮》《八声甘州》等

主要成就：北宋著名词人，一代词宗。婉约派代表人物。对宋词进行全面革新，是两宋词坛上创用词调最多的词人。

二、人物小传

北宋仁宗皇祐五年（1053）的一个冬天，湖北襄阳城内树叶凋零，寒气逼人，一片荒芜萧索的景象。

这天，全城所有的娱乐场所全部关门，围观的行人议论纷纷：到底是什么事情，让往日热闹非凡的街面瞬间冷清了许多？

第五章 离愁别绪

对于整个襄阳的娱乐行业来说,今天是很沉痛的一天。因为北宋文化娱乐圈中,一位杰出的重量级婉约派词人、流行词人、金牌大咖——柳永先生今日入土下葬。

据北宋娱乐文化圈的可靠消息,柳永在湖北襄阳一会所辞世,享年 69 岁。对于文化大咖的逝世,自然纪念规格要拿出来。但问题是柳永身边没有至亲,也没有多少钱,甚至生活上都是吃了上顿没有下顿。

青楼的姑娘们聚在一起商议,柳永给我们写了很多诗词,对我们青楼的女子也是坦诚相待,平日里没少给我们帮忙,今天他走了,咱们也不能坐视不管。这样,大家出点银子,让他入土为安吧。

柳永在青楼的确人缘很好,其中一位首先提出建议,众多的姑娘们纷纷表态同意。

大家齐心协力,把柳永的葬礼办得很隆重。下葬当天,全城娱乐场所全部关门,以表示哀悼,很多青楼的姑娘都来到了下葬的现场,瞻仰柳永的遗容。

明朝文学家、戏曲家冯梦龙在《喻世明言》第十二卷用细腻的笔墨描绘了青楼女子送别柳永的场景。他在《众名姬春风吊柳七》写道,出殡那天,也有相识的官员前来送葬。只见一片缟素,满城妓家,无一人不到。并且,姑娘们一致决定,把柳永去世这天作为特别的日子铭记。

自此以后,青楼姑娘都会在清明节祭拜柳永,成为了一个传统。

大家看到这里,都很惊奇,为什么一个穷困潦倒的文人,何德可能,在死后能受到青楼整个行业的推崇,这到底是什么原因?这就需要从柳永的人生轨迹说起。

柳永，字三变。底子不差，出生在官宦之家。父亲柳宜是当官的，之前在南唐朝廷担任监察御史，南唐灭亡后，被大宋收编。因为是统战争取的对象，所以降级安排，任职一个县令。柳永搁在今天也就是一位妥妥的小"官二代"。

柳宜生了七个子女，柳永排在第七，因此又叫柳七。作为一个衣食无忧的少年，优越的家庭环境给柳永营造了良好的学习氛围，他从小就聪明好学，尤其痴迷诗词，写得一手好文章。他在家乡福建武夷山下的崇安颇有名气，与两位文采斐然的兄弟柳三复、柳三接并称"柳氏三绝"。

官宦人家的孩子一般走的都是仕途。柳永18岁，就跟父母说，自己要参加公务员考试。学而优则仕。好，父母听到柳永要参考，全力支持。于是给了他足够的银子，交代了路上的安全事项就送他出门了。

从福建崇安要赶到北宋的国都东京开封府，路途漫长，非常遥远。为了能够赶上考试时间，柳永未雨绸缪，提前半年时间就上了路。

走的时候，母亲对他叮嘱道：七七，你长这么大第一次出远门，为娘的还是不放心你。你要知道这个世界的复杂，外面凶险未知，你要提高警惕意识。男人当以事业为重，好好考试，灯红酒绿之地少去，尤其是一些娱乐场所。

柳永说：老妈，知道了，我喜欢的是看书学习，那些事我都不掺和的，我一定好好考试，争取得个功名回来，你放心好啦。

公元1002年，年少的柳永离开了家乡。一路向北，赴国都赶考。

第五章 离愁别绪

宋仁宗期间，承平盛世，民众生活富足。特别是娱乐文化产业非常发达，城市里熙熙攘攘，酒馆茶楼、勾栏瓦肆生意繁荣，商业活动十分兴盛。街上更是人来客往，买卖兴旺。茶坊、酒肆、面店等铺子遍布，各种商品琳琅满目，应有尽有。宋朝是少数没有宵禁制度的时代，因此，夜生活自然也丰富多彩。

柳永从家乡出发后，沿途的所见所闻让他大开眼界。原来人们向往城市生活是有道理的，城市里活动多，美女多，青楼场馆多，只要有钱，就有姑娘为你弹琴奏乐，唱歌跳舞，还有聊天等各种体验，简直让人欲罢不能。路过杭州的时候，柳永被这里的繁华彻底给迷住了，再也迈不开步子。先享受一下生活再说，自己还年轻，公务员有的是机会考。

有了这样的想法后，他开始流连于青楼市井之间，过起了逍遥的神仙日子，礼部考试就这样错过了。

大城市消费高。很快，他就入不敷出了。好在家底好，没钱了，就找父母要。今天说复习要买资料书，明天说要请客吃饭加深感情。他不停地编织谎言向家里要钱，在杭州一待就是两年。

柳永发现杭州就是人间的天堂啊！走了，太可惜了，毕竟这地方就是寄托灵魂的地方。但一直问家里要钱终究不是办法，于是他考虑找一份工作，先把自己养活了。思来想去，自己的特长是填词。

柳永在房间里苦思冥想了三天，写出了一首《望海潮》，准备把这首词献给当地的知府大人，谋一个吃饭的职位，这样一来生活就不愁了。这首词典雅工整，极富魅力，堪称柳永早期的代表作：

东南形胜，三吴都会，钱塘自古繁华。

烟柳画桥，风帘翠幕，参差十万人家。

云树绕堤沙，怒涛卷霜雪，天堑无涯。

市列珠玑，户盈罗绮，竞豪奢。

重湖叠巘清嘉。有三秋桂子，十里荷花。

羌管弄晴，菱歌泛夜，嬉嬉钓叟莲娃。

千骑拥高牙。乘醉听箫鼓，吟赏烟霞。

异日图将好景，归去凤池夸。

词写完了，接下来要做的就是把作品交到领导手上。可领导一天公务繁忙，岂是你这种平头老百姓所能见的。但柳永不是别人，他脑子好使，琢磨了一阵，想到了一个办法，多方打听知府的出行路线，终于有一天知道大人要去一家会所。

这就好办了。青楼都有姑娘唱词，把这首词送给她们，排练排练。自己反正也熟悉，大人一听到这词，肯定会重视的。

说干就干，柳永拿出一些银子，青楼姑娘爽快答应了。

知府大人一听青楼姑娘的唱词，立刻就惊奇了，这谁写的词，这么好，好难得。于是，知府大人就专门抽空接待了柳永，从宏观上肯定了柳永的成绩，要求他继续努力，写出更多反映时代气息的作品。柳永听到领导如此夸赞，内心激动不已。当即表示自己会再接再厉，不辜负人民和领导的期望，为推动临安创设全国一流文化城市贡献自己的微薄力量。

第五章 离愁别绪

畅谈在非常愉悦的氛围中进行,但是愉快归愉快,估计是领导太忙了,很快就忘掉了和柳永交流的事,根本就没有给柳永安排工作,一个回音都没有。原来以为可以得到一份工作,没想到什么都没有,看来这些领导的话都是画饼,说得好听啊。

柳永虽然很生气,但这词却让他声名鹊起。很多人一听,不得了,都称赞这词写得妙。很快柳永就成了当地红人,很多青楼争相出钱请柳永填词。

有了收入,生活水准一下子高出不少。很多年后,金国的皇帝偶然间读到了这首词,对杭州的繁华非常向往,于是起了野心,带兵百万,挥师南下,要入侵霸占江南。当然,这是后话。

柳永在杭州生活了两年多,基本上把全城好玩的地方都耍了一遍。

耍一次那是新鲜,天天这么玩就没意思了。耍了一阵,他觉得怪没劲的,又到了与杭州不远的临城苏州。果然每个地方都有自己的特色。某年某月的某一天,柳永偶然间翻到了之前写的备忘录,这才想起,几年前答应母亲的约定。柳永觉得生活再也不能这样浑浑噩噩了,得考一个功名,要不然父母那里不好交代。于是他收拾行李,终于在公元1008年到达宋朝的首都。

这个时候从他离开家乡开始算,时间已经过去了六年。六年的时间,即便是蜗牛,也爬到树梢了,但柳永似乎还是原地踏步。家里来信问他考上没有,柳永总是说要忙着复习,要研究当地社会发展,这样知己知彼,才能百战不殆。其实都是谎言。算了,还是好好努力一下吧。于是柳永在首都租了房子,耐心看书,不停地做题,总结反思,期待在来年的公务员考试中一鸣惊人。

柳永确实也拿出了务实的态度，把所有要考的科目都认真复习了一遍，第二年参加了礼部的考试。他拿到试卷，觉得题也不难，三下五除二就答完了，交完卷子就马上出去疯玩了。

在门口的家长议论纷纷，你看人家这孩子就是不一样，考个试，笑容满面，不像咱家那孩子都考成抑郁症了。

但是，考试结果一公布，柳永就傻眼了。

估分起码六百几，结果却是落榜，这咋回事？

不可能啊！柳永找主考官反映情况。考官说，文章触及底线，这次考试不合格。《宋史·真宗本纪》记载："读非圣之书，及属辞浮靡者，皆严谴之。"

这句话的意思就是：文章格调不高，内容都是卿卿我我，没有弘扬正能量，虽然文采斐然，但是属于下流作品。低俗不高雅，即便是写得精彩纷呈，依然不合格。

柳永一听，当时都气炸了，我等着金榜题名，伙食都安排好了，给家里的汇报信都弄好了，你给我整这么一出，简直是瞎了眼了。看不起我，我柳永的文采是天下人都知道的，你看不上那是国家的损失。他心一横，此处不留爷自有留爷处，再也不考公务员了，马上又和青楼的小姐姐们厮混在一起了。

为了发泄心中不满，他回去之后就写了一首词《鹤冲天》。

黄金榜上，偶失龙头望。明代暂遗贤，如何向。未遂风云便，争不恣狂荡。何须论得丧。才子词人，自是白衣卿相。

烟花巷陌，依约丹青屏障。幸有意中人，堪寻访。且恁偎红倚翠，风流事、平生畅。青春都一饷。忍把浮名，换了浅斟低唱。

这首词将自己内心的情感宣泄得淋漓尽致，也写出了很多落榜考生的心声，被经久不息地传唱。

柳永绝不会想到，一时冲动吐槽的词，基本上断送了他的仕途生涯。

说不考公务员那只是气话。冷静下来一想，不过一次考试而已，男人要拿得起放得下。于是柳永琢磨来琢磨去还是好好考试吧，毕竟有了事业才好在社会上立足。人嘛，要能屈能伸，再坚持一下。抱着这样的想法，他再次参加考试。

第二次，公元1015年参加公务员考试，又落榜。

第三次，公元1018年参加公务员考试，再落榜。

第四次，公元1024年参加公务员考试，仍然落榜。

几次打击下来，柳永彻底心凉凉了。什么玩意这是，糊弄人呢，再也不考了。

柳永考不上，主要原因是他这几年来整日花天酒地，没有集中精力复习，还有一个原因是，他作为专门为青楼写词的文人，怎么适合当体制内的公务员，如果把他录取了，那就涉及形象问题，老百姓指指点点，成何体统。

因此，第四次时，柳永孤注一掷，本来通过了笔试，进入了面试，最后是皇帝亲自来打分。

宋朝的皇帝宋仁宗也是个文化人，平时喜欢诗词，但对浮夸的卿卿我我之类的一向很讨厌。再加上柳永这人，在当时已经火遍大江南北，大街小巷，后宫的嫔妃都时常吟诵柳永的词。这人肯定不能提拔，提拔了那不助长他人威风？况且天下就是朕的，无数女人那么喜欢柳永的词怎么行？再看此人，一副满不在乎的样子，《鹤冲天》里一句"忍把浮名，换了浅斟低唱"直接表示看不起，这话把皇帝惹毛了。

既然不在乎浮名，那就成全他。宋仁宗直接批示，将柳永从考核名单中划掉，这样柳永就直接被皇帝点名淘汰。

据说，当时有不知情的官员拿着柳永的词推荐给宋仁宗，说微臣看了，这词写得文采飞扬，不仅在民间有巨大的影响力，在整个宋朝的文化圈也是重量级，看能不能破格任用，在文化部相关单位安排一个职位，这样也好彰显皇帝爱才的决心。

宋仁宗听了，笑了一声：拿笔来。批上四个字"且去填词"。

既然这人的词写得这么好，那就专心填词吧，体制内的工作我看也不适合他。

皇帝都这么说了，柳永的仕途自然是没戏了。得知消息后，柳永也死了这条心，不再奢望考取功名。既然仕途走不通，那就换一条路。他转身就进了烟花柳巷地，上演了宿命和反宿命的戏剧般人生。整日就在青楼写词生活，自称是"奉旨填词柳三变"。

写词能不能生活？毕竟京城房价物价这么高。对其他人来说，肯定很难，但对一线的文化圈重量级名人柳永来说，这根本就不存在多少问题。在当时的首都文化娱乐圈，柳永的词火到什么地步呢？比方说青楼女子如果不会唱几句柳永写的词，那就不太好意思在这个行业混了，因为到处都在传唱。很多姑娘拿到柳永原创的词，往往身价倍增，直接从默默无闻的十八线跻身一线，收入也会快速上涨。

很多姑娘都以得到柳永的肯定为荣，青楼里有很多顺口溜可见柳永被人喜欢的程度。比如："不愿穿绫罗，愿依柳七哥；不愿君王召，愿得柳七叫；不愿千黄金，愿得柳七心；不愿神仙见，愿识柳七面。"

你说，一个男人被众多女人喜欢，这是什么样的感觉？这种感觉就像飞翔在缘分天空，美丽的梦，因为有你而变得不同。简直太舒服了。

柳永本来在家乡是结过婚的，但从18岁离开家乡就再也没有回过家。在大半辈子的青楼生涯中，他也谈了很多次无疾而终的恋爱。

柳永的性格在心理学上应该属于多血质和抑郁质的结合体，有着纤弱浪漫、风流多情的细腻气质，自视甚高的才气胆识，胸怀朗朗文韬的柔弱之身。这样性格特质的人，每一次恋爱都很认真，柳永当然也不例外。柳永的心里从来没有看不起任何职业，在他看来，很多职业都是平等的，没有低贱和高贵之分。因为写词写得好，他得以成为青楼的座上宾，有美人美酒美食的滋润，他的词开出了绚丽的花。他迷醉、癫狂，沉溺于笙歌夜舞、群芳争艳的花丛中。

青楼女子身份卑微低贱，只有柳永倾心相交。渐渐地，他的词被越来越多的人传唱，他的词记录着女子们的爱情生活，也记录着自己的愁苦和寂寞。据相关资料佐证，柳永的几任女友都是青楼的歌伎。

比如在《木兰花》中就可以看出柳永对几位女友的昵称。

有写给姑娘酥酥的词："酥娘一搦腰肢袅，回雪萦尘皆尽妙。"

有写给姑娘心心的词："心娘自小能歌舞，举意动容皆济楚。"

有写给姑娘佳佳的词："佳娘捧板花钿簇，唱出新声群艳伏。"

有写给姑娘虫虫的词："就中堪人属意，最是虫虫。有画难描雅态，无花可比芳容。"

这么多姑娘中，他最喜欢的就是虫虫，两个人在一起的时间最长，感情也最深。歌伎身份低微，但柳永付出了一片真心。

虫虫这姑娘从小缺少父爱母爱，加之深陷"囹圄"，尝尽人间冷暖，早已心如死灰。她遇到柳永的炙热真情，也燃烧起来，决定以身相许，要求柳永拿钱把她赎出来，然后过二人世界。柳永也喜欢她，但奈何囊中羞涩，自己又厮混惯了，不愿意过那种中规中矩的生活，就没有给虫虫多少回应，而是心神不定，左右摇摆。虫虫见柳永徘徊，便心生痛苦，热了的心也慢慢凉了。这样一来，两人的感情就出现了危机。过了一两周，柳永觉得自己做错了，于是写了一首词《征部乐》，向虫虫姑娘道歉：

雅欢幽会，良辰可惜虚抛掷。每追念，狂踪旧迹。长只恁，愁闷朝夕。凭谁去，花衢觅。细说此中端的。道向我转觉厌厌，役梦劳魂苦相忆。

须知最有，风前月下，心事始终难得。但愿我，虫虫心下，把人看待，长以初相识。况渐逢春色。便是有，举场消息。待这回，好好怜伊，更不轻离拆。

第五章 离愁别绪

这话的意思就是，乖乖，我们重归于好吧，以后我们白头到老。

可虫虫不是那种随便的人，当初的你，对我爱理不理，现在的我，高攀不起。坚决不同意。柳永本来仕途坎坷，饱受打击，现在心爱的姑娘又不愿意复合，心情就更沉闷，觉得这个城市也没有什么留恋的地方了。就决定南下，离开京城。走的时候，那是一个深秋的夜晚，天降细雨，寒风呼呼地刮。在十里长亭，虫虫姑娘还是来了，两人执手相对，泪眼，竟无语凝噎。念去去，千里烟波，暮霭沉沉楚天阔。

柳永和虫虫姑娘依依惜别。虫虫姑娘看着柳永的船远去，泪眼婆娑地清唱道：

有没有人曾告诉你，我很爱你，有没有人曾在你日记里哭泣，有没有人曾告诉你我很在意……

离开首都后，柳永一路南下，到处漂泊。跑了几座城市，发现还是京城最繁华。其他地方都是些蛮荒之地，顿生寂寞之感。于是又再一次回到了京城。

一别几年，京城物是人非，很多人都尘埃落定，原来喜欢的姑娘也多嫁作商人妇。想来想去，此处留下来还是伤心，于是再次离开京城，云游四海。

走的时候作词一首《满朝欢》，将自己的心境表露无遗。

花隔铜壶，露晞金掌，都门十二清晓。帝里风光烂漫，偏爱

> 春杪。烟轻昼永，引莺啭上林，鱼游灵沼。巷陌乍晴，香尘染惹，垂杨芳草。
>
> 　　因念秦楼彩凤，楚观朝云，往昔曾迷歌笑。别来岁久，偶忆欢盟重到。人面桃花，未知何处，但掩朱扉悄悄。尽日伫立无言，赢得凄凉怀抱。

时间如水，转眼柳永已经年近50了。他以为这辈子就这样了，可命运和他开了个玩笑。

宋仁宗为了表示自己的仁爱之心，对全国下令，特举行恩科考试，也就是对历届科举考试落榜的考生，放宽尺度，举行一次破格选拔考试，凡是多次落榜的考生都有资格参加。柳永听说这个消息，马上从外地赶到京城参加考试。

有了前车之鉴，他吸取教训，为了这次不栽跟斗，特意将名字柳三变改为柳永。

这次他终于被录取了，被朝廷授予从八品的睦州团练推官之职。这时他刚好50岁。

因此，什么不喜欢仕途、不喜欢功名都是假的。还不是没办法，给自己找的借口，为考不上找台阶下。你给他一个做官的机会，他不干才怪。

柳永进入了仕途之后，生活就稳定了许多，再也不会担心当初那种朝不保夕的生活了。官职也从睦州团练推官、余杭县令一直做到了太常博士、屯田员外郎等职。不过变来变去都是基层的小官。

第五章 离愁别绪

但他仁爱为人的性格还是没有改变。

因为在宋代还是很开放的，官员去青楼都是被默许的，所以柳永为官之后也时常去青楼。

众所周知，宋词是可以用来唱的。词牌是文字的一种格式，而曲调都是固定的，所以只需要把词填进去就好了。

宋朝在中国古代持续的时间为三百一十九年，前前后后一共有十八位皇帝。诞生的词人数不胜数，据不完全统计，《全宋词》中就辑有两宋词人一千三百多人。这样看来，推算没有入选的，起码在万人之上。宋词虽然各家风格不一，百家齐放，但总体上可以分为豪放派和婉约派两大类。

柳永之前，宋词的地位不高，流行的都是小令，就是那种二三十个字的短句。很多时候人还没有听过瘾，就唱完了。

柳永是个创作慢词的词人，他的词随便都是一两百个字，并且意境深远，富有深意。可以毫不夸张地说，正是柳永，才将宋词推到了一个前无古人后无来者的高度。

柳永的词不仅丰富了宋朝的文化，也对后世影响深远。

比如苏轼，每次在写完词之后都会问朋友，你看我这词，能不能跟柳永比，上不上档次？朋友说，柳永的词都是适合十七八岁小姑娘吟唱的，而你的词是天地浩渺的广博。毕竟豪放派和婉约派各有优劣，放在一起并没有可比性。但整个宋朝的文化圈，对柳永的词的态度也很纠结，一方面，柳永写的词真的太好了；另一方面，大家又认为他

243

的风格太柔弱。宋朝的振兴更需要阳刚，靡靡之音对国家没有好处。正所谓，少年强则国强，少年弱则国弱。柳永的词影响广泛，当时还是学生的秦观对他的词爱慕不已，还多次模仿。不过当老师的苏轼就看不下去了，你这孩子要学词学我的嘛，柳永的词太柔了。

据说柳永在京城找工作的时候，曾经找过晏殊，也就是晏几道的父亲，当时其贵为当朝宰相。他想着晏殊也喜欢写词，能不能看在都写词的份儿上，给他安排一个好工作。到了晏殊那里，他毛遂自荐：晏大人，我也是写词的，您看看？行，你拿来我看看。

结果晏殊一看他的词，脸都拉下来了，写的全是什么卿卿我我。还说跟我一样是写词的，我是不会写你那么俗气的句子的。

谈话不欢而散。

柳永说，俗气才好，这叫深入生活，贴近群众，都像您那样高雅，有意思？群众说好才是真好，你们一点儿都不识人才，处处看低我、打压我，实际上就是嫉妒我的才华。哼，此处不留爷自有留爷处。走了。

柳永的词流传后世的大约有两百首，这些词确实大部分是写男欢女爱的，但并不是全部。

公元1053年，柳永因病去世。人生归于落幕，但跨越时空的才华却永恒流传。他的词如满天星光，熠熠生辉，缔造的诗词河山，有无限的风景和世俗的人生。柳永的词延续了他的"生命"。反过来，宋词也将柳永推到了殿堂的顶层。

同类诗人

晏殊、欧阳修、秦观等

意象小锦囊

1. 长亭：著名音乐家李叔同在《送别》歌曲中写道："长亭外，古道边，芳草碧连天。晚风拂柳笛声残，夕阳山外山。"长亭、古道边、芳草都是送别的词语。长亭是路上送别朋友亲人的地方，所以有依依不舍的情感。

2. 空山：王维在《山居秋暝》中写道："空山新雨后，天气晚来秋。"空山指的是一种精神上的追求和生命体验。心性融于天地之间，是一种禅意诗境。

3. 南浦：诗人范成大在《横塘》诗中写道："南浦春来绿一川，石桥朱塔两依然。"南浦是送别的地方，因此，寓意深情地离别。

4. 豆蔻：诗人杜牧在《赠别》中写道："娉娉袅袅十三余，豆蔻梢头二月初。春风十里扬州路，卷上珠帘总不如。"豆蔻形容青春可爱的漂亮少女。豆蔻年华则是指十三四岁的少女。

5. 萱草：又叫"母亲花""忘忧草""金针""黄花菜""忘忧草""宜男草""疗愁""鹿箭"等，所以它象征母爱、亲情。宋代诗人石孝友在《眼儿媚》中写道："一丛萱草，几竿修竹，数叶芭蕉。"因此萱草又可以形容梦寐不忘的爱情。

6. 芳尘：诗人王冕在《白梅》中写道："冰雪林中著此身，不同桃李混芳尘。"因此芳尘代指落花。唐代诗人韦应物在《送云阳邹儒立少府侍奉还京师》中写道："甲科推令名，延阁播芳尘。"芳尘寓意良好的风气和好的声誉。宋代诗人毛滂在《临江仙·都城元夕》中写道:"谁见江南憔悴客,端忧懒步芳尘。"芳尘也指女子行走优雅的步子。

7. 东风:《三国演义》四十九回有谚语"万事俱备,只欠东风"。所以东风指决定成败的重要条件。陆游在《钗头凤》里写道:"东风恶,欢情薄。"强大的黑恶势力可以用东风恶来形容。朱熹在《春日》写道:"等闲识得东风面,万紫千红总是春。"东风来了就预示着春天到了。李商隐在《无题》中写道:"相见时难别亦难,东风无力百花残。"所以东风还可以指浅浅的哀愁。

情感表达

依依不舍、深情离别、相濡以沫、惆怅……

专业术语

描绘(述)了……的形象。"……"写出了"……"。"……"写出了"……"。通过这一形象的塑造,集中反映了……社会现实,表达了作者……的思想感情/理想/追求/情操。

链接高考——诗词鉴赏

玉蝴蝶

柳 永

望处雨收云断,凭阑悄悄,目送秋光。晚景萧疏,堪动宋玉悲凉。

水风轻,苹花渐老,月露冷,梧叶飘黄。遣情伤,故人何在,烟水茫茫。

难忘,文期酒会,几孤风月,屡变星霜。海阔山遥,未知何处是潇湘。念双燕,难凭远信,指暮天,空识归航。黯相望,断鸿声里,立尽斜阳。

问:"念双燕,难凭远信,指暮天,空识归航。"这几句有什么含义?请简要分析。

【分析点拨】

这道题从设置的方式来看,是考查诗词的内容大意,这就需要我们抓住关键的句子进行重点分析,挖出关键的词语,厘清意象载体的情感。本题要求分析这几句的含义,我们可以通过"双燕""暮天""归航"这几个词语的内涵,揣摩作者要表达的意思。很明显,这几句写的就是不能与思念的人相见而生出无奈的心情。双飞的燕子无法向故人传递信息,盼着朋友归来,却得到一次次的失望,把思念友人的深沉、诚挚而又失落的情感表现得淋漓尽致。答题的时候要分层作答，突出情感的起伏和变化。

【参考答案】

双飞的燕子，却不能向故人传递消息，与友人想要联系，互通消息，但却无人可托，写出了想要相见却不得见的无可奈何之情。看到远方归来的小船，以为是朋友归来，但到头来却是一场误会，小船只是空惹相思，写出了诗人盼友归来，却又一次次落空的失望之情。

【适合话题】

失落、悲伤、故人、别离……

横空出世的少年天才——王勃

一、人物档案

姓名：王勃　　　　　　　生卒年：约650—676年

别号：子安　　　　　　　职业：诗人

性别：男

学历：幽素科试及第

籍贯：绛州龙门（今山西河津）

所处时代：唐朝

代表作品：《滕王阁序》《送杜少府之任蜀州》《采莲赋》《秋日饯别序》等

主要成就：天才诗人，6岁就会作文章，有神童之誉，为"初唐四杰"之首。

二、人物小传

送杜少府之任蜀州

城阙辅三秦，风烟望五津。

与君离别意，同是宦游人。

海内存知己，天涯若比邻。

无为在歧路，儿女共沾巾。

这首诗很多人耳熟能详，没错，这首诗就是极负盛名的王勃送别友人时所写的，创作的时间约为 628 年 7 月—683 年 12 月。

为送别朋友，王勃专门在长安城区一个上好的酒楼订了一个包间。那天，暴雨倾盆。在酒楼的二楼，王勃多次举杯为好友饯行。桌子上的菜已经被吃掉大半，只剩下残羹冷炙。两人都有些醉醺醺的了，整个酒楼只有这个包间还在吃，服务员有些不耐烦，进来催促了好几次。客官，还需要点些什么，如果不要的话，我们就准备打烊了。

两人觥筹交错，根本没有注意到服务员的提醒，服务员只好叹了口气，退了出去。

一位说：我的好兄弟，心里有苦，你对我说。人生难得起起落落，还是要坚强地生活。哭过笑过至少你还有我！朋友的情谊呀，比天还高比地还辽阔，那些岁月我们一定会记得。朋友的情谊呀，我们今生最大的难得。像一杯酒，像一首老歌。

另一位说：我怕我没有机会，跟你说一声再见。因为也许就再也见不到你。明天我要离开，熟悉的地方和你。要分离，我眼泪就掉下去。我会牢牢记住你的脸，我会珍惜你给的思念，这些日子在我心中永远都不会抹去，我不能答应你，我是否会再回来……

不就是去个四川？没什么大不了的，只是路途要注意安全。你要相信，桃花潭水深千尺，不及我们之间情。

来，喝，两人边喝边唱：兄弟相逢三碗酒，兄弟论道两杯茶。兄

第五章 离愁别绪

弟投缘四海情，兄弟交心五车话。兄弟思念三更梦，兄弟怀旧半天霞。兄弟今生两家姓，兄弟来生一个妈。

…………

王勃和杜少府关系很好，从小两人就认识，好到有田同耕，有饭同食，有衣同穿，有钱同花……

这次朋友被上级分配到成都的蜀州担任县尉，就是负责地方治安的官，相当于现在的政法委书记兼任县公安局局长。按理说这应该是好事，但是在古代，首都长安是首屈一指的大城市，而当时的成都可以说是穷乡僻壤，交通设施非常落后。古语有言，蜀道之难，难于上青天。这话不假，那时候又没有微信朋友圈，两人分开，还不知道什么时候才能相见。

两人都有些压抑，又喝了一点酒，王勃说，兄弟，走了没有什么送你的，就写一首诗，于是叫服务员取来笔墨，龙飞凤舞，一气呵成，写成了千古传诵的《送杜少府之任蜀州》。

两人喝到了半夜，加上严格的宵禁制度（唐朝时期，除了元宵节有三天假期，昼夜开放，允许全城百姓上街游乐外，全年其他时间都实行宵禁），两个人当晚便住宿在醉仙楼。

可能是因为临近分别，所以两人很晚才睡着。

第二天醒来的时候已经是中午时分了，自己写的那首诗，也被老板看上了，抄了一遍，挂在门外。因为朗朗上口，情深义重，这首诗很快便流传开来，使得王勃的名气又大了不少。

那么王勃是怎样的一个人呢？用现在的话来说就是妥妥一个学霸。

王勃是唐朝文学家、儒客大家、文中子王通之孙，与杨炯、卢照邻、骆宾王共称"初唐四杰"。他很小的时候就聪明好学。现在的小孩子6岁能干啥，比较厉害的估计就是算100以内的加减法，唱几首歌，会几个英文单词。

王勃可比这个厉害。流传下来的资料《旧唐书》里说，王勃6岁能文，下笔流畅，被赞为"神童"。9岁的时候就可以读秘书监颜师古的《汉书注》，作《指瑕》十卷，以纠正其错，也就是说能够发现其中的谬误并指出来。10岁就成为大名鼎鼎的人物。因此，王勃从小就超越很多同龄人一大截。学而优则仕，王勃也不例外。他16岁的时候就应幽素科试及第，也就是说参加国家举办的公务员考试，一次就考上了。

这个幽素科试到底指的是什么？一说到科举考试，很多人脑海里面想的都是考上进士，然后第一名状元，第二名榜眼，第三名探花。

唐朝科举门类比较多，除了我们熟知的进士之外，还有明算、明经、秀才、俊士、明法、幽素等，种类有五十多种。随着时代的发展，一些比较冷门的科目后来逐渐被取消废除，最后只剩下明经和进士两科。两科的考试侧重点不一样，进士考查的是文学才华，写文章，主要就是诗词歌赋，难度高，几十年都没有考过的也大有人在，属于比较灵活的一种方式。而明经考查的是死记硬背，难度就要稍微低一点，因此有这样的说法，"三十老明经，五十少进士"。

回望历史长河，我们语文课本上学到的很多诗人大家也是进士出

第五章 离愁别绪

身，比如苏轼、王维、柳宗元、白居易、范仲淹、欧阳修等等。

因此，考上进士的人看不起考中明经的。比如，白居易的好朋友元稹就是明经录取的，虽然后来官至宰相，但是因为学历低，也被人所瞧不起。而幽素比明经还要稍微简单点，直白点来说，就相当于成人高考。

那为什么不去直接考进士呢？这不是瞎折腾？

本来王勃是很想考进士的，但是当官的父亲对他说，你年纪还小，先去考个简单的。现在我在朝廷为官，有些人脉，考上后，我给你找点门路，任职不成问题。单位里都一视同仁，成人本科和全日制都是同等对待、一样晋升的，到时候填写干部信息表还不是一样填写本科。

王勃考上幽素，父亲也没有食言，通过门路，让王勃担任了朝散郎的官职，为从七品，16岁的他成为整个国家最年轻的副县级干部。

考试竞争激烈，等候职位也很不轻松，那时候考上了进士，也不是说马上就能工作了，还要参加组织部（吏部）的考试，考试合格之后，还要等到岗位空缺了才能任职，所以考上了等几年才能正式入职的人比比皆是。我们熟知的韩愈，就是考中进士足足等了十年才被安排工作。

王勃16岁出仕，年纪轻轻就当官，自然会成为朝廷的舆论对象。面对大家的议论，王勃说，这都是我自己努力的，坚持不懈地努力加上运气，我取得现在的成绩，跟我的家庭没有任何关系。

因为长相帅气又年轻，任职朝散郎后，他直接被安排担任唐高宗之子沛王李贤的秘书，专职负责宣传及材料的撰写工作。

做秘书不久，国家重点建设的工程乾元殿完工，为了挣表现，展

253

示自己的写作才能，王勃加班加点、废寝忘食地写了一篇歌颂工程建设的赋《乾元殿颂》，然后求沛王呈给皇上。

文章很长，这里只摘录主要内容：

宸规相宅，考周旧于灵都；睿览思和，获秦余于正殿。群臣列陛，奏萧相之遗模；天子临轩，采荀卿之故事……

功推三祖，银绳勒东岱之威；业峻一人，金策奉南山之寿。道既成矣。元符集矣；代既贞矣，元勋缉矣……

文章总共四千多字，文辞考究，极尽浮夸。

唐高宗一看这文章，写得也太好了，马上问身边人，才知道作者就是沛王16岁的秘书王勃，大为感叹，真是我大唐的人才啊，并号召广大干部认真组织学习其精神实质，确保入脑入心，不走形式，不走过场。

很快王勃在全国就闻名遐迩了，人们将他和当时的文坛领袖骆宾王、杨炯、卢照邻并称为"初唐四杰"。

因为领导重视，王勃的前途似乎不可限量。但就在他准备大展宏图之际，做了一件错事，将他的仕途打乱了。

故事是这样的，当时唐朝的达官贵人都喜欢玩斗鸡游戏，就像玩斗蛐蛐一样。王勃服务的沛王才13岁，还处于天真贪玩的年龄，也沉迷于这项游戏，在自己的王府里养了很多公鸡，一有空就和外面的人组队比赛，玩得是不亦乐乎。

第五章　离愁别绪

话说有一天，沛王和自己的弟弟英王李显一起玩斗鸡比赛。李显就是唐朝第四位皇帝，唐高宗李治第七子，武则天第三子。

两人玩游戏很正常，但玩着玩着就玩出了脾气，都说自己的鸡才是好鸡，对方的鸡就是垃圾，争着争着吵了起来，两人谁也不让谁，要求打一架。

王勃怕自己的王爷沛王落了下风，马上写了一篇赋帮王爷呐喊助威。这篇赋很有杀伤力，题目就叫《檄英王鸡文》，全文接近六百字，对仗工整。虽然是骂人的话，但是王勃写起来也是颇有文采。

内容是这样写的：

…………

即连飞之有势，何断尾之足虞？体介距金，邀荣已极；翼舒爪奋，赴斗奚辞？虽季郈犹吾大夫，而埘桀隐若敌国。两雄不堪并立，一啄何敢自妄？养成于栖息之时，发愤在呼号之际。望之若木，时亦趾举而志扬；应之如神，不觉尻高而首下。

…………

翻译成现代话的意思就是：

…………

这鸡很厉害，身上披甲，脚上武装金钩，王爷鸡的装备之好，已到极点，两翼张开，脚爪奋起，去与其他鸡搏斗吧。季平子和郈昭伯此时成了你的臣下，你雄立起来斗桩俨然国君一样威风。两雄相斗必

255

须决出胜负，一次啄击的胜利又怎能自夸呢？平常的训练中养成优良的品性，在呼号争杀中才显示出真正神威。初见时像木头一般，关键时刻却爪横举斗志昂扬。应战时，反应机敏神鬼莫测，冲杀中不由自主就高耸尾巴，俯首直击。

…………

两人争斗的事情很快传到了唐高宗耳朵里。

他很生气，两个儿子玩物丧志，为个区区斗鸡的事情还吵起来了，成何体统。王勃作为秘书，不仅不好好劝告他们识大体顾大局，反而还煽风点火，有点才华就自以为是。

一气之下直接将王勃贬出京城。

就这样，一个前途光明的干部因为一时兴起弄篇文章鼓吹斗鸡，就终结了自己的仕途。

王勃在公元669年离开首都长安，来到了四川省成都市，投靠当时在成都任职的好朋友杜少府。

两人自幼相识，在成都相逢，欣喜之情自不言表。杜少府见面就问王勃，最近过得咋样？听说你写文章出了名，可以啊！

你就别笑话我了，王勃说，现在世事难料，然后就把自己的遭遇全盘托出。

想开点吧。朋友安慰道：多少人走着却困在原地，多少人活着却如同死去，多少人爱着却好似分离，多少人笑着却满含泪滴。谁知道我们该去向何处，谁明白生命已变为何物。是否找个借口继续苟活，或是展翅高飞保持愤怒，我该如何存在。

第五章 离愁别绪

漂泊的日子确实不好过,和以前的生活天差地别。

从王勃写的《江亭夜月送别》我们可以略知一二:

> 江送巴南水,山横塞北云。
> 津亭秋月夜,谁见泣离群。
> 乱烟笼碧砌,飞月向南端。
> 寂寞离亭掩,江山此夜寒。

他常常为自己的遭遇感伤愤懑不已,心情差极了,如果不是还有朋友,肯定要得抑郁症。

杜少府安慰道:风雨中这点痛算什么,擦干泪不要怕,至少我们还有梦。他说风雨中这点痛算什么。擦干泪不要问,为什么?

王勃说,兄弟,你说得对,这点痛根本不算什么!

在四川待了三年的时光,王勃在朋友的鼓励下,逐渐走了出来,脸上开始有了笑容。

三年之后,他再次回到长安。男人还是渴望功成名就、事业有成的,于是他再次参加全国科举考试,可能是因为放下了书本多年,所以他这次无功而返,落榜了。

最担心王勃的还是父亲,于是他动用自己的人脉,给儿子在河南虢州又讨了一个幕僚的职位,有了工作,生活就有了着落。

父亲生怕他再出什么乱子,一再强调,不要再好高骛远了,干好本职工作,让你老汉我少操点心。

嗯嗯，知道了，王勃连连点头。但这样的日子并没有持续多久，王勃就遇到一件大事，把自己卷进了刑事案件，要不是运气好，小命差点都丢掉。

事情的过程是这样子的。

王勃当参军没多久，有个叫曹达的，来投靠他，自称因为惹了黑道上的人，被人追砍，无处藏身，自己一向对王勃的诗文很喜欢，想在王勃这里住上几天，避避风头。

王勃在长安的时候很有名气，自己曾跟曹元学习过一段时间的医术，这次听说他是医师的亲人，又喜欢自己的文章，于是就满口应承，答应让他留宿几晚。

后来他才知道，此人竟是朝廷通缉的要犯，犯下了严重的刑事案件。听到这个消息，王勃一阵发怵，自己现在是骑虎难下。

如果报告官府，肯定会被定为窝藏罪，职位不保不说，还要受牢狱之灾。而假如听之任之，过几天放他走，则一旦犯人被官府捕获，自己肯定也要受牵连。

思来想去，他采取了一个最坏的办法，那就是灭口。于是王勃一不做二不休，悄悄把曹达给杀了。

那时候没有监控，他本以为这样做神不知鬼不觉。没想到，捕快的侦破能力很强，加上当时公检法的负责人叫狄仁杰，一个铁腕派，敢说敢为，直接下死命令要求活要见人，死要见尸，否则提头来见。

在上级领导的强大压力下，各级捕快很快动员起来，经过摸排走访，终于锁定了虢州参军王勃为嫌疑人。

第五章 离愁别绪

　　王勃最初装作一问三不知，奈何周围有人佐证，看到曹达进入了王勃家。在证据和政策引导下，王勃的心理防线最终崩溃，交代了自己窝藏罪犯并杀人灭口的犯罪过程。最后，经过公开审理，王勃以犯窝藏罪、故意杀人罪数罪并处，一审被判处死刑。

　　这个案件随即在首都长安引起轩然大波，唐朝的官方媒体纷纷跟踪报道：一位少年天才为何沦落为杀人犯？曹达身亡的背后隐藏着什么内情？这一切的背后，又有着怎样的原因？是人性的扭曲还是道德的沦丧？

　　…………

　　这个时候的王勃，心如死灰，只有等死。

　　但就在快到行刑之日时，当时的皇帝唐高宗因为换了年号，所以大赦天下。王勃属于冲动型过失杀人，加上他之前是一个"五好青年"，没有犯罪前科，并且在事后也积极认罪，于是，得以从死刑改判为服刑三年。

　　这是需要怎样的运气才能死里逃生啊！得到这个消息，王勃欣喜若狂，潸然泪下。

　　在以前，新帝登基，太子册封，为了吉祥如意，会有大赦天下的做法，但因为改年号而大赦天下的确实不多。改年号并不是特别新奇的事情，唐高宗一共做了三十四年的皇帝，但是前前后后的年号多达十四个，他的妻子武则天当皇帝二十一年，也有十七个年号。两人似乎对更改年号这件事非常痴迷。

　　但也不算奇怪，皇帝在位，有时候心情高兴，或者做了个奇怪的梦，就要大赦天下，彰显皇恩。这个时候，只能说，王勃运气极好，在命悬一刻的时候碰上了改元大赦的事儿。

服刑三年后，王勃终于出狱了。朝廷本着不拘一格用人才的态度，让他官复原职，但王勃经此一劫，早已经对官场没有多少兴趣，就谢绝了朝廷的好意。

出狱之后外面翻天覆地，三年时间，早已物是人非。

父亲王福畤也因为他的案子遭受牵连，直接从雍州司功参军的职位上被贬到交趾担任县令，治所在今天的越南境内。

交趾在当时属于唐朝的郡县，非常荒凉，人迹罕至。

想到自己的事情连累父亲被贬到蛮荒之地，王勃的内心就很羞愧。这件事在他的《上百里昌言疏》中有专门提及：

> 如勃尚何言哉！辱亲可谓深矣。诚宜灰身粉骨，以谢君父……今大人上延国谴，远宰边邑。出三江而浮五湖，越东瓯而渡南海。嗟乎！此勃之罪也，无所逃于天地之间矣。

我们从字里行间能够感受到王勃内心的不安和强烈的羞愧与自责。

为了弥补这种愧疚，王勃在公元675年，决定前往蛮荒之地的交趾去探望父亲，多陪陪父亲，让他感受到来自儿子的爱。

他带了简单的行李，从洛阳乘船南下，过淮阴、江宁。路过洪州的时候，当地正在举行盛大的竣工典礼，那就是滕王阁完工剪彩典礼暨洪州首届诗词大会。当时洪州的文化界为了壮大声势，不仅请了江

第五章 离愁别绪

南很多有名的文人雅士来参加，还邀请了很多媒体跟踪报道。滕王阁一时间人才荟萃，济济一堂。这样的大场面，自然也吸引了王勃。王勃之前在文坛就有些名气，自然轻松地拿到了入场券。

当洪州文联主席宣布首届中国洪州滕王阁重修竣工典礼暨首届诗词大会开幕时，工作人员马上拿出题目"滕王阁序"，让大家展示文采，现场吟诗作赋。这时候很多人伸着头看，并没有上去，纷纷谦虚地表示，自己才疏学浅，文采鄙陋，不敢展示。因为大家都知道，这个诗词大会除了给领导增添政绩、助力仕途之外，还有一个重要原因，那就是给都督的准女婿孟学士准备好的，要让他一鸣惊人。

为了达到预期的效果，早在一两周之前，孟学士就在屋里闭门不出，潜心查找资料，终于写出了一篇自认为不错的词赋，然后背了个滚瓜烂熟，计划到诗词大会当天，大家都推辞一番后，他就可以名正言顺地站出来，一鸣惊人。这时候，大家再点点赞，媒体长篇累牍地报道，自己就可以在文坛一举成名，一显才华。为了确保不出纰漏，阎都督授意秘书做好参会人员的思想工作，并保证各位文人走的时候有好礼相送。

大家都心知肚明，但是智者千虑，必有一失。

就在众人推脱之际，一个声音从角落里传来：小生不才，平时喜看诗书，业余爱好写作，我愿意试试。说这话的人正是不明就里的王勃。

既然有人表态参加，那就允吧。王勃在全场的注视下，走到舞台中央，一边铺纸研墨，一边在头脑里构思。

这是王勃长期养成的习惯，他在创作前要研墨，喝上几口酒，然后躺在床上构思，一会儿就可以提笔写出来，一气呵成，而且不改一个字。

这次大会上同样也是如此，虽然这里有酒有笔，但少了床。因此他只能慢慢研墨，慢慢构思。本来这次比赛阎大人是为女婿量身定制的，一个愣头青外乡人过来捣乱，阎大人也忍了，但他见这个年轻人研墨一阵还不动笔，就有些不耐烦了，他等不下去，到一边歇息去了。

王勃觉得时机差不多了，就开始动笔。《新唐书》里记载：

> 勃属文，初不精思，先磨墨数升，则酣饮，引被覆面卧，及寤，援笔成篇，不易一字，时人谓勃为腹稿。

这就是打腹稿的出处。

很快，手下人就向阎都督报告，那个年轻人开始动笔了。开头的一句是："豫章故郡，洪都新府。"阎都督说这个看起来也没有什么特别的新意嘛，再看。

一会儿又禀告，下面一句是："星分翼轸，地接衡庐。"这句还真的可以。

你再速速去看。

> 襟三江而带五湖，控蛮荆而引瓯越。物华天宝，龙光射牛斗之墟；人杰地灵，徐孺下陈蕃之榻。

第五章 离愁别绪

他写的？不行。我要亲自去看，阎都督有些坐不住了。来到了现场，站在王勃的近处，看看这小子写什么。只见王勃很淡定地在龙飞凤舞，文笔流畅。当看到他写出了"落霞与孤鹜齐飞，秋水共长天一色"的句子时，周围的人高呼，阎大人也忍不住鼓掌了，这词写得好啊！

这个时候，一旁的孟学士自觉惭愧，面红耳赤起来。

片刻工夫，一篇流光溢彩、美不胜收的千古名篇《滕王阁序》跃然纸上：

豫章故郡，洪都新府。星分翼轸，地接衡庐。襟三江而带五湖，控蛮荆而引瓯越。物华天宝，龙光射牛斗之墟；人杰地灵，徐孺下陈蕃之榻。雄州雾列，俊采星驰。台隍枕夷夏之交，宾主尽东南之美。都督阎公之雅望，棨戟遥临；宇文新州之懿范，襜帷暂驻。十旬休假，胜友如云；千里逢迎，高朋满座。腾蛟起凤，孟学士之词宗；紫电青霜，王将军之武库。家君作宰，路出名区；童子何知，躬逢胜饯。

时维九月，序属三秋。潦水尽而寒潭清，烟光凝而暮山紫。俨骖騑于上路，访风景于崇阿。临帝子之长洲，得天人之旧馆。层峦耸翠，上出重霄；飞阁流丹，下临无地。鹤汀凫渚，穷岛屿之萦回；桂殿兰宫，即冈峦之体势。

披绣闼，俯雕甍，山原旷其盈视，川泽纡其骇瞩。闾阎扑地，钟鸣鼎食之家；舸舰弥津，青雀黄龙之舳。云销雨霁，彩彻区明。落霞与孤鹜齐飞，秋水共长天一色。渔舟唱晚，响穷彭蠡之滨，雁阵惊寒，声断衡阳之浦。

　　遥襟甫畅，逸兴遄飞。爽籁发而清风生，纤歌凝而白云遏。睢园绿竹，气凌彭泽之樽；邺水朱华，光照临川之笔。四美具，二难并。穷睇眄于中天，极娱游于暇日。天高地迥，觉宇宙之无穷；兴尽悲来，识盈虚之有数。望长安于日下，目吴会于云间。地势极而南溟深，天柱高而北辰远。关山难越，谁悲失路之人；萍水相逢，尽是他乡之客。怀帝阍而不见，奉宣室以何年？

　　嗟乎！时运不齐，命途多舛。冯唐易老，李广难封。屈贾谊于长沙，非无圣主；窜梁鸿于海曲，岂乏明时？所赖君子见机，达人知命。老当益壮，宁移白首之心？穷且益坚，不坠青云之志。酌贪泉而觉爽，处涸辙以犹欢。北海虽赊，扶摇可接；东隅已逝，桑榆非晚。孟尝高洁，空余报国之情；阮籍猖狂，岂效穷途之哭！

　　勃，三尺微命，一介书生。无路请缨，等终军之弱冠；有怀投笔，慕宗悫之长风。舍簪笏于百龄，奉晨昏于万里。非谢家之宝树，接孟氏之芳邻。他日趋庭，叨陪鲤对；今兹捧袂，喜托龙门。杨意不逢，抚凌云而自惜；钟期既遇，奏流水以何惭？

　　呜乎！胜地不常，盛筵难再；兰亭已矣，梓泽丘墟。临别赠言，幸承恩于伟饯；登高作赋，是所望于群公。敢竭鄙怀，恭疏短引；一言均赋，四韵俱成。请洒潘江，各倾陆海云尔。

　　这篇赋从洪州的地理、人才到宴会的盛况，写出了滕王阁的壮丽，作者自己的遭遇，主题鲜明，骈俪藻饰，辞采华美，句式错落，节奏分明，并且典故运用自如，简练含蓄，堪称中国骈文的顶峰。

它和骆宾王写的《讨武曌檄》一起，被后世誉为"骈文双璧"。

这篇七百七十三个字的《滕王阁序》，出现了多达四十七个成语，三十六个历史人物典故，可谓是旁征博引，引经据典。

比如：星分翼轸、襟江带湖、三江五湖、物华天宝、人杰地灵、俊采星驰、胜友如云、高朋满座、腾蛟起凤、躬逢胜饯、层峦耸翠、飞阁流丹、桂殿兰宫、绣闼雕甍、闾阎扑地、钟鸣鼎食、云销雨霁、长天一色、渔舟唱晚、衡阳雁断、逸兴遄飞、响遏行云、天高地迥、兴尽悲来、萍水相逢、时运不齐、命途多舛、冯唐易老、李广难封、达人知命、老当益壮、白首之心、穷且益坚、青云之志、涸辙之鲋、东隅已逝、桑榆非晚、穷途之哭、一介书生、投笔从戎、谢家宝树、胜地不常、盛筵难再、临别赠言、登高作赋、潘江陆海、物换星移这些成语。

还有徐孺、陈蕃、阎公雅望、宇文新州、腾蛟起凤、临川之笔、冯唐易老等人文典故。

除此以外，其中还包括了众多脍炙人口的佳句：关山难越，谁悲失路之人？桂殿兰宫，即冈峦之体势。潦水尽而寒潭清，烟光凝而暮山紫。渔舟唱晚，响穷彭蠡之滨；雁阵惊寒，声断衡阳之浦。天高地迥，觉宇宙之无穷；兴尽悲来，识盈虚之有数。落霞与孤鹜齐飞，秋水共长天一色。老当益壮，宁移白首之心？穷且益坚，不坠青云之志等。

滕王阁序的最后面还有一首诗：

滕王高阁临江渚，佩玉鸣鸾罢歌舞。

画栋朝飞南浦云，珠帘暮卷西山雨。

闲云潭影日悠悠，物换星移几度秋。

阁中帝子今何在？槛外长江□自流。

大家都被王勃的文采震惊了，纷纷点赞。但是大家发现，这首诗有点不完整，还少了一个字。

这难道是要考考大家的文采？围观群众窃窃私语。王勃只是淡淡一笑。阎都督是个明白人，马上命人取来银两若干赏赐给王勃。

王勃来者不拒，一边收钱一边说，都督果然大人大量。这篇诗文就送给你了，至于之后那个字，我没有写。空着，也挺好。

众人不解，他说，槛外长江空自流。

那次之后，王勃的身价暴涨，据说请他写东西都要花高价。

诗的内容或许一般，但是前面的序那是真的才华横溢啊。

王勃的《滕王阁序》火爆全国。

连当朝的皇帝唐高宗都赞不绝口："真乃罕世之才！"上一次因为一篇斗鸡的文章把他贬出去，下手过重了，速传朕意，让王勃即刻返京。

身边的宦官忙递上话，启禀陛下，王勃来不了了。

何出此言？

王勃，他死了。

写《滕王阁序》那一年，王勃参加完盛会之后继续南行，终于到达了父亲任县令的交趾。相隔几年再见，父子俩感慨万千。

为了弥补愧疚，王勃打算留在父亲身边，多陪陪他。但是父亲不同意，认为交趾这个地方太落后，不适合王勃发展。父亲劝他，人生的路还长，要去发达的地方，才能闯出属于自己的天地。我是年纪大了，才没有办法，年轻人就要闯荡，爱拼才会赢，敢闯才会成。

王勃在父亲那里玩了一段时间，禁不住老父亲的多次劝说，于是乘船返回长安。

不过，王勃运气不好，途中遇到了强风暴，船被大浪掀翻，他就此落水，葬身鱼腹，淹死的时候才26岁，墓地在今越南义安省所辖的宜禄县宜春乡。

一位天才意外辞世，在唐朝文化圈引起了不小的震动，无人不为之扼腕叹息。

明代的著名诗人和文艺批评家胡应麟评价王勃：兴象宛然，气骨苍然，实首启盛、中妙境，五言绝亦抒写悲凉，洗尽流调，究其才力，自是唐人开山祖。

如果王勃没有英年早逝，那么大唐最牛的诗人是谁尚未可知。

有道是：自古英才多薄命，不许人间见白头。

同类诗人

杨炯、李贺、卢照邻、骆宾王等

意象小锦囊

1. 白：岳飞在《满江红》中劝解少年惜时如金说："莫等闲，白了少年头，空悲切。"所以白寓意生命。《诗经·秦风·蒹葭》："蒹葭苍苍，白露为霜。"因此白有寒冷的意味。王维《白石滩》:"清浅白石滩,绿蒲向堪把。"白有美丽的含义。张若虚《春江花月夜》:"白云一片去悠悠,青枫浦上不胜愁。"白还有忧愁的意思。

2. 秋:宋代诗人吴文英《霜花腴·重阳前一日泛石湖》:"霜饱花腴,烛消人瘦,秋光作也都难。"所以秋天形容时间流逝,光阴虚度。杜甫《登高》:"万里悲秋常作客,百年多病独登台。"秋是悲伤的季节,引人愁绪,想念家乡。刘禹锡《秋词》:"自古逢秋悲寂寥,我言秋日胜春朝。"因此又有秋色宜人的含义。柳永《雨霖铃》:"多情自古伤离别,更那堪冷落清秋节。"秋象征别离感伤。

3. 金:黄巢《不第后赋菊》:"冲天香阵透长安,满城尽带黄金甲。"金指物件的精美华贵。唐代佚名《金缕衣》:"劝君莫惜金缕衣,劝君惜取少年时。"金指时间如白驹过隙。

4. 马:陆游《十一月四日风雨大作》:"夜阑卧听风吹雨,铁马冰河入梦来。"马象征豪杰的壮志难酬。辛弃疾《破阵子·为陈同甫赋壮词以寄之》:"马作的卢飞快,弓如霹雳弦惊。"马寓意锐意进取的精神。

5. 鹤:闲云野鹤,所以鹤有洒脱隐逸的含义。诗人宋之问《咏省壁画鹤》:"粉壁图仙鹤,昂藏真气多。"鹤常与仙搭配,有清新脱俗的含义。诗人柳公绰《赠毛侧翁》:"松高枝叶茂,鹤老羽毛新。"鹤有长寿的意思。诗人贾岛《宿山寺》:"绝顶人来少,高松鹤不群。"鹤是高洁人品的象征。

6. 兰:宋代诗人易士达《兰花》:"春到兰芽分外长,不随红叶自低昂。"兰是君子廉洁人格的象征。苏轼《题杨次公春兰》:"春兰如美人,不采羞自献。时闻风露香,蓬艾深不见。"兰比作美人。魏晋诗人傅玄《吴楚歌》:"云为车兮风为马,玉在山兮兰在野。"兰是爱情、平安的标志。

7. 黑:李清照《声声慢》:"独自怎生得黑。"黑指黑夜。白居易《时世妆》:"妍媸黑白失本态,妆成尽似含悲啼。"黑有是非不分、颠倒黑白之意。白居易《卖炭翁》:"满面尘灰烟火色,两鬓苍苍十指黑。"黑指生活的艰难。

情感表达

珍惜时间、锐意进取、高洁人品、遗憾……

专业术语

描(述)绘了……的画面。"……"写出了"……"。"……"写出了……[时间(季节和时辰)+地点+天气],渲染了……的气氛,表达了作者……的思想感情/理想/追求/情操。

链接高考——诗词鉴赏

秋江送别

王 勃

归舟归骑俨成行,江南江北互相望。

谁谓波澜才一水,已觉山川是两乡。

送柴侍御

王昌龄

沅水通波接武冈,送君不觉有离伤。

青山一道同云雨,明月何曾是两乡?

问:前人评《送柴侍御》"翻新脱妙"。比较《秋江送别》与《送柴侍御》两诗的后两句,分析后者写法的妙处。

【分析点拨】

题干问后者写法的妙处,这一类问题实际上考查的是学生分析诗句的能力。遇到这样的诗词,我们要重点研判诗句的词语意象、手法和表达效果,以及诗歌的情感主题。

通过比较两首诗,我们不难发现,王勃的诗运用的意象是"山""水",意象和诗句浑然一体,王昌龄用的是"明月""青山"意象,两个意象都放在诗句的开头,很明显是强调作用,突出了某种表达。结合诗歌题目，再分析词语我们就了然于心了，青山跟思念有关，明月跟友情相连，句式上看，肯定和反问交错，情感是真切动人的。情感抒发非常具有个性，意蕴则具有内在的张力和个性。两者的区别在于，在空间方位上，王勃的诗从由近到远，王昌龄则是由远到近。在情感表达上，王勃诗主要是自问自答，而王昌龄诗则是情景交融后的反问。厘清了这些要点我们就知道怎么作答了。需要强调的是，无论哪种诗歌，都离不开情感、内容意象、背景、主题、手法。因此我们做诗歌鉴赏题的时候，一定要统筹兼顾。抓住要点，把握情感的基调，明确词语的色彩，运用专业术语，精准答题。

【参考答案】

首先，在意象运用上，王勃诗的意象和诗句浑然一体；王昌龄诗将青山、明月两个意象放在诗句的开头，强调突出，极富象征意义（青山跟思念有关，明月跟友情相连），意境开阔。其次，在空间处理上，王勃的诗从由近到远，王昌龄则是由远到近。王勃的诗是送别诗的传统写法；王昌龄的诗是创新性的表达。在抒情方式上，王勃诗主要是自问自答，直接表达，意尽句中；王昌龄诗则是情景交融后的反问，富有意蕴。

【适合话题】

珍惜时光、敬业奉献、理想追求、锐意进取……

- 第六章 -

◇ 仕途失意

舌尖上的吃货——苏东坡

一、人物档案

姓名：苏轼　　　　　　生卒年：1037—1101年

别号：东坡居士　　　　职业：诗人、文学家、官员

性别：男

学历：进士

籍贯：眉州眉山（今四川眉山）

诗词派别：豪放派

所处时代：宋朝

代表作品：《念奴娇·赤壁怀古》《定风波》《江城子·密州出猎》《饮湖上初晴后雨》《浣溪沙》《临江仙》等

主要成就：宋词豪放派创始人。在诗词、散文、书法、饮食、绘画等方面造诣极深。北宋四大书法家（宋四家）之首，唐宋八大家之一。苏轼与韩愈、柳宗元、欧阳修并驾齐驱，誉称"千古文章四大家"。

二、人物小传

时间回到北宋元丰三年，也就是公元1080年，湖北省黄冈市来了一位杰出的食神诗人——苏东坡。

因为涉嫌乌台诗案，苏轼被直接从六品官位湖州知州贬为从八品的黄州团练副使。团练副使是宋代散官官阶之一，授予官员，是一种级别的象征。按照现在的公务员晋升来说，好比从一个正厅级的市长直接降职担任县级武装部的副部长。这个官职可以说是一个无足轻重的帮闲类职位。作为贬官，不仅没有多大的权力，而且要被限制离境。

很多人如果遇到苏轼这样的打击，估计早就垮掉了。什么生活苦不堪言，人生灰暗，各种不习惯，不适应……阴暗的心理淤积在心里，不被气死也得郁闷死。但苏轼很看得开，用现在的话来说，那就是，宠辱不惊，闲看庭前花开花落；去留无意，漫随天外云卷云舒。他完全是不以物喜不以己悲的状态，趁着工作悠闲的时光，调整好心态，到处游览大好河山，可以说把黄州跑了个遍。我们从高中的课文中知道，他前前后后去过赤壁几次，还写出了后世流传的诗篇。

没错，就是我们学习过的《念奴娇·赤壁怀古》《前赤壁赋》和《后赤壁赋》。

降职黄州以后，苏轼的工资待遇也跟着降了不少，全家的生活质量直线下滑。全家十几个人的开销都是苏轼一个人扛着，加上自己做的官职都是清水衙门，没有额外的收入，所以，生活很是艰苦。

解决温饱问题是头等大事。老朋友马正卿见苏轼生活清苦，就帮他要了一块黄州城外的荒地，交给他种菜。苏轼喜欢的先圣诗人白居易写了很多关于东坡的诗。这块荒地正好处于白居易故居的东面，因此，他把城东这块荒地也称之为东坡，并自号"东坡居士"。有了土地之后，全家立即出动，在地里种了很多瓜果蔬菜。蔬菜的问题解决了，但一家人不能一直吃素菜吧，又不是和尚，得吃点肉吧。

那时候的猪肉价格并没有现在这么贵，当时的土豪都不屑于吃猪肉，只有穷人才吃猪肉。加上很多人做猪肉的方法简单，基本上就是水煮猪肉，吃起来清汤寡水，一点儿味也没有。

作为一名喜欢美食的吃货诗人，苏东坡做菜的水平也是很高的。几年前，他在徐州任职的时候就喜欢钻研美食，很快就通过实践，做出了一种新菜，可以将猪肉做得好吃。到了黄州，他把原来的技艺又根据本地的情况进行了适当的调整和优化。

没错，这就是红烧肉。主要的做法是选用肥瘦结合的猪肉，然后放入水中，倒入酒，煮开去掉腥味，然后晾干，用利器切成小方块。最后放入锅中，加入葱姜蒜等各种佐料，小火炖上两个小时。

这样做出来的肉，色泽红亮，肉味鲜美，肥而不腻，非常可口，吃起来简直太香了。苏东坡经常用这样的方式吃猪肉，一次可以吃上好几碗。

这是个很大的发现，让他体会到了美食的魅力，欣喜之余，他还写了一首《食猪肉诗》，以示纪念，内容专门记录这道美食的具体做法：

> 静洗锅，少着水，柴头罨烟焰不起。
> 待他自熟莫催他，火候足时他自美。
> 黄州好猪肉，价贱如泥土。
> 贵人不肯吃，贫人不解煮。

第六章　仕途失意

早晨起来打两碗，饱得自家君莫管。

从这首诗当中，我们可以知道，苏轼对这道菜的烹饪精髓已经了然于心。知道要慢着火，少放水，焖煮足够的时间，这样做出来的红烧肉才色香味俱全。

苏东坡研究出来的红烧肉做法，顿时受到广大基层群众的追捧，各大饭馆闻风而动，纷纷把红烧肉作为本地的招牌菜。后来，苏轼不遗余力地推广红烧肉的做法，即便是到杭州工作也亲自示范。这样，红烧肉的新式做法影响越来越大，以至于火爆全国，成为人民群众舌尖上的美食。后世为了纪念他的贡献，将这道菜命名为"东坡肉"。

中国的八大菜系，川、粤、苏、闽、浙、湘、徽、鲁菜几乎都有东坡肉的做法。虽然做法不同，但是名字都一样，那么这里就有个疑惑，东坡肉的第一故乡到底在哪里？

按照历史资料推断，苏东坡做这道菜似乎是在徐州开始，在黄州不断地发展，最后在杭州火爆，再加上全国吃货的推动和不断完善，终于使其成为中国美食界的一道名菜。

因此，如果是按照开端来说，徐州自然是东坡肉的第一故乡。

作为一个吃货诗人，除了我们耳熟能详的东坡肉，还有东坡肘子，也是苏轼喜欢吃的，一个人一顿就能吃上整整一只。

按照现代人的饮食观念，一天之内饱食红烧肉和肘子，谁也受不了，更何况是古人。那么苏轼是神仙？不是，苏轼也消化不良。

苏轼一天三顿都是肉，很快就上火了。话说有一天，他肚子不舒服，眼睛也非常干涩，十分难受，马上去找大夫。大夫一看说，你该早点来啊！

啊，苏轼听到这话，心里不由一惊。难道自己没救了？是不是自己已经病入膏肓了？他颤抖着问。大夫说，不是，不是，我是说，你如果再迟到几分钟，我就下班走了，不在这里了。

吓得我……那请问大夫，你看我这个样子该怎么办？

还能怎么办？

是不是三顿全是肉？

对啊！

肉是不能再这样吃下去了。这样吧，我给你开几服中药，你先调理调理。

那什么时候可以吃肉？

你还想吃肉？

对，离开了肉就像老鼠离开了大米，生活就没有多大的意义了。

隔一段时间再说吧。

回去之后，他写了一篇日记：认为医生说的话是吓他的，不吃肉怎么可能呢？于是照吃不误。原文是这样说的：

> 余患赤目，或言不可食脍。余欲听之，而口不可，曰：我与子为口，彼与子为眼，彼何厚，我何薄？以彼患而废我食，不可。

用现在的话来解释就是一句话，你说你的，我左耳进右耳出，照吃不误。苏东坡对肉类的喜爱可见一斑。

他喜欢佛教,尽管平时阿弥陀佛挂在嘴上,也喜欢到寺庙打坐喝茶,但肉是必须要吃的。寺庙的长老说,施主,我们佛教是不能饮酒吃肉的,这是犯戒。

但东坡就是东坡,在诵经的时候依然肉不离手,被逮住了,就说自己是俗家弟子。酒肉穿肠过,佛祖心中留。只要心中有佛,吃点肉又算什么。

宋神宗元丰二年(1079),苏轼因为上书讽刺变法弊端,被大臣弹劾,以"谤讪朝廷"之罪名,投入监狱,这就是历史上著名的"乌台诗案"。后苏轼被贬黄州。元丰三年(1080)2月1日,苏轼到达贬地黄州,一个荒凉的异乡。要是一般人肯定非常痛苦,精神压抑、颓废,但苏轼的性格很乐观,看得很开。黄州这个地方靠近长江,有水就有鱼,很快他就发现了当地的特色美味,那就是鱼和竹笋。来了黄州几天,找到了美食,那就是舒服啊!写了一首《初到黄州》表达了自己的心情。

自笑平生为口忙,老来事业转荒唐。
长江绕郭知鱼美,好竹连山觉笋香。
逐客不妨员外置,诗人例作水曹郎。
只惭无补丝毫事,尚费官家压酒囊。

这首诗大概的意思就是管它什么名利地位，根本不值一提，人一生，天大的事情就是吃喝玩乐，其他的根本不足挂齿。

苏轼不仅对红烧肉有心得，做起鱼来也毫不含糊。到了黄州，他对鱼的烹饪水平达到了高峰，不仅喜欢自己捕鱼，还喜欢做鱼招待朋友客人。

《东坡志林》里记载："予在东坡，尝亲执枪匕煮鱼羹以设客，客未尝不称善。"

对食材的研究，让他摸索出了做鱼的门道。他曾在《煮鱼法》中详细记录了煮鱼的方法：

> 以鲜鲫或鲤鱼治斫，冷水下。入盐于堂法，以菘菜笔之，仍入浑。葱白数茎，不得掩半，熟入。生姜、萝卜汁及酒各少许，三物相等，调匀，乃下。临熟，入桔皮片，乃食。

苏轼认为，按照他的方法，做出来的鱼汤酽而白，鱼肉鲜而嫩。吃鱼肉时可蘸香醋，汤尤为鲜美。

甚至在《书煮鱼羹》中自夸：我的鱼羹味美非常，超然于世，不是一般人可以喝得到的。连客人都给出了很好的评价。

苏轼诗集《鱼蛮子》卷十三有记载：

> 今日偶与仲天贶、王元直、秦少章会食，复作此味，客皆云：此羹超然有高韵，非世俗庖人所能仿佛。岁暮寒欲，聚散难常，

第六章 仕途失意

当时作此，以发一笑也。

苏轼出品，必属精品，只能被模仿，从未被超越。一个专业的吃货，不仅会吃，还会做，不光自己吃，还要邀请朋友吃。要写诗作词，可能没有时间。那吃饭呢？要得要得，几个人在，你说个地儿，我马上赶过来。

美食已经成为一种信仰，即便是没人邀请，看到了美食，他也要靠近。

路边有一个大刘烧饼，非常有名，苏轼听说了，赶紧去，还没到，远远就闻到了香味。

必须吃啊，大快朵颐，再喝上几杯美酒。写一首诗纪念，日子爽歪歪。

一杯连坐两髯棋，数片深红入座飞。

十分潋滟君休诉，且看桃花好面皮。

这首诗就是夸赞人家老刘家的烧饼做得好。

资深吃货就是这样，这么率性、洒脱。

苏轼的一生可谓是三起三落，仕途也比较坎坷，公元 1094 年，苏轼 58 岁，垂暮之年，却被贬南荒（今惠州）。

这次被贬的原因有些无辜，主要是因为守旧派的太后高氏病逝，变法派就抓住机会成为主导朝廷的力量，而苏轼实际上既不是守旧派，也不是变法派，一直坚守心中的正道。他在熙宁四年（1071）上书谈论新法的弊病，认为变法弊病甚多，因此，被定性为守旧派，自然被变法派全面打压，以"文足以惑众，辩足以饰非"的罪名贬为建昌军司马，惠州安置，不得签书公事。

现在一提到广东这些地方都是发达的省份，但在宋代，那就是蛮荒之地，全国最穷的地方，开发甚少，荒山野岭，食物十分匮乏，甚至连便宜的猪肉也吃不上。苏轼在给弟弟的书信《与子由弟书》中写道："惠州市井寥落，然犹日杀一羊，不敢与仕者争。"

整个集市上，一天也就是杀一只羊，价格贵得要死。什么困难都难不倒一个资深吃货。既然吃不起羊肉，那么羊骨头也可以。

他买回来最便宜的羊脊椎骨，马上动手研究，终于找到了一个新的吃法，烤羊脊椎骨。

《与子由弟书》记载了这道菜的详细做法：

> 骨间亦有微肉，熟煮热漉出，渍酒中，点薄盐炙微燋食之。终日抉剔，得铢两于肯綮之间，意甚喜之。如食蟹螯，率数日辄一食，甚觉有补。

这就是高端吃法，用火烤了以后，吃起来就像是海鲜一样，隔几天吃一吃，感觉就是舒服啊！

苏轼在《与子由弟书》中也写出了自己苦中作乐的心态：

第六章　仕途失意

　　子由三年食堂庖，所食刍豢，没齿而不得骨，岂复知此味乎？戏书此纸遗之，虽戏语，实可施用也。然此说行，则众狗不悦矣。

　　弟弟，你这些年天天吃单位食堂，根本就没有吃过这样美味的东西，我给你讲，这样烤出来的东西真的好吃，只是，我啃骨头太厉害，狗看到都会不高兴。

　　吃了烤串，还要吃点水果，广东这个地方穷是穷了点，但是水果还是比较多的，尤其是杧果、香蕉、菠萝，还有大名鼎鼎的荔枝。

　　有道是：

惠州一绝·食荔枝

　　罗浮山下四时春，卢橘杨梅次第新。

　　日啖荔枝三百颗，不辞长作岭南人。

　　虽然被流放到惠州，但有水果吃，苏轼觉得也还行。

　　可这样的时光没有保持多久，过了几年，苏轼又被贬到了海南那边的荒岛上，这下我看苏轼怎么乐呵？

　　宋代的海南可以说是最偏远的地方了。古代人称那地方是"一去一万里，千知千不还"的鬼门关。

　　苏轼一到海南儋州这个地方，马上就被吓到了。

　　这地方果然是杂草丛生，无比荒凉，条件巨差，真的是"食无肉，病无药，居无室，出无友，冬无炭，夏无寒泉"。

最惨的地方也不过如此了吧。但乐观主义拯救了他。物竞天择，适者生存。来了就好好生活吧，第一步要做的就是找找本地有什么好吃的东西。

功夫不负有心人，经过苏轼的细心观察，他发现了好吃的食材。

海南这个地方植被茂密，各种野生动物应有尽有，无论是天上飞的，还是海里游的，都可以吃。

很快，他就发现了多种好吃的野味，并对这些野生动物的味道赞不绝口。有诗为证：

送牛尾狸与徐使君

风卷飞花自入帷，一樽遥想破愁眉。

泥深厌听鸡头鹘，酒浅欣尝牛尾狸。

通印子鱼犹带骨，披绵黄雀漫多脂。

殷勤送去烦纤手，为我磨刀削玉肌。

除了牛尾狸，苏轼还研究出了老鼠、虾蟆和蝙蝠的吃法。

闻子由瘦·儋耳至难得肉食

土人顿顿食薯芋，荐以熏鼠烧蝙蝠。

旧闻蜜唧尝呕吐，稍近虾蟆缘习俗。

第六章 仕途失意

当然，基于《野生动物保护法》，我们现在严禁捕食上述野生动物。

除了陆地上跑的，海洋里的美食也不能放过。

在海南，他发现了数量极其丰富的一种食材，那就是生蚝。

早先在被贬到惠州的时候，路过东莞，一个朋友曾经用生蚝款待过苏轼。自那以后，他便彻底爱上了美味嫩滑的生蚝。这次被贬到海南之后，他发现遍地都是生蚝。

这也太幸福了吧。对于生蚝，他还写了一篇《食蚝》来介绍其做法。

> 海蛮献蚝，剖之，得数升。肉与浆入与酒并煮，食之甚美，未始有也。又取其大者，炙熟，正尔啖嚼。

味道简直太爽了，在写给自己小儿子叔党的信中，他说：

> 恐北方君子闻之，争欲为东坡所为，求谪海南，分我此美也。

记住啊！你一定不要到处说，万一让那些大臣知道了，都要求来海南，那就不好了。

苏轼在海南待了四年。公元1100年，宋徽宗大赦天下，想起被贬在外、年过花甲的苏轼，下旨把他调回京城。回来的路上，在常州歇息，有人请他吃当地的特产美食——河豚。

河豚不仅肉味鲜美，而且营养丰富，被誉为"菜肴之冠"。但这种食材，因为其卵巢、肝脏、肾脏、眼睛、血液中含有剧毒，如果处理不当或误食，轻者中毒，重者丧命，烹饪的方法尤为重要。

苏轼很早就喜欢吃河豚。早在神宗元丰八年（1085）就在汴京（今河南开封）吃过河豚，写了两首诗《惠崇春江晚景二首》。

竹外桃花三两枝，春江水暖鸭先知。
蒌蒿满地芦芽短，正是河豚欲上时。

河豚很考验厨艺，搞不好可能中毒身亡。

但这美味怎么能错过，于是苏轼如约而至。

吃河豚的时候，饭馆的老板说，久闻苏大人对吃很在行，您觉得我这个店里的厨师手艺如何？

人家为什么请苏轼吃饭，就是为了让他看看水平。要知道，苏轼在整个美食界是大名鼎鼎，如果美言几句，作为金字招牌，那带来的效应是显而易见的。

苏东坡一直没有回应，只顾着自己大快朵颐，直到把餐盘里的河豚吃了个一干二净才说："也值得一死！"

这话的意思我们现在理解的是，吃了可能会死人的，但为了这珍贵的美味，死也值得了。

可这话说了不好，居然一语成谶。苏轼在常州病逝，终年65岁。

提起苏轼，我们首先想到的是苏轼豁达的处世态度，精妙的诗词风骨，其实，苏轼对美食的热爱也值得我们学习。这是一位资深的美食达人，不仅会吃，而且能吃，在他流传下来的作品中，有多达五十

第六章 仕途失意

余首与食物有关的诗词。

从陆地上的猪、兔、羊到江海湖泊的鲫鱼、鲈鱼、螃蟹、河豚,从竹笋、萝卜、大头菜、芥菜到石榴、黄柑、桃、梨、枣、蒲桃、荔枝、龙眼等各种水果,种类繁多,应有尽有。

以苏轼命名的招牌菜,我们熟知的有东坡肉、东坡豆腐、东坡羹、东坡墨鱼、东坡豆腐、东坡凉粉、东坡饼、炒东坡等,可以这样说,大文豪苏轼的一生,就是在追逐美食吃法的一生。

学者钱穆曾这样评价苏轼:苏东坡诗之伟大,因他一辈子没有在政治上得意过。他一生奔走潦倒、波澜曲折都在诗里见。

林语堂则说苏轼是:一个无可救药的乐天派、一个伟大的人道主义者、一个百姓的朋友、一个大文豪、大书法家、创新的画家、造酒试验家。一个工程师、一个憎恨清教徒主义的人、一位瑜伽修行者佛教徒、巨儒政治家、一个皇帝的秘书、酒仙、厚道的法官、一位在政治上专唱反调的人。一个月夜徘徊者、一个诗人、一个小丑。但是这还不足以道出苏东坡的全部,苏东坡比中国其他的诗人更具有天才多面性的丰富感。

其实,这些评价都很到位,但不完整,苏轼还应该是一个舌尖上的吃货,资深美食家。因此,苏轼对美食的探究可以说是从古到今的集大成者,前无古人,后无来者。尤其是《老饕赋》,吃出了境界,也写出了水平。

庖丁鼓刀,易牙烹熬。水欲新而釜欲洁,火恶陈而薪恶劳。

九蒸暴而日燥，百上下而汤鏖。

尝项上之一脔，嚼霜前之两螯。烂樱珠之煎蜜，滃杏酪之蒸羔。蛤半熟而含酒，蟹微生而带糟。盖聚物之大美，以养吾之老饕。

婉彼姬姜，颜如李桃。弹湘妃之玉瑟，鼓帝子之云璈。命仙人之萼绿华，舞古曲之郁轮袍。引南海之玻黎，酌凉州之蒲萄。愿先生之耆寿，分余沥于两髦。候红潮于玉颊，惊暖响于檀槽。忽累珠之妙唱，抽独茧之长缲。闵手倦而少休，疑吻燥而当膏。倒一缸之雪乳，列百柂之琼艘。各眼滟于秋水，咸骨醉于春醪。美人告去已而云散，先生方兀然而禅逃。响松风于蟹眼，浮雪花于兔毫。先生一笑而起，渺海阔而天高。

大家读起来可能比较费劲，翻译成现代的白话文大意就是：

要做上好的美食，就要好的厨子，切配等功夫就需要像庖丁那种高超水平的厨师，炒菜则需要像易牙那样的顶尖大厨。水质要清澈，最好是山泉水，厨具也是崭新的，要精选优质新鲜的食材。烹饪的方法也不简单，有时候要晒干待用，有时候要小火炖煮。

食材一定要讲究，猪脖子后面那一小块肉才最好吃，螃蟹要选霜冻以前最大的，只吃那一对螯，用成熟的水果樱桃做成蜜饯，杏仁淘洗干净做成点心，蛤蜊在半熟时加入酒这样才更鲜，蟹和酒糟要放到一起蒸到火候，稍微生吃更佳。这才是合格吃货的基本素养。

正式享受大餐之前，还要美女用云璈弹奏乐曲，翩翩起舞助兴，喝的酒要用珍贵的玻璃杯满上，美食众多，连骨头好像都被春醪酥醉了。吃好了喝饱了，再喝点茶，好的茶要用文火煮到冒起蟹眼般的小泡，水在壶里滚动的声音就像是风在刮过松林，倒出茶水，用兔毫盏冲点，茶汤的沫饽稠密如同雪花。

同类诗人

王安石、司马光、苏辙等

意象小锦囊

1. 鹰：王维《观猎》："风劲角弓鸣，将军猎渭城。草枯鹰眼疾，雪尽马蹄轻。"鹰寓意斗志昂扬。杜甫《北征》："所用皆鹰腾，破敌过箭疾。"鹰是英勇刚毅的象征。鲍照《芜城赋》："饥鹰厉吻，寒鸱吓雏。伏暴藏虎，乳血飡肤。"鹰寓意景色十分的荒凉。

2. 蛙：辛弃疾《西江月·夜行黄沙道中》："稻花香里说丰年，听取蛙声一片。"蛙比喻来临的夏天。赵师《约客》："黄梅时节家家雨，青草池塘处处蛙。"蛙凸显环境的寂静。

3. 雨：苏轼《定风波》："一蓑烟雨任平生。"雨比作官场的坎坷挫折。白居易《长恨歌》："春风桃李花开日，秋雨梧桐叶落时。"雨形容忧愁。杜甫《春夜喜雨》："好雨知时节，当春乃发生。"雨表达一种喜悦之情。

4. 孤蓬：又叫作蓬草、转蓬等。李白《送友人》："此地一为别，孤蓬万里征。"孤蓬它寓意漂泊不定的游子。因此孤蓬抒发的是无根飘荡的愁苦之情。

5. 鸡犬：陶渊明《桃花源记》："鸡犬相闻。"鸡犬指归隐田园，隐逸生活。陆游《畜一鸡报晓声清圆而鸣每晚戏书绝句》："鸡鸣平旦未为迟，恰是山房睡觉时。"鸡鸣形容时光荏苒。新的一天到来了。闻鸡起舞的典故，鸡鸣也形容奋斗的时光。杜甫《新婚别》："生女有所归，鸡狗亦得将。"鸡犬有卑贱的含义。贾岛《送道者》："此行无弟子，白犬自相随。"犬形容亲昵的情愫。

6. 垂钓：李白《行路难》："闲来垂钓碧溪上，忽复乘舟梦日边。"垂钓形容隐居田园的生活。

7. 乌鸦：李密《陈情表》："乌鸟私情，愿乞终养。"乌鸦是一种孝顺的鸟，用以形容孝顺。马致远《天净沙·秋思》："枯藤老树昏鸦。"乌鸦象征着荒凉和衰败。隋炀帝杨广《野望》："寒鸦飞数点，流水绕孤村。"寒鸦寓意前后惜别、相思的愁苦心情。

情感表达

惜别、相思、漂泊离家、热爱自然、思念亲友……

专业术语

"用了……的表现手法……"写出了"……"写出了"……"表达了作者……的思想感情/理想/追求/情操。

第六章　仕途失意

链接高考——诗词鉴赏

送子由使契丹

苏　轼

云海相望寄此身，那因远适更沾巾。
不辞驿骑凌风雪，要使天骄识凤麟。
沙漠回看清禁月①，湖山应梦武林春②。
单于若问君家世，莫道中朝第一人③。

注释：①清禁：皇宫。苏辙时任翰林学士，常出入宫禁。②武林：杭州的别称。苏轼时知杭州。③唐代李揆被皇帝誉为"门第、人物、文学皆当世第一"。后来入吐蕃会盟，酋长问他："闻唐有第一人李揆，公是否？"李揆怕被扣留，骗他说："彼李揆，安肯来邪？"

问：本诗首联表现了诗人什么样的性格？请加以分析。

【分析点拨】

从这道题的设置方式来看，问的是首联表现了诗人什么样的性格，实际考查的是鉴赏诗歌的人物形象。对于这类题，我们需要抓住首联的词语，揣摩意象之下情感的底色，细加分析就好。阅读定位的句子，我们不难发现，"云海"这个词，充分说明了两人的处境，"相望"这个词则说明了彼此之间的感情，从题目来看，苏辙即将出使契丹，"那

291

因"体现了诗人豪迈的胸怀。首联是全诗的基调,但做此题时,我们要站在全诗的角度去分析情感的走向。我们知道,苏轼一生屡遭贬谪,而苏辙也一样,受累不怨。兄弟之间经常分别,天各一方。这次一样,虽然分别,但还是会互相问候。关心对方,体现的是深厚的亲情,苏辙此去,乐观旷达的苏轼也不会轻易悲伤,而是嘱咐对方多多保重。答题注意语言要精练,要有层次感和逻辑感。

【参考答案】

表现了诗人旷达的性格。苏轼兄弟情谊深重,但诗人远在杭州,与在京城的苏辙已是天各一方。这次虽是远别,诗人表示也不会作儿女之态,悲伤落泪。

【适合话题】

直面挫折、豁达、品格气节、壮志难酬……

浪漫主义大师——李白

一、人物档案

姓名：李白　　　　　　　生卒年：701—762年

别号：青莲居士　　　　　职业：诗人

性别：男

祖籍：陇西成纪（今甘肃静宁）

诗词派别：浪漫诗派

所处时代：唐朝

代表作品：《行路难》《蜀道难》《将进酒》《静夜思》《梦游天姥吟留别》等

主要成就：李白是我国文学史上继屈原之后的又一伟大的浪漫主义诗人。其诗风格意境深远，清新飘逸，浪漫惊奇。笔法多端，变幻莫测，具有摇曳多姿的神奇境界，深刻影响了后代的诗坛文风。

二、人物小传

如果说唐朝最出名的诗人，那么李白肯定名列第一。其作品数量之多，流传之广，堪称一绝。

余光中在《寻李白》中评价李白是：酒入豪肠，七分酿成了月光，剩下的三分啸成剑气，绣口一吐，就半个盛唐。足见李白的影响力。

那么李白一生有怎样的故事？请让我们拨开层层迷雾，还原李白传奇的一生。

李白的出生就非同一般，《唐才子传》说："母梦长庚星而诞，因以命之。"他母亲梦见启明星，因此生下了李白。公元701年，他出生于碎叶城（今属吉尔吉斯共和国）。不要以为他是外国人，因为碎叶城当时也是大唐管辖的地域。根据流传的文字，李白自称祖籍陇西成纪（今甘肃静宁），其先祖为西凉武昭王李嵩的后代。父亲李客，客不是其名，是暂居之意。史料记载，李白父亲是丝绸之路上做生意的商人，而且获得了巨大成功。李白在家族兄弟中，排行十二。他在青年时游历了全国众多地方，可以看出来，他经济上挺宽裕，是妥妥的富二代。

公元705年，李白4岁，跟随父亲从西域沿岷江而下，迁往绵州（今四川绵阳），在四川读书求学，接受启蒙教育，公元710年开始涉猎诸子百家史集。

在蜀地度过了少年时光，18岁的李白从绵州出发，前往梓州郪县长平山（今四川三台）拜著名的隐士赵蕤为老师，开始学习剑术、道术、纵横术等。

少年时代的李白是快乐的，他有着良好的家境，因此得以随性习武修文，炼丹学道，甚至喝酒使横，不用背负生活的艰辛。

第六章 仕途失意

做生意不是长久之计，学而优则仕，家族更希望李白能够出人头地，可在唐朝，商人子女是没有资格参加朝廷举办的科举考试的。好在做官的道路不止一条，除了科举，还可以恩荫，受推举做官，但这都需要权贵推荐，也就是我们常说的关系和人脉。

李白能够选择的，就是找人推荐自己。

公元720年，李白19岁，年轻气盛的他，游历了成都，准备前往渝州拜访文坛前辈，时任刺史的李邕。李白听说李邕喜爱结交天下文才，于是精选了自己的佳作呈上，以期佳音，没想到一连等了十几天，音信全无。他估计是自己的作品李刺史没有看到，于是再次送上作品，这次有了反馈。刺史府邸的一名小吏，对李白说，李大人没有看上，你请回吧。

没看上？不可能。李邕喜欢辞赋，对诗词一类的不感冒，李白写得虽然很好，但呈送给大人看的恰恰是他写的民间歌谣。当李邕看到《巴女词》：

巴水急如箭，巴船去若飞；
十月三千里，郎行几岁归？

觉得都是些俗人之曲，兴致索然，就随手丢在一边。

等到李白再次呈送，他才想起这件事，便差人前去回话。还特别强调，要是此人不肯走，就给他一些盘缠打发走人。

给李白递话的下人叫宇文，此人很欣赏李白的文采，虽是打发，但他也热情接待了李白，非常委婉地劝勉李白，并赠送了一些纪念品。对于来人的礼节，李白很感动，专门写了一首赠诗：

桃竹书筒绮绣文，良工巧妙称绝群。
灵心园映三江月，彩质叠成五色云。
中藏宝诀峨眉去，千里提携长忆君。

这是李白的第二次碰壁，第一次是益州长史苏颋的手下因商人之子的身份而轻视他。

此次又不入李邕法眼，接连两次的遭遇让李白愤愤不平，遂提笔一首《上李邕》：

大鹏一日同风起，扶摇直上九万里。
假令风歇时下来，犹能簸却沧溟水。
……

对于李白来说，一两次碰壁没有什么，现在自己还年轻，他想自己肯定还有些不足。除了需要在学习上努力之外，自己一定要游遍名山大川，拜访权贵名士。只要自己肯花时间，心怀虔诚，过个几年，不愁遇不到伯乐，到时候建功立业也就指日可待了。

第六章　仕途失意

抱着这种想法，李白从公元 724 年开始，开启了全国的游历之路。他辞别亲人，带上龙泉宝剑，骑着银鞍骏马从青莲乡出发，沿着前往成都的路前行。在峨眉山，他结识了名叫怀一的得道高僧，此人是陈子昂的故人，两人交谈甚欢，切磋诗文，对方把陈子昂的诗集送给李白，希望他能继承发扬。李白感慨万分，在此地写下了《峨眉山月歌》：

峨眉山月半轮秋，影入平羌江水流。
夜发清溪向三峡，思君不见下渝州。

居住到当年秋天，他才坐船沿着平羌江东下，路过嘉州到渝州（今重庆），临近冬季，他又去了巴南、巴中。

开元十三年（725）的春天，李白和新认识的朋友吴指南，一道游历了三峡、巴东。这期间写下了《自巴东舟行经瞿塘峡登巫山最高峰晚还题壁》《宿巫山下》。接着他们先后游历了荆州、江陵、鄂州、江夏等名胜古迹，写下了《渡荆门送别》《荆州歌》《大鹏赋》《江夏行》等优秀作品。

公元 725 年，李白到达了浔阳（今江西九江），又造访了景色宜人的庐山。创作了《望庐山瀑布二首》《望庐山五老峰》等作品，接着他马不停蹄，到了天门山（安徽省当涂县与和县之间的山），并留下诗作《望天门山》。

随后，他来到了六朝古都——金陵。

李白打算去拜访当地名流，毕竟这才是正事。于是，在整理好了自己一路上写的诗文后,他就出了门。在路上,他听闻皇帝要举行封禅大典,各州府的人都要去,想到这是个好机会,就到处拜访想找门路。哪知道人家忙着大典,根本无暇顾及他们这些文人。

就这样,在金陵的石头城上,李白很郁闷。但几天之后,他就想开了,没什么大不了的。既来之,则安之。很快,他就凭借自己的才能和豪气闻名金陵城。

本来以为封禅事完了以后就可以结识贵人,没想到李白的运气确实不好。忙完之后,官员们又忙于庆祝。在坐了几天冷板凳之后,李白又混迹于市井,呼朋唤友,纾解自己的心情。

李白家境优越,出来游历带了很多钱,但他仗义疏财,又喜欢接济落魄文人,因此很快便囊空如洗。加上对当地气候不太适应,他不幸生了一场大病。众多酒肉朋友见他没钱,纷纷离开,只有一个称作孟少府的朋友看望接济他,帮他请医生、抓药。这样折腾一番后,李白的病终于有了起色。

病愈后,已是中秋,想起自己漂泊两年,一事无成,离家万里,李白不由得思乡之情顿起,写下了《静夜思》:

床前明月光,疑是地上霜。

举头望明月,低头思故乡。

下一步怎么走,李白很困惑,孟少府给他指了一条路:找大户人家入赘。如果运作得好,也能入朝为官。

第六章　仕途失意

李白一听，话糙理不糙，可以。

世上无难事，只怕有心人。经过细心打听，孟少府发现，距离扬州不远的安州，有一户姓许的名门望族，曾祖许绍和唐高祖是同窗，祖父许圉师曾经官至宰相，父亲许梓芝也担任过员外郎，退休后在家颐养天年，膝下一女，年龄已满25岁，却还没有成家。许员外四处托人说媒，但没成功，最后对外布告，愿意降低要求，招贤才入赘。

孟少府马上把这个消息告诉快30岁的李白。李白想到自己离川几年，两袖清风，毫无建树，决定不管情况如何，前去看看也好。在去安州的路上，他特意去拜访了诗人孟浩然，两人相互有所耳闻，见面后促膝谈心，聊得如同兄弟一般，李白也把入赘一事说给了孟浩然听。孟浩然说："许员外藏书颇多，为人不错。你入赘，一有安身之所，二可凭借人脉走举荐之路。"

于是，李白决心前去。在路上又遇到了故人元丹丘，他邀请李白到自己暂住的安州都督马公家做客。就这样，李白通过孟少府和马都督的帮衬，成功入赘许家。

许姑娘为人贤惠，员外为人实在，李白的生活开始安定起来。但李白没有想到，许家有个堂哥许大郎，早就对叔父的财产起了占有之心，想到妹妹嫁人，自己就能独吞，没想到来了个李白，于是处处使绊。

岳父最先推荐李白参加安州名流见面会，本想着女婿能够被人赏识，哪知道李白被人穿了小鞋，加上李白纵酒，有天惊吓了长史大人李京的车，被逼道歉并写了道歉书，于是推荐李白的事就黄了。

后来，来了新领导裴长史，急功近利的李白依然没有成功。

在这种情况下，岳父就写了一封亲笔信，让李白带着，前往长安，找曾经的门生故吏，看有没有机会可以推荐出仕。

开元十八年（730），29岁的李白从安陆出发，跋涉了一个多月，终于在夏初到达长安。

他见的第一个人便是时任光禄卿的许辅乾，按辈分算起来，他是许员外的亲侄儿，不过年纪比李白大。虽然他主管百官朝会膳食等事情，但推荐人才不合适。

于是他叫李白先住下来，过一段时间再看看。李白于是在长安又游玩了一番，先后创作了《凤凰曲》《凤台曲》《秦女休行》等作品。结果还是遭遇了挫折，尽管许辅乾忙里忙外，但没人把李白当回事儿。

过了一阵子，许辅乾帮他分析了目前的情况，给李白说，可以结交张说父子试试。张说时任开元宰相，病重不方便接见，他让李白找其子，时任李唐驸马，得到玄宗关爱的张垍。有了光禄卿引荐和父亲带话，张垍对李白很客气，但他并不想真心实意地帮李白。送走了李白，他又读了一遍李白的作品，觉得此人不可轻视，如果一旦在朝廷扎根，肯定是自己的头号劲敌，因而心生一计，让李白自愿离开长安。

几天后张垍找到李白，对他说，现在皇帝有个亲妹妹叫玉真公主，崇尚道教，在终南山有处别馆，时不时地会在那里住上一阵。公主本人也喜欢交流诗文，如果得到公主的推荐，定会前途大好。

李白对张垍自然不会起多疑之心，觉得说得在理，就听从建议，前往终南山。他兴高采烈地到了目的地，却从一户老汉的嘴里得知，玉真公主只是在别馆修成时来过，以后几年都没有来了。

第六章 仕途失意

郁闷不已的李白只好寄居在山里田姓老汉家里。他想，玉真公主万一会来呢，我既然来了，这段时间就好好玩玩。于是他在山上读书、写字，到处看看，饮酒、写诗。时间很快，半个月过去了，也没有人来。他不甘心，又写了《玉真公主别馆苦雨赠卫尉张卿二首》，在诗里他借《南史》里刘穆之的故事，把张垍好好讽刺了一下，这算是彻底撕破脸了。

9月份，李白终于绝望了，身无分文，只好把身上的裘衣做了抵押，换了点钱，付清了田老汉家的饭钱，转身回到了长安。

回长安的时候，他认识了慷慨解囊的陆调，两人都是渴求功名之人，不同之处在于，陆调有位富商叔父。在听说李白穷困潦倒，想要卖马时，给了他一些盘缠，并推荐李白去邠州（今陕西彬州），当地的长史李粲和其叔父关系较好，关键是和李白都是李家人。

于是，当年秋，李白去了邠州，拜访了李粲。对方的确好客，对他好生招待一番，但举荐的事情，似乎没有任何机会。于是，他写了一封信，寄上了自己的作品。

幽歌行上新平长史兄粲

幽谷稍稍振庭柯，泾水浩浩扬湍波。
哀鸿酸嘶暮声急，愁云苍惨寒气多。
忆昨去家此为客，荷花初红柳条碧。
中宵出饮三百杯，明朝归揖二千石。
宁知流寓变光辉，胡霜萧飒绕客衣。

> 寒灰寂寞凭谁暖，落叶飘扬何处归。
> 吾兄行乐穷曛旭，满堂有美颜如玉。
> 赵女长歌入彩云，燕姬醉舞娇红烛。
> 狐裘兽炭酌流霞，壮士悲吟宁见嗟。
> 前荣后枯相翻覆，何惜余光及棣华。

结果这诗让李粲很不满意，我家富裕就一定要帮你？你一天还要管我"凭谁暖""何处归"？

他本想直接打发李白走，但又觉得这样有损自己的名声，于是转手将李白推荐给了坊州司马王嵩，听说他需要陪酒作诗的人。

这样，李白来到了王嵩处，对方也是热情接待。李白和众人一起登高饮酒时，又想要对方举荐自己，于是写了几句诗。王司马以为李白需要钱，就给了他。这让李白有些难堪，自己是渴望被举荐，这钱不要不太好，要了也有些不好意思。

他写了一首《留别王司马嵩》，诗中说他渴望遇到伯乐。既然如此，自己也只好离开了。

公元731年春天，李白再次回到了长安。写下了《春归终南山松龛旧隐》，因为灰心丧气，处处碰壁，此时的李白已经陷入颓废，整天与长安的少年混在一起，斗鸡、饮酒、赌博，交往了所谓的"五陵豪"，甚至还闹出了不愉快。因为参与打架斗殴，震惊了长安的司法机关。陆调听说此事，出手相救，这才救了他一命。来长安几次，都屡屡不顺，李白觉得这不是福地，他打定主意离开长安。想起自己这些年的遭遇，他有感而发，写下了《行路难》三首。

听说李白要走，陆调前来送行，并介绍了同样暂居长安，打算去巴蜀之地漫游的王炎。王炎询问李白蜀地的风景如何，酒酣后，李白联想到自己的求荐之路，如过蜀地一样艰难，有感而发，挥笔写下了《蜀道难》：

> 噫吁嚱，危乎高哉！
> 蜀道之难，难于上青天！
> 蚕丛及鱼凫，开国何茫然！
> 尔来四万八千岁，不与秦塞通人烟。
> ……

开元十九年（731），李白离开长安，途经开封到达宋城（今河南商丘），游览梁园。此时的梁园已破败不堪，荒凉异常。联想到历史上众多的名人如过眼云烟，而自己曾经的豪言"何王公大人之门，不可以弹长剑乎？"希望也落空，不禁感伤起来。但转念一想，自己才30出头，应该还有机会。

遂动笔写下了《梁园吟》：

> 我浮黄河去京阙，挂席欲进波连山。
> 天长水阔厌远涉，访古始及平台间。
> 平台为客忧思多，对酒遂作梁园歌。

却忆蓬池阮公咏，因吟"渌水扬洪波"。
....

  秋天，李白又游历了嵩山，拜访了以前的故交好友元丹丘，欣赏了龙门大佛后，便直下东都洛阳。在当地酒楼，李白结交了元演和崔成甫，还认识了一位富家子弟。此人对李白很仰慕，多次拿钱请李白吃饭潇洒，李白因此而留下"黄金白璧买歌笑，一醉累月轻王侯"的诗句。

  在外游历三年多，李白特别思念家乡，写下了《春夜洛城闻笛》。当年冬天，他返回安陆，发现一切都已物是人非，自己的岳父许员外已去世，老婆许氏忧伤成病，堂哥许大郎胡作非为，想要霸占家产。惹不起，躲得起，李白不想因为这些事吵架打官司，于是带着妻子和一些物品，以及贴身奴仆丹砂和碧桃，迁移到县西的白兆山。搬到了山清水秀的白兆山下，没有俗事的干扰，李白一家生活安定。

  第二年，许氏生下女儿平阳。成为父亲，就意味着责任。李白想到自己没有什么出息，不免有些伤感。

  有一天，李白和卢子顺闲聊，得到了荆州大都督府长史韩朝宗推贤进士的消息，于是动了心。他来到襄阳，找到孟浩然，把想法说了。孟浩然说韩朝宗有个宴席，让李白代他去。宴席上，因为李白只是作揖，不愿意下跪被左右执事叱问。好在韩长史宽宏大量，没有追究。下来后，李白递送了一首《与韩荆州书》，结果，因为狂妄的措辞，错失了机会。里面写得很多，其中一句"君侯何惜阶前盈尺之地，不使白扬眉吐气，激昂青云耶？"翻译过来就是：你为什么很吝惜庭阶前

第六章　仕途失意

一尺见方的地方，不让我李白青云直上呢？这自荐书，咄咄逼人。连孟浩然知道后，也对李白无语。

李白得到消息后，只是苦笑。这样，无路可选的李白只好再次回到家里。

在家里待了一段时间后，李白觉得无聊，恰好朋友元演邀请他一起游太原。有朋友盛情邀请和出钱，李白很快答应北上。

元演父亲时任太原府尹，所以他和李白，经洛阳，过泽州、滁州到太原。两人一起游历了名胜古迹，有公子哥提供吃穿住行，李白得以随心所欲。一直到第二年的秋天，李白才告别，带上府尹大人赠送的狐裘和"五花马"高兴地离开。随后。李白在洛阳遇到了元丹丘，两人结队，去了颍阳。中途岑勋也加了进来，三人过得好不自在。李白兴致不错，写下了名篇《将进酒》：

> 君不见黄河之水天上来，奔流到海不复回。
> 君不见高堂明镜悲白发，朝如青丝暮成雪。
> 人生得意须尽欢，莫使金樽空对月。
> 天生我材必有用，千金散尽还复来。
> …………

等李白回家时，女儿已经3岁了。

公元738年，李白的儿子伯禽出生了，此时的李白已经37岁。两个孩子的父亲，妻子的丈夫，到现在还没有事业，李白羞愧，决定前往江淮，不信找不到赏识自己的人。

李白在外面晃荡了一圈，又两手空空，毫无所获，回到家中，妻子许氏病重，不久就撒手西去。没有了妻子的牵挂，安陆没有什么值得留恋的，于是李白带着儿女前往山东，准备投靠远方的叔父。

为了生活安定，抚养子女，李白在朋友的介绍撮合下，和一位刘姓寡妇生活在一起。李白运气不好，刘寡妇是典型的市侩女子，本以为李白是写诗的，很有钱。哪承想嫁过去才知道，李白穷得叮当响，于是埋怨和讥讽就成了家常便饭，她整天对李白横挑鼻子竖挑眼。李白对其评价不好，在《雪谗诗赠友人》中写道：

> 彼妇人之猖狂，不如鹊之强强。
> 彼妇人之淫昏，不如鹑之奔奔。

简直不可理喻。

公元742年，李白等到了机会，唐玄宗诏令天下道士会集京师，随玉真公主出行。元丹丘借此机会，将李白的诗文呈送给玉真公主。

公主很喜欢，唐玄宗看到也赞不绝口，于是一纸诏书飞向李白。

拿到诏书，李白激动不已，马上收拾行囊出发。临别时，写下了《南陵别儿童入京》：

> 白酒新熟山中归，黄鸡啄黍秋正肥。
> 呼童烹鸡酌白酒，儿女嬉笑牵人衣。

第六章 仕途失意

高歌取醉欲自慰，起舞落日争光辉。
游说万乘苦不早，着鞭跨马涉远道。
会稽愚妇轻买臣，余亦辞家西入秦。
仰天大笑出门去，我辈岂是蓬蒿人！

虽然从山东到长安有两千多里，但李白仅用十多天就赶到了。足见高兴至极。

过了几天，召李白进宫的旨意就传了下来，要求李白在金銮殿面圣。玄宗皇帝很重视，为了表示尊重，皇帝本人还降辇步迎，也就是步行来到李白近前，随之他又伸手虚扶了一下。皇帝赐给李白七宝床坐，还亲自调羹侍奉他用餐。还说，李老师的名声朕早有耳闻，如果不是朕积德，怎么能幸运地见到你。

李白感动不已，两人边吃边聊，感觉很投机。饭后，玄宗皇帝宣布了决定，任命李白为翰林待诏。每天的工作就是帮皇帝写个讲话稿和诗稿之类，或者是情诗。

天宝二年（743）春天，玄宗皇帝在宫中娱乐，李白奉诏创作了《宫中行乐词》。赐宫锦袍，暮春时节，兴庆池的牡丹花盛开，皇帝和贵妃杨玉环一起赏花，李白又根据要求，创作了《清平调》三首：

其一

云想衣裳花想容，春风拂槛露华浓。
若非群玉山头见，会向瑶台月下逢。

其二

一枝红艳露凝香,云雨巫山枉断肠。

借问汉宫谁得似,可怜飞燕倚新妆。

其三

名花倾国两相欢,长得君王带笑看。

解释春风无限恨,沉香亭北倚阑干。

外国使者带国书来拜访,宫中没人能看明白,玄宗皇帝想到李白,李白一看,容易,不仅当众翻译出来,还自告奋勇写了一封国书。

这样干了一段时间后,李白开始无比厌倦困乏单调的生活,不仅失去自由,而且要被频繁差遣。于是他开始纵酒,和一些诗人娱乐。皇帝喊他,他也不想去,接到创作诏令后,还曾经在醉酒中让高力士给他脱靴,再加上才高遭到宫中人的谗言诋毁,他越来越觉得工作没有激情。

从此以后,他就很少奉诏写词了。

天宝三年(744)春,李白在纠结了一番后,决定上书皇帝,请求"还山"。玄宗皇帝没有阻拦,当天就恩准,还赏赐了李白一些金银。

李白拿着皇帝赐予的手敕,十分感慨,想起了历史上和他一样经历的宋玉,动笔写下了《宋玉事楚王》。

现在终于重获自由了,李白马上准备回家,在洛阳,他遇到了忧国忧民的诗人杜甫。当时,李白名气很大,已经闻名全国,而杜甫此时恰好接近而立之年,困守洛城。两人亲切交谈,结下了深厚的友谊。

第六章 仕途失意

　　同行一段时间后，他们又结识了高适，三人兴趣相投，理想相同，一起交流诗文，点评时政，过得很是畅快。

　　在梁园居住的高适经常邀请大家一起喝酒畅饮，吃好喝好之后，高适又提议，邀请大家一起去梁园孟诸大泽中打猎。众人当即赞成，在猎场玩得很开心。

　　天宝三年秋，李白到了齐州（今山东省济南市）紫极宫会面了著名的道士高天师。对道教一直向往的他终于在济南郡紫极宫受道箓，正式成为道士。多年来，他发现道教的理念和自己的想法不谋而合。入了道教，自己就可以忘却尘世间的烦恼。

　　回到东鲁，李白用剩下的钱，建造了酒楼和丹房。酒楼是为了聚饮，丹房则是为了追求所谓的成仙。

　　做了这两件事之后他两手空空。刘氏本以为李白回来肯定是不缺钱，至少也应该是高头大马，载着金银珠宝，风光归来，哪知道李白依旧穷得叮当响，刘氏觉得日子看不到未来，便要求离婚。

　　李白遂了她的愿。

　　分手后，李白又处了另一个女子"鲁妇人"，不久生下了儿子颇黎。对于"鲁妇人"这位女子，历史上没有留下她的名字。李白天生不喜欢受拘束，自己曾经豪情万丈，如今回来却异常平淡，他心里还是有些不平的，对于这个女子也就有些辜负。在家里生活了一年后，公元746年，已经45岁的李白不顾家人和亲友的劝告，决定再次出行。他准备前往越中，去看看贺知章曾经给他说过的天台山、天姥山。晚上，他就做了一个关于山水的梦，写出了《梦游天姥吟留别》：

> 海客谈瀛洲，烟涛微茫信难求；越人语天姥，云霞明灭或可睹。天姥连天向天横，势拔五岳掩赤城。
> ……

公元750年，李白再次来到梁园，几年前他在这里写下《梁园吟》，而现在已经时过境迁。在感慨的同时，他偶遇了武后朝宰相宗楚客的孙女，两人很是投缘，很快就生活在了一起。宗楚客曾经家世显赫，贵为宰相，后因受韦后之乱牵连被问斩，家道从此中落。

这个时候的李白，已经近50岁，但宗姑娘爱慕诗人的才华，不在乎年龄，两人也算是某种程度上的"同是天涯沦落人"。

半个月后，李白收到朋友的一封信，信中邀请李白前往幽州，建功立业。李白躁动的心思又起，但这个想法一说出来，就遭到了妻子的严厉反对。宗姑娘深知政治斗争的残酷性，她认为，李白前去必定是危险重重，她只想和李白一起好好生活过日子，不希望他冒险。讲到情深处，她泪如雨下："你我夫妻新婚宴尔，琴瑟和谐，实在不忍就此分别，况且你这一去凶多吉少！"

但李白总觉得这是个好机会，如果失去了那就会后悔终生。于是，他不顾宗姑娘的苦苦哀求，毅然前往幽州。

李白到达幽州后，努力练习骑射，以求能够在战场上大展拳脚。一天，李白正在研究军事地图，一名叫崔度的下级军官找他，此人正是李白好友崔宗的爱子。十年前两人便熟识，崔度告诉李白，安禄山是个骗子，边境冲突都是他一手挑起来的。且此人一直在暗中招兵买马，

第六章 仕途失意

肯定会夺权叛乱。

李白听后大汗淋漓,惶恐不安。发觉此地所谓的机会就是烫手山芋。后来,妻子宗氏病重,李白借此理由,赶紧跑路。

回到家,虽然妻子面露病容,但好在身体似乎没有多大问题。休息不久之后,李白又想去朝廷报告安禄山起兵谋反的消息,但宗氏觉得老公太天真,陈述利害,才让李白平静下来。

三年后,安禄山率军队长驱直入,潼关被攻破,长安随之被占领。

李白眼看局势危急,赶紧带领宗姑娘躲开。一家人历经河南、安徽、江苏等地,最终定居在庐山。

天宝十五年(756)7月,唐玄宗在逃跑途中,颁布"分置制诏"。

这一年,永王也拉起部队,抵抗叛乱,准备一举收复失地。为了壮大声势,他也广招人才,派人前后三次邀请李白。李白很想去,但宗姑娘不准。

她说不要去蹚浑水,很危险。但李白认为人不能没有理想,万一实现了呢?建功立业的好机会就在眼前,自己实在不忍心放弃。永王特地派出了韦子春诚意邀请。几经考虑之下,李白决定加入幕府,写下了《赠韦秘书子春》。

至德二年(757)正月,李白不顾妻子的劝诫,起身去了永王根据地。

他认为自己一定能施展才华。

来到部队第一天,他就写了很多激励士气的诗词。比如《永王东巡歌》十首,在诗词中,他称永王是"天子遥分龙虎旗"。

但李白没有想到,这支部队到长安去,可不仅仅是收复失地,还想抢夺皇帝宝座。李白在永王军营工作，2月份永王兵败，李白逃走，跑到浔阳时被捕入狱，写下了《在浔阳非所寄内》。李白获罪后，宗姑娘为了营救命悬一线的老公，马不停蹄地到处求人，甚至不惜变卖家产。因为郭子仪的担保，李白才得以免除死罪，被流放到夜郎（今贵州关岭县），后来遇赦，此时他已经59岁。

本以为李白会就此消停，不，他还要折腾。在前往夜郎的途中，听到朝廷大赦，他又充满了活力。

公元761年，李白准备投奔李光弼的军队，谋求建功立业。当然，想法很美好，现实很骨感。他没有成功，并且还生了场大病。

万般无奈之下，他只好前往当涂，去投靠自己的族叔李阳冰。

公元762年，李白去世。关于李白的死因有三个版本。其一便是喝酒醉死。出处是《旧唐书》，里面记录李白是"以饮酒过度，醉死于宣城"。其二是病死。来源于专家考证，说时年61岁的李白，前往前线主动请缨杀敌，希望挽救国家危亡，中途返回，病死在当涂县。其三是溺死。这种说法来源于民间传说，说是李白因为喝酒过度，醉得不省人事，结果恍惚之间，跳入水中，捉月而死。

一代诗仙，就此落幕。

李白写了很多诗，但大多数已经遗失。剩下的一部分经过族人编撰收集，得以流传后世。

李白的一生波澜壮阔，最让我佩服的，除了才华，还有勇往直前的坚定执着。

第六章　仕途失意

同类诗人

崔颢、祖咏、高适、岑参等

意象小锦囊

1. 松柏：孔子在《论语·子罕第九》中说："岁寒，然后知松柏之后凋也。"松柏象征着刚毅不屈的人格。诗人白玉蟾在《秋宵辞》中有："眇哉青松梢，高高九千尺。"所以松柏又有长寿的含义。白居易在《井底引银瓶》中有："知君断肠共君语，君指南山松柏树。"因而松柏寓意生死。墓地常种植松柏。

2. 红叶：唐代诗人许浑在《秋日赴阙题潼关驿楼》中有："红叶晚萧萧，长亭酒一瓢。残云归太华，疏雨过中条。"红叶寓意愁思。张孝祥在《满江红》中有："红叶题诗谁与寄,青楼薄幸空遗迹。"红叶作诗题，有传情之意。张伦在《踏莎行·秋入云山》中有："丹枫万叶碧云边，黄花千点幽岩下。"因此红叶有舒心逍遥之意。

3. 孤城：唐朝诗人王之涣《凉州词》中有："黄河远上白云间，一片孤城万仞山。"孤城象征着诗人无处倾吐的愁绪。王安石在《孤城》中有："孤城回望距几何，记得好处常经过。"范仲淹在《渔家傲·秋思》中有："千嶂里，长烟落日孤城闭。"孤城又可以指代军事要塞或者不利的战争局势。

4. 春山：清朝陆以湉在《冷庐杂识·潘太守诗》中有："莫待潇湘芳草绿，春山处处子规声。"春山即是春色中的山峰，比喻情谊。唐代诗人李商隐在《代董秀才却扇》中有："莫将画扇出帷来，遮掩春山滞上才。"因此春山又指妇人好看的眉毛，代指女人。

5. 杜鹃：又叫子规、断肠鸟。因为叫声凄厉，故引人乡思。李洞在《闻杜鹃》中有："万古潇湘波上云，化为流血杜鹃身。长疑啄破青山色，只恐啼穿白日轮。"杜鹃是愁苦、凄惨的象征。苏轼在《西江月》中有："解鞍欹枕绿杨桥，杜宇一声春晓。"杜鹃又可以指伤春惜春之意。

6. 桃源：晏殊在《红窗听》中有："淡云轻霭知多少，隔桃源无处。"桃源可以指爱情。现在有世外桃源之说，故桃源可以指理想的田园生活，环境优美的地方。李存勖在《如梦令·曾宴桃源深洞》中有："曾宴桃源深洞，一曲舞鸾歌凤。"桃源指娱乐的场所。诗人刘长卿在《寻张逸人山居》中有："危石才通鸟道，空山更有人家。桃源定在深处，涧水浮来落花。"桃源在这里指隐士或者道人修身的地方。

7. 采薇、式薇：诗人谢灵运在《苦寒行》中有："悲矣采薇唱。苦哉有余酸。"采薇指远行的苦闷。《诗经·小雅·采薇》中有："采薇采薇，薇亦作止。曰归曰归，岁亦莫止。"因此采薇指困苦的生活。现在采薇多指隐居的生活。《诗经·国风·邶风》中有："式微，式微！胡不归？微君之故，胡为乎中露！"式薇引申为归隐的意象。

情感表达

赞美河山、憎恶黑暗、隐逸、厌倦官场、惆怅……

专业术语

坦陈心志的告白，被贬后的郁闷和孤苦，空有一腔抱负无用武之地，渴望得到解脱……

第六章　仕途失意

链接高考——诗词鉴赏

寄东鲁二稚子[①]

李　白

吴地桑叶绿，吴蚕已三眠。我家寄东鲁，谁种龟阴[②]田。
春事已不及，江行复茫然。南风吹归心，飞堕酒楼前。
楼东一株桃，枝叶拂青烟。此树我所种，别来向三年。
桃今与楼齐，我行尚未旋。娇女字平阳，折花倚桃边。
折花不见我，泪下如流泉。小儿名伯禽，与姊亦齐肩。
双行桃树下，抚背复谁怜。念此失次第，肝肠日忧煎。
裂素写远意，因之汶阳川。

注释：①这首诗作于金陵。②龟阴：地名，与后文的"汶阳川"都在鲁地。

问：这首诗多处写到桃树。请分析桃树在诗中的意义与作用。

【分析点拨】

这道题问的是桃树的作用和意义，那么首先，我们要把诗歌中桃树出现的句子找出来，其次抓住句子中的内容，把握好沉淀的意象，最后，还要注意答出意义和作用。阅读这首诗，不难发现，句子给出了答案的关键点。"此树我所种，别来向三年"，点明了家的印记。"桃今与楼齐"，当初栽下的桃树，转眼已经和楼齐了，表明时间过得很快。

看见桃树，又睹物思人，想起自己的子女。这显然是触景生情。熟悉的画面在脑海里纷至沓来，令人感慨。注意分点数作答，要有层次感和逻辑感。

【参考答案】

1. 桃树是诗人当初亲手所种，是亲情和家的象征。

2. 桃树随着光阴的变化，不断长高，象征时间的流逝。

3. 看见桃树，睹物思人，诗人触景生情，由酒楼边的桃树想到桃树下的子女。

4. 桃树丰富了意境。酒楼的春景、娇女的流泪、纷至沓来的画面都包含桃树，形成回味无穷的意境。

【适合话题】

理想、抱负、情怀、追求自由、关心时政……

第七章

爱情闺怨

词国皇后——李清照

一、人物档案

姓名：李清照　　　　　　生卒年：1084—1155 年

别号：易安居士　　　　　职业：诗人、词人

性别：女

籍贯：济南章丘（今山东省济南章丘）

诗词派别：婉约派

所处时代：北宋—南宋

代表作品：《如梦令·昨夜雨疏风骤》《醉花阴》《声声慢》等

主要成就：婉约派代表人物，有"千古第一才女"之称。被誉为"词国皇后"，曾"词压江南，文盖塞北"。

二、人物小传

如梦令·昨夜雨疏风骤

昨夜雨疏风骤，浓睡不消残酒。

试问卷帘人，却道海棠依旧。

知否，知否？应是绿肥红瘦。

第七章 爱情闺怨

李清照写这首词的时候刚满 16 岁不久。

这首词作于宋哲宗元符三年（1100）的一天。那时候，刚满 16 岁不久的李清照从床上醒来，也许是昨晚上喝了很多的酒，因此，她尽管睡了一天，仍然全身疲乏，感觉头重脚轻。身边的丫鬟见小姐醒了，赶紧伺候她起床，顺便拉开窗帘。一道温暖的阳光倾泻进来，顿时，屋里豁亮了不少。

昨天下了一场暴雨，今天终于雨过天晴了。

小姐，要不要出去玩？

对了，我们院子里的海棠花情形如何？李清照想起院子里有一株海棠，自己一向十分喜欢。

丫鬟吐了一下舌头，揶揄道，海棠花还在，不用担心。

李清照说，走，咱们一起去看看，那海棠花是我很喜欢的，如果真要死掉就太可惜了。

说罢，她立马穿戴好，和丫鬟一起走到院落里。果然一语成谶，昨天绽放的海棠花已经被大雨狂风击打得体无完肤，鲜艳的花瓣被打落了下来，一片凌乱。

看到心爱的花成了这副模样，李清照感物伤怀，文思泉涌，回到闺房便提笔写了一首《如梦令》，写完之后又让丫鬟拿给著名的文人雅士点评。

结果，偶然写作的一首词，很快便火爆京城文化圈。

众人点赞，纷纷传唱，《尧山堂外纪》记载：当时文士莫不击节称好，未有能道之者。也就是说，李清照的诗相当于上了微博热搜，无数顶尖流量博主纷纷转发评论，整个京城汴梁文化圈都在讨论，李清照是谁？这首词清新隽永，功底深厚，肯定是大家。不是呢，我听说是一个16岁的少女写的，是不是真的？她怎么能写出这么好的词？到底是怎样的家境和才学？有空一定要认识认识。

冰冻三尺非一日之寒，水滴石穿非一日之功，成功是有原因的，这一切要从李清照的家世说起。

李清照虽是山东济南章丘人，但她们家不是做铁锅的，而是条件优越的书香世家，家里面最多的就是藏书。父亲叫李格非，是一位热爱文学、喜欢写词的人，他的名字大家不怎么熟悉，但是他的老师可谓是如雷贯耳，没错，就是那个顶尖吃货文坛大家苏东坡。

李清照就生活在这种文化氛围很浓厚的大家庭，潜移默化，她也爱上了读书写词，因为从小刻苦钻研，富有天赋，因此，年少便才华横溢。

父亲任职朝廷礼部员外郎后，因为工作的原因，一家人就从章丘搬到了都城汴梁。大城市经济文化繁荣，李清照因为一首词《如梦令》在首都文化界出名之后，不仅受到了广泛的赞扬，还获得了很多粉丝，也收获了自己的爱情。

有一位出身显赫的青年为李清照的才华所倾倒，想要与她建立更亲密的关系，于是便央求父亲为他求亲，这位青年就是朝廷三品大员赵挺之的三儿子——赵明诚。

赵明诚也是山东人，正所谓：老乡见老乡，两眼泪汪汪。两人父亲都在朝廷为官，两人也都年少成名，李清照在诗词界知名，而赵明

第七章　爱情闺怨

诚在收藏界颇有名气,因此两家可谓是门当户对。

那时候赵明诚刚好 21 岁,英俊潇洒,风流倜傥,并且成熟稳重,虽然是官二代,却没有一点傲慢之气。他平时的爱好也很健康,除了看书,就是研究古玩字画,甚至到了痴迷的地步,年轻的时候就立下志向:"宁愿饭蔬衣简,亦当穷遇方绝域,尽天下古文奇字。"吃差点没关系,一定要尽力收藏好的艺术品。

赵挺之答应了儿子的要求,约定了提亲的日期。

那天天气有些冷。

早上,李清照穿了一件薄薄的纱裙,便在院落里玩起了荡秋千,玩得全身汗水。这时丫鬟急匆匆跑来禀告,有客人来了,她心里有些疑惑,这么早怎么有人来拜访,也不提前说一声,看来秋千玩不成了。因为时间紧急,她还没有来得及穿好鞋子,就赶紧跑到一边躲起来。

她很快注意到,来了一位帅气青年,她的脚步马上迈不开了,于是在一边偷偷看他。

没错,这就是赵家人提亲的场景。

《点绛唇》就是李清照描写自己第一次见到赵明诚的词。

> 蹴罢秋千,起来慵整纤纤手。
> 露浓花瘦,薄汗轻衣透。
> 见客入来,袜刬金钗溜。
> 和羞走,倚门回首,却把青梅嗅。

赵明诚一进门就注意到一位姑娘闪过的身影。

这次来就是想看看李清照，虽然她躲在角落里，但赵明诚也猜出大半，这姑娘果然才貌出众，我喜欢。

两人互生好感，一见倾心，很快就成婚了。才子佳人，天造地设，般配的一对新人惹得大家赞叹连连。

结婚以后，两人也经常一起学习，一起讨论诗词，一起逛街购物，玩得不亦乐乎！

赵明诚喜欢古玩字画，有时候看到好的东西就想买，没带足够的钱就算是赊账典当也要买回去。对于丈夫的这种爱好，李清照从来不认为他不务正业，反而坚决支持，要多少钱就拿多少钱，只要老公喜欢就行，回去以后还帮老公整理物品。两人把日子过成了羡煞旁人的幸福生活。

遇到李清照喜欢的饰品，赵明诚也毫不吝啬。

一次，李清照逛街时看上了一只发簪，赵明诚二话不说直接购买，还要亲自戴在媳妇的头上。李清照打趣地问，花好看还是我好看？

赵明诚说，自然是媳妇好看。

一首《减字木兰花》的词就描写了他们打情骂俏的有趣画面。

卖花担上。买得一枝春欲放。

泪染轻匀。犹带彤霞晓露痕。

怕郎猜道。奴面不如花面好。

云鬓斜簪。徒要教郎比并看。

第七章 爱情闺怨

两人都出生于家境殷实的大家族,住的是独栋别墅,吃穿住行都有人伺候,两人相敬如宾,李清照前半生的日子过得那才叫一个舒心。

但是这种快乐甜蜜的生活并没有持续多久,公元1102年,宋徽宗开始变法,朝廷新旧两派势力争斗激烈。李清照的父亲因为与苏门学士交往非常频繁,加上反对变法,被朝廷列为奸党,直接发配蛮荒之地的广西。这个时候,公公赵挺之却作为变法的主要推动力量被任命为宰相,位高权重。直白点来说,两家的父亲成了政敌,弄得李清照很为难。

听说自己的父亲即将发配广西,李清照非常着急,马上给公公写信,希望他替自己的父亲求求情。此时的赵挺之权势滔天,然而因为党派之争,害怕连累到自己,他选择了袖手旁观。

这件事情让李清照很气愤,不止一次地表示寒心。

一波未平一波又起,朝廷又接着下了一道命令,要求官员不能与奸党家庭联姻,违规者,将全部逐出京城。

李清照在这种情况下,只好离开京城,回到了章丘老家。一直等到四年之后,朝廷大赦天下,党派之争逐渐松懈,她才有机会重返首都,和老公相聚。

但天有不测风云,人有旦夕祸福。

风水轮流转,时间才过了一年,公公赵挺之受政敌陷害,被清理出了公务员队伍,赵挺之一下子变成了孤家寡人,气急攻心,不久便郁郁而终。

赵家的几个儿子也相继被贬，遣返回老家。京城已经没有了落脚之处，李清照无奈之下只得和老公一起搬回了山东青州。这一年，李清照正好24岁。

两人在青州共同生活了十几年，因为没有了分离之苦，虽然生活差点，但能在一起也很满足了。他们将自己的房间收拾得一尘不染，并起了一个好听的名字——归来堂。李清照则根据陶渊明的《归去来兮辞》中的两句诗："倚南窗而寄傲，审容膝之易安"，给自己取了一个雅号：易安居士。

他们平时吃完饭，就做点小游戏娱乐一下生活，比如研究书中的典故，两人互猜，猜对了就喝茶。赵明诚虽然是太学生，但在知识储备上面还是比不过李清照，每次李清照都胜过他。或者就玩玩一种赌博的打马游戏，乐在其中。

其他的大部分时间就放在对金石字画的收集和整理上，在青州的时间，她协助丈夫完成了具有划时代意义的学术著作《金石录》。

而丈夫赵明诚则帮助妻子整理了中国文学史上的第一篇《词论》。没有官场的牵绊，他们得以全身心地收集各类名人字画，十几年下来，李清照家的十五间屋子里全部塞满了各种名贵的书画和拓片，相当于一个琳琅满目、藏品丰富的博物馆。

后来赵明诚接到了朝廷的任用通知，被任命为莱州知府。

得知自己再次为官，赵明诚很高兴，马上收拾东西前往。李清照也赶紧收拾东西，却被赵明诚劝住了，遇到事情不要慌。

怎么？我不能去？暂时不能，你想过没有，亲爱的，我们都去了，

第七章 爱情围怨

那么青州这么多文物怎么处理？如果我上任带这么多东西过去，群众看到了多不好，等我摸清了情况，再过来接你吧，现在你就在青州好好等待我的消息。

听丈夫这么一分析，李清照觉得有道理，就留下来守家。这赵明诚就像笼子里飞出的鸟，走后音信全无，急得李清照在家里满面愁容，哀婉不已，无时无刻不在思念丈夫，独守空房，写出了很多寂寞的诗篇。

如《醉花阴》：

> 薄雾浓云愁永昼，瑞脑销金兽。
> 佳节又重阳，玉枕纱厨，半夜凉初透。
> 东篱把酒黄昏后，有暗香盈袖。
> 莫道不销魂。
> 帘卷西风，人比黄花瘦。

她将这首词寄给了丈夫，赵明诚收到后，觉得媳妇的文采确实高，就不甘示弱，自己闭门不出三天，写出了五十首词，然后把媳妇的一首词夹在里面，请朋友看看自己的作品如何，好友陆德夫看了一遍说，这些诗词都一般，但我发现有几句很有味道。

哪个？赵明诚睁大眼睛。

> 莫道不销魂。帘卷西风，人比黄花瘦。

妙不可言。

果然媳妇厉害。

实际上这期间李清照写的很有名的词还有《一剪梅》：

> 红藕香残玉簟秋，轻解罗裳，独上兰舟。
> 云中谁寄锦书来？雁字回时，月满西楼。
> 花自飘零水自流，一种相思，两处闲愁。
> 此情无计可消除，才下眉头，却上心头。

李清照在家乡左等右等，没见丈夫的信息，有些坐不住了，女人的直觉告诉她，估计丈夫在外面有新欢了。为了一探究竟，她就派遣管家悄悄打听。不问不知道，一问吓一跳，原来赵明诚真在外面找了两个姑娘做小妾，金屋藏娇。

这让李清照大发雷霆，搞半天在外面生活滋润。面对李清照的撒泼，赵明诚一点也不急，直接说，你看你，我们在一起这么久了，也是二人世界，如果是别的男人早就把你踢了，我对你已经很能忍了。再说，宋朝哪个官员不纳妾，这都是普遍现象，即便是你喜欢的词人苏轼也不例外。此话直接点了李清照的死穴，她只得默认。

在等待老公消息的那段时间里，李清照为了缓解内心的忧愁，痴迷上了喝酒和赌钱。

其实，在少女时期她也喝酒，比如我们熟知的《如梦令》里面就有：昨夜雨疏风骤，浓睡不消残酒。可见她对酒是很熟悉的。结婚以后，为了维护自己在老公心中的形象，她很少喝酒。如今，一个人生活，日子清苦，喝酒的频率就变得越来越高，量也越来越大。

从她流传下来的关于喝酒的诗词中我们可以窥见一斑。在她流传下来的五十八首作品中，有接近三十首写到了喝酒，而且是喝得烂醉，醉得连回家的路都找不到。

按照醉酒的程度，我排了一个序。

《渔家傲》：莫辞醉，此花不与群花比（注：婚后咏梅自比，喝酒助兴）。

《醉花阴》：莫道不销魂，帘卷西风，人比黄花瘦（注：黄昏喝酒，孤芳自赏）。

《浣溪沙·莫许杯深琥珀浓》：瑞脑香消魂梦断，辟寒金小髻鬟松（注：微醉两回，大醉五回）。

《念奴娇·春情》：清露晨流，新桐初引，多少游春意！日高烟敛，更看今日晴未（注：酒喝得浅，所以抱怨才多）？

《诉衷情》：酒醒熏破春睡，梦断不成归（注：酒至半酣，聚少离多，无限相思，想念赵明诚）。

《如梦令》：昨夜雨疏风骤，浓睡不消残酒（注：喝得多，从下午睡到第二天中午）。

比如《如梦令》：

常记溪亭日暮，沉醉不知归路。

兴尽晚回舟，误入藕花深处。

争渡，争渡，惊起一滩鸥鹭。

后世在收录这首词的时候，认为呕吐不好，直接就换成了争渡！

但是这么一直喝下去也不是个事，毕竟，喝酒伤肝伤胃伤神经。于是，出于对疾病的担忧，李清照又爱上了赌博。不但爱赌，而且喜欢研究怎样赌赢，很有心得体会，逢赌很少输，自己还取了一个绰号，青州赌神。她将研究的成果写成了一本《打马图经》，里面写道：

予性喜博，凡所谓博者皆耽之，昼夜每忘寝食。但平生随多寡未尝不进者何？精而已。

翻译成现在的话就是，我就喜欢赌博，管它什么斗地主或者斗蛐蛐，所有与赌有关的游戏我都喜欢。赌起来也是夜以继日，不间断，而且很少输钱，因为技术到位。

后面又说了赌钱的诀窍：

夫博者无他，争先术耳，故专者能之。

翻译成白话文，玩赌博主要的技巧就是找到争先的办法而已，所以只有专心致志的人才能学得好。

第七章 爱情闺怨

赌博一旦沾上之后就很难戒掉，事实上也是如此，这个爱好，一直跟随了李清照的后半生，即便是后来赵明诚接她到了莱州，两人一起生活后，她也到赌场去，并乐此不疲。有一次李清照赌到大半夜才回来，为了怕吵醒沉睡的赵明诚，就悄悄地脱了衣服，钻进卧室。赵明诚朦胧之中看见一个人影进来，还以为是鬼，看清楚才发现是李清照，骂了她一顿。

公元1127年，金军长驱直入，展开强烈攻势，宋朝军队完败。金军俘获宋徽宗、宋钦宗两位皇帝及大量的妃嫔、官员和工匠。这件事历史上称为"靖康之耻"。继任的皇帝宋高宗带领官员向南逃窜。

当时形势紧急，莱州距离宋朝首都汴京很近，战火随时会蔓延过来。已经44岁的李清照急得像热锅上的蚂蚁，准备收拾东西跑到丈夫任职的南京。同一年，赵明诚的母亲在南京去世。

一个人去还是容易，可是家里的藏品如何处理成了一个让人头疼的问题。

赵明诚和李清照商量后，决定多批次转移家里的藏品。他先带一部分收藏品到江宁，老婆则返回去收拾整理珍贵的文物。因为东西实在是太多，于是只好舍弃一部分，就这样选来选去也装了满满的十五车。剩下的东西先暂时存放在十几间房子里，等形势缓解了再来拿。

金军动作很快，无恶不作，李清照带着这十五车的文物开始了提心吊胆的南下之路。沿途遇到一些盗贼猖獗的地方，还要绕道而行。就这样，历尽艰辛，前前后后走了十几个地方，虽然路途中丢失了一些珍贵的文物，但好歹终于抵达了江宁，两人总算松了一口气。不久，

329

就传来了家乡被金军洗劫一空的消息。

这一年7月,赵明诚被朝廷任命为江宁知府。但此时的江宁并不安定,城内人心惶惶,担心金军打过来。

赵明诚下属中有一个叫李谟的转运副使听到小道消息,说城内驻军要叛乱,马上报告赵明诚,希望能够解决,但赵明诚不擅长处理。恰逢此时,他又得到了调任湖州的命令,因此,他认为江宁与他的关系也不大了。到了大半夜,驻军果然叛变,好在李谟提前做了准备,予以镇压,城内局势得到平息。

当他给赵明诚禀告的时候,却没有找到人,后来听人说赵明诚独自一人跑了。

李清照此时的心情郁闷不已,如果是朝廷软弱,她可以指责,但面对丈夫的懦弱,她无可奈何。赵明诚的事情很快被朝廷知道了,他被革职查办。江宁待不下去了,他们又继续一路向南。

此时的南宋人心浮动,地方管理一片混乱,就在他们逃到安徽的时候,赵明诚接到了小朝廷的任命。出于对自己之前行为的弥补,赵明诚很积极地接受了任命,并打算到建康见宋高宗。

他走的时候对李清照说,一定要朝人多的地方走,如果形势危急,可以扔掉字画和书籍,但是珍贵的宗器不要离身。他叮嘱了几句就匆匆离开,没想到一分开就是永别。才过了一个多月,李清照就接到了赵明诚病重的消息。

好端端的人怎么就病重了?原来南京是火城,天气炎热,赵明诚心急火燎,旅途劳顿,很快就得了疟疾。为了让病快点好,他又吃了

第七章 爱情困怨

一些降火的药治疗，没想到病没有好，又得了痢疾。李清照赶到建康时，丈夫已经奄奄一息，很快就去世了。

真的是：山河破碎风飘絮，身世浮沉雨打萍。

一个孤独的女人在战乱、匪患出没的地方带着几十年的收藏物品行路，这自然成了众人眼中的肥肉。

何去何从呢？

她想起赵明诚有个妹夫在朝廷为官，听说正在江西洪州护送皇帝的母亲，就想把这些文物带到他那里保管，毕竟一个女人带着太危险。

可时运不济，金军很快追到江西，李清照手上的东西也在混乱中丢失了一部分。

随后又有赵明诚献玉壶进贡给金人的谣言，为了证明自己的清白，李清照决定把身边的青铜文物献给朝廷。这个时候，她自己的亲弟弟已经是宋高宗面前的安保官员。

为了将剩下的东西安全保存，她不得不带着东西追随高宗的逃跑的路线。公元1132年，已经48岁的李清照，奔波了三年多，最后才在临安，也就是今天的杭州安定下来。

老公去世，文物丧失大半，加上生了一场大病，多重打击之下，李清照万念俱灰。在她自觉凄惨的时候，一个男人乘虚而入，走进了她的生活，这个男人就是张汝舟。

一天，李清照在屋里转悠，一个男人走进来和她聊天。之所以接触李清照，是因为这个男人知道她就是收藏大家赵明诚的遗孀，身边肯定有很多值钱的东西，要是弄过来就可以发一笔横财了。但打打杀杀不是他的风格,三十六计,攻心为上。

于是聊了一段时间后发生了如下的对话。

张:去哪里啊?

李:回家。

张:然后呢?

李:做家务。

张:不做家务行不行?

李:不做你养我啊(转身就走)

张:嘿……

李:又怎么了?

张:我养你啊!

最不可靠的就是男人的嘴。

此时,赵明诚去世三年,李清照日子困苦。

张汝舟无微不至的关怀,让她的内心仿佛感受到了春天。

李清照以为找到了可以依靠的人,没想到,婚后对方完全变了一个人,由之前的唯唯诺诺变成了恶语相向,一言不合就诉诸暴力,露出了庐山真面目。他不仅偷卖李清照剩下的文物,还时常找碴儿。

李清照不是一个懦弱的人,她刚烈的性格一直没变,直接要求离婚。作为公众人物,才结婚不到百天就离婚,放到现在也难以被理解,更何况,那时候妇女的地位低,在男权的世界,女人只有忍

第七章 爱情闺怨

气吞声的份儿。

张汝舟嬉皮笑脸地表示,行啊。东西全部给我,我就答应跟你离婚。

肯定又是幌子。

宋朝的法律规定,除非丈夫犯法,否则不能主动提出离婚。

李清照气不过,直接就告发张汝舟在公务员考试时作弊。调查下来发现他谎报考试次数,于是被革职流放江西,李清照也离了婚。但宋朝法律又规定,举报自己的丈夫要处以三年的有期徒刑。

你看,这什么玩意儿。自相矛盾。好在父亲生前的众多门生朋友帮忙,李清照才得以摆脱牢狱之灾,被关了九天重获自由。

这次婚姻对李清照的打击是沉重的,无论是宋朝的人还是后人,说到李清照,都说她改嫁休夫不对,虽然她是受害者。有人还说她是:晚节流荡无归。也就是说她:不检点。

黄昏,她一个人孤苦伶仃地坐在梳妆台前,镜子里的自己容颜已经苍老,脸上满是憔悴的神色,桌子上,写就的一首诗词已被几行泪水打湿:

武陵春

风住尘香花已尽,日晚倦梳头。
物是人非事事休,欲语泪先流。
闻说双溪春尚好,也拟泛轻舟。
只恐双溪舴艋舟,载不动许多愁。

晚年，生活的不易，让她越发思念与前夫赵明诚的夫妻生活。

在生命的最后一段时间，她陷入了回忆，想起了几十年来的经历和得失，这些聚散无常的事情时常扰乱她的心境。正如《声声慢》所描绘的一样凄苦：

寻寻觅觅，冷冷清清，凄凄惨惨戚戚。

乍暖还寒时候，最难将息。

三杯两盏淡酒，怎敌他，晚来风急。

雁过也，正伤心，却是旧时相识。

满地黄花堆积，憔悴损，如今有谁堪摘？

守着窗儿，独自怎生得黑。

梧桐更兼细雨，到黄昏，点点滴滴。

这次第，怎一个愁字了得。

李清照在生活了二十年的杭州去世，享年 73 岁。

李清照的一生分为两段：少女时期，家境优越，生活快乐，婚后生活也幸福美满；后半生却万分凄苦，悲惨不已。虽然她先后失去了丈夫、爱情、国家、尊严，却赢得了人格的坚韧、刚强，精神的超越和重生。

她就像遗世独立的一朵绽放的蜡梅。

这正是：

金石录有几页闲情好梦，漱玉词集多年国恨离愁。

同类诗人

朱淑真、谢道韫、上官婉儿、鱼玄机

意象小锦囊

1. 橘：诗人李白在《秋日登扬州西灵塔》中有："露浴梧楸白，霜催橘柚黄。"橘寓意秋季来到。苏轼在《次韵刘焘抚勾蜜渍荔支》中有："叶似杨梅蒸雾雨，花如卢橘傲风霜。"橘寓意坚强的品格。杜甫在《自京赴奉先县咏怀五百字》中有："劝客驼蹄羹，霜橙压香橘。"橘象征奢侈糜烂的富贵生活。

2. 蝉：《唐诗别裁》："咏蝉者每咏其声，此独尊其品格。"蝉是高洁品格的象征。诗人骆宾王《在狱咏蝉》中有："西陆蝉声唱，南冠客思深。不堪玄鬓影，来对白头吟。"蝉寓意愁绪、凄凉。柳永在《雨霖铃》中有："寒蝉凄切，对长亭晚。"蝉象征着离别之情、漂泊之苦。元稹在《酬许五康佐》中有："猿啼三峡雨，蝉报两京秋。"蝉叫，说明秋天将至，为时不远。

3. 芭蕉：蒋捷在《一剪梅·舟过吴江》中有："流光容易把人抛，红了樱桃，绿了芭蕉。"芭蕉指时间的游走。李商隐在《代赠二首·其一》中有："芭蕉不展丁香结，同向春风各自愁。"芭蕉寓意孤苦伶仃和离别的忧愁。杨万里在《闲居初夏午睡起·其二》中有："梅子留酸软齿牙，芭蕉分绿与窗纱。"芭蕉指代的是一番情调。

4. 芍药：诗人元稹在《忆杨十二》中有："去时芍药才堪赠，看却残花已度春。只为情深偏怆别，等闲相见莫相亲。"芍药是爱情的象征。李白在《清平调词（其二）》中有："一枝秾艳露凝香,云雨巫山枉断肠。"秾艳就是木芍药。所以芍药比作美人。白居易在《感芍药花寄正一上人》中有："今日阶前红芍药，几花欲老几花新。"芍药有孤独寂寞之意。

5. 丁香：李清照在《摊破浣溪沙·揉破黄金万点轻》中有："梅蕊重重何俗甚，丁香千结苦粗生。"丁香寓意幽怨的愁思。李璟在《摊破浣溪沙·手卷真珠上玉钩》中有："青鸟不传云外信，丁香空结雨中愁。"丁香寓意牵挂想念的情结。

6. 吴钩：辛弃疾在《水龙吟·登建康赏心亭》中有："把吴钩看了，栏杆拍遍，无人会，登临意。"吴钩代表建功立业、报效国家的壮志豪情。唐代诗人岑参在《送人赴安西》中有："上马带吴钩,翩翩度陇头。"吴钩代指宝剑。

7. 莼羹鲈脍：辛弃疾在《沁园春·带湖新居将成》中有："意倦须还，身闲贵早，岂为莼羹鲈脍哉。"莼羹鲈脍代指家乡的美食，后引申为思念家乡之情。

情感表达

孤苦的命运之悲、独守空闺、渴望团聚、相濡以沫……

专业术语

先从自然之物写起，然后用比喻和象征等手法，描写了男女分别两地的爱情生活，抒发了恋人间的离别相思之苦。

链接高考——诗词鉴赏

清平乐

李清照

年年雪里,常插梅花醉。挼①尽梅花无好意,赢得满衣清泪。

今年海角天涯,萧萧两鬓生华。看取晚来风势,故应难看梅花。

注释:①挼,读 ruó,"揉搓"之意。

问:这首词运用了多种艺术手法来表现赏梅的不同感受。请选择其中一种手法来说明。

【分析点拨】

从这道题的设置方式来看,考查的实际上是学生对手法的掌握与运用。要求我们选择其中一种手法来说明,那么首先就要厘清手法的类别。诗词里面的手法可以细分为表现手法和修辞手法。本题问的是艺术手法(表现手法)。我们知道表现手法就是文章塑造的生动传神的艺术形象,能够吸引感染读者。表现手法有:抑扬、对比、想象、衬托、渲染、烘托等等。阅读这首词,不难发现,衬托和对比都有,因此我们选择其中一种作答即可。需要说明的是,要结合全词的内容来具体分析。

【参考答案】

这首词运用了对比的艺术手法,全词首先写了早年生活的愉悦而倾心于赏梅。中年的时候赏梅花联想到自己的坎坷遭遇而流泪。晚年四处漂泊，以至于没有好的心情而赏梅。这三个阶段的感受完全不同，构成了鲜明的对比，表现了词人饱经磨难、漂泊流落的凄凉之情。

【适合话题】

豪爽之气、生命热血、独立不屈、学识、品行、坚强……

一幅画卷说了算　女人命运转折点——王昭君

一、人物档案

姓名：王昭君（王嫱）

生卒年：前52—19年

别称：明妃、落雁

性别：女

职业：宫女、阏氏

籍贯：西汉南郡秭归（今属湖北宜昌）

所处时代：西汉

代表作品：《怨词》等

主要成就：王昭君与西施、杨玉环、貂蝉并称中国四大美女。通过出嫁塞外，保护边境太平，维护汉匈关系长期稳定。

二、人物小传

公元前38年，西汉时期汉元帝刘奭（shì）建昭元年，湖北省兴山县宝坪村的一件重磅新闻轰动了全村，村头王襄的姑娘王嫱成功当选了秀女，进入了皇宫。王老头高兴极了，他老来得女，家中贫穷，最让他骄傲的就是自己的女儿，天生丽质，聪慧过人，并且还长得非常漂亮。

村里的很多男青年很早就爱慕王嫱，多次上门提亲。老王一直都没有答应。虽然是一个农民，但老王心里明白，女儿的相貌出众，可谓是万里挑一，这样漂亮的姑娘就算是嫁也要找个条件好的。

俗话说，知识改变命运，中奖改变命运，环境同样可以改变命运。

等着等着，机会就来了，上天总是眷顾有准备的人。

女儿王嫱正好等来了宫里发布海选公告，14岁的女儿一下子就被选上了。

一个平民家的姑娘，只要进了皇宫，那就意味着命运的改变。从一个偏僻的山村走进全国的一线城市，而且进入皇宫，这是很多人梦寐以求的，可以说实现了跨越式发展。

西汉时期，服侍皇帝的妃嫔通常都是从宫中选拔的，也就是说王昭君进宫，混得好的话当个妃子还是可能的，如果运气极好，嫁给当今的皇帝，成为一国之母，也有可能。带着这样的想法，老王在村子里腰杆就直了不少。

村里的人都羡慕不已，对老王高看一眼，纷纷讨论，啧啧，人家的闺女就是不一样。

周围的乡邻都觉得王嫱中了大奖，但这姑娘自己似乎并不高兴。一入宫门深似海，谁知道宫里未来的情况是什么样呢？快不快乐，只有自己最知道。

王嫱作为秀女在皇宫住的地方叫掖庭，这个地方离皇上的住处很近，王嫱和全国海选胜出的少女们在这里接受了宫廷新录用秀女培训

第七章 爱情围怨

班的第一次集训。

皇宫金碧辉煌,那只是外表,进去后就全是门道。

第一次进宫,学习的课程就给了王嫱一个下马威,要学的东西简直多了去了。

不仅要学习宫廷礼仪、美容化妆、服务规范,还要学习女红刺绣、茶道插花、歌舞乐器、诗词歌赋、思想品德等课程。

培训抓得很紧,经过了一段时间的培训,秀女们马上就迎来了人生的第一次重要的考试,通过之后将会实现升级。这次考试就是后宫选秀,一般都是由皇帝亲自挑选的。流程的第一步就是将个人信息填好,包括性格爱好等,加上画师给秀女画的像供皇上挑选,然后择优面试,进入下一轮的考核环节。

古代因为没有照相机,长什么样子只能凭借画师的水平,所以和画师搞好关系至关重要,花点钱,让画师把自己画美点就成了很多宫女的首选。

但王嫱似乎比较另类。她认为,自己的长相是出类拔萃的,这么好看,难道还会被刷掉?她低估了关系的重要性,加上从小就缺乏这方面的培养,所以她一直稳如泰山,没有找宫廷的画师主管毛延寿。毛老师遇到一个不懂事的,自然也就冷处理。这一处理,后果就严重了,只是王嫱不知道。在画师的笔下,王嫱直接从貌美如花变成了隔壁的如花。长相不仅变形得厉害,而且怎么丑怎么画,因此,王嫱在第一关直接被刷了。

根据汉朝宫廷的规定,如果落选,那就只能从事体力打杂等基础性的服务工作，从此以后就人微言轻，基本上也就陨落北风中了。

王嫱落选后，心中郁闷不已，每日在高墙下唉声叹气。

没有什么能够阻挡／你对自由的向往／天马行空的生涯／你的心了无牵挂

穿过幽暗的岁月／也曾感到彷徨／当你低头地瞬间／才发觉脚下的路

她终于等到了机会。

就在王嫱进入皇宫的第五年，当年的正月，南匈奴国家元首呼韩邪单于来到汉朝的首都长安，朝见汉朝皇帝。

双方国家领导和部门负责人在汉朝的大厅进行了会谈，谈话始终在友好气氛中进行，双方以汉匈两国邦交正常化问题为中心，就两国间的各项问题，以及双方关心的其他事项，认真、坦率地交换了意见。

尤其是在贸易领域的项目落地上，双方进行了深入而富有成效的交流，取得了共识。一致同意将在适当时间签署战略合作框架协议，开创两国合作发展的新局面。

匈奴元首在谈话期间，诚意地表示，自己仰慕汉朝文化已久，想要娶汉元帝的女儿为妻。

汉朝在建国之初，就和匈奴边境摩擦不断，为了和平共处，大汉王朝从汉高祖时代就一直实行美女换和平的和亲政策。

在这种政策之下，前前后后有十几位真真假假的公主远嫁塞外，

第七章　爱情闺怨

和对方结成了儿女亲家，以此来保护边境的安定。

对于匈奴王的请求，汉元帝当即表示同意。

哪知道，回去后跟皇后一商量，皇后直接河东狮吼，给予了严厉的批评。拿什么东西不好，偏要拿自己的闺女。

塞外鸟不拉屎的地方，你让我们的女儿嫁过去，你是脑子进水了？

皇帝挨了皇后的王炸，没办法，只好跟汉朝外交负责人商量，怎么办？君子一言，驷马难追。

下属说，皇上，老办法，弄个假的过去吧。

皇帝默然。

于是立即批准成立了选拔女子赴塞外生活领导小组，全权负责选拔工作。

为了回避影响，同时也为了工作需要，宣传舆论主要的方向就是才进宫的这批秀女。

皇帝下了令，宣传工作就如火如荼地开展起来了。

特大喜讯，特大喜讯。

汉朝火爆推出远赴匈奴自由行活动。

这里"天似穹庐，笼盖四野，天苍苍，野茫茫，风吹草低见牛羊"。

你想吃上鲜美多汁的牛羊肉？你想为国家建功立业？

在那里可以"仰望蓝天，红尘做伴，活得潇潇洒洒，策马奔腾，共享人世繁华"。

虽然说嫁过去享受公主待遇，但万一生活不习惯那就惨了，开弓没有回头箭。一连几天都没有人应征。秀女王嫱听说了这件事情，思前想后，决定一试。正所谓，胆大骑虎，胆小骑个抱鸡母，自己如今在宫中境遇冷清，皇帝连个人影都看不到，日子孤苦，也没有什么好的发展之路，还不如出嫁换个环境，嫁过去毕竟是公主身份，没准柳暗花明又一村了，于是果断应征报名。

《后汉书·南匈奴传》是这样记载的：

> 初，元帝时，以良家子选入掖庭。时，呼韩邪来朝，帝敕以宫女五人赐之。昭君入宫数岁，不得见御，积悲怨，乃请掖庭令求行。

王嫱受命于危难之际，主动为国解忧，果断应征，解决了皇帝的燃眉之急。感动之余，皇帝马上册封王嫱为公主，赐名昭君，并且置办下豪华的嫁妆，选择一个好日子，把她和另外四名陪嫁的宫女一起送给匈奴王呼韩邪单于。

安排妥当后，送行的那天，王昭君打扮精致，隆重登场。一到朝廷，所有大臣的眼睛都直了。这也太好看了！瓠犀发皓齿，双蛾颦翠眉，红脸如开莲，素肤若凝脂。汉元帝也目瞪口呆，我的天，后宫佳丽三千，和眼前这个姑娘比，那直接就打脸啊！

宫中怎么会有如此美貌的姑娘，我怎么不知道。

汉元帝当时肠子就悔青了，立马要反悔。朝廷大臣赶紧出来劝。

皇帝一言九鼎，如果为了一名女子就失信于邻国，实在有损我汉朝的诚信形象。

第七章 爱情闺怨

《后汉书·南匈奴传》记载：

> 呼韩邪临辞大会，帝召五女以示之。昭君丰容靓饰，光明汉宫，顾景裴回，竦动左右。帝见大惊，意欲留之，而难于失信，遂与匈奴。

汉元帝没有办法，只好眼睁睁看着美女跟着匈奴人走了。

就这样，公元前33年，昭君公主带着汉朝寄予的厚望离开了长安，前往匈奴。

王昭君才离开不久，汉元帝就龙颜大怒，马上派得力干将，把给秀女画像的人给逮出来了，此人很快就交代了把王嫱画得又肥又丑的违法犯罪事实。欺君之罪，非法敛财，罪大恶极，予以严办，以儆效尤。

经过审讯，毛延寿等人招供，很早之前就以此拿钱，看钱作画。

在我的眼皮底下，还敢如此作恶，可见宫廷的腐败已经到了何等地步，皇帝马上指示，要求彻查，查出来后，无论是谁都不放过，全部斩首，确保此类事件不再发生。这次严惩，直接导致京城的美术学院师资缺口极大，到了后继乏人的地步。

汉元帝对此事深恶痛绝，送钱就画得好看，要不是这次和亲，我到现在还不知道，我被当猴耍了，以后选秀，无论如何，我都要亲自查看。

明末清初的刘献廷《王昭君二首·其二》写道：

> 汉主曾闻杀画师，画师何足定妍媸？

> 宫中多少如花女，不嫁单于君不知。

昭君出塞后，沿途所见之景都是黄沙漫天，非常荒凉。真是"大漠孤烟直，长河落日圆"的景象。胡天的空旷，人迹罕至的草原，驼铃声声，让她心生烦闷，于是就在车上弹奏了一首《琵琶怨》。

乐曲婉转凄凉，动人心弦，一只在天空飞翔的大雁居然掉了下来。随行的人都说，是昭君的美貌和琴技让大雁都惊叹。

因为漂亮改变了动物的行走路线，植物的本性。在昭君前后，也不少见，比如西施在河边洗衣服，鱼儿都羞涩地沉下去；三国时期的貂蝉让月亮都躲避了，玉环让花儿都害羞了。这些故事不知真假，流传至今，脍炙人口，惹得人浮想联翩。

昭君第一次到塞外，身体不适，加之受到风寒，很快就病倒了。那时候交通工具非常原始，骑着骆驼的队伍，走了差不多一年才抵达南匈奴的王宫。匈奴人都长得很粗犷，从来没有看见过这么好看的汉朝美女。

很多人都跑来瞧，加上这次回匈奴，车队带回来庞大的嫁妆，各种精美的物品多得数不过来，因此，她很受匈奴人民和匈奴王的欢迎，匈奴王特地封她为宁胡阏氏（注：阏氏 yānzhī，指的就是夫人）。

匈奴和大汉朝不一样，日常食物主要就是牛羊肉，喝羊奶，说草原流行的语言……

这里的生活方式非常部落化，为了尽快融入，昭君不断学习，很快就怀了身孕，生了一个儿子伊屠智伢师。

第七章 爱情囝怨

单于对昭君还不错，但他命短，才过了三年就得病撒手西去。

这样昭君就成了寡妇。丈夫去世了，昭君思念家乡的心情更加急切，就给汉元帝写了一封信——《王嫱报汉元帝书》。她在信中写道：

> 臣妾幸得备身禁商，谓身依日月，死有余芳。而失意丹青，远窜异域，诚得捐躯报主，何敢自怜？独惜国家黜陟，移于贱工，南望汉关徒增怆结。而有父有弟，惟陛下幸少怜之。

这段话翻译成白话文就是：你看我现在使命也完成了，丈夫也走了，我基本上也没有其他事儿了，家里还有上了年纪的父亲和兄弟，麻烦您让我回汉朝的家吧。

如果是汉元帝收到了，没准她就回去了。

但是很不幸，当初被她容貌吸引的汉元帝早已经驾崩了，接任的皇帝叫刘骜，是西汉的第十二位皇帝，即汉成帝。他收到来信后，马上官方地回复了一封。首先是肯定了她的行为，然后话锋一转，说道："家里一切都好，你在那边要好好生活，更不要胡思乱想，你要继续为汉朝和匈奴的和平事业发挥余热。"

没办法，她只好又嫁给丈夫的大儿子，这个人的名字叫作复株累单于。然后又接连生了两个姑娘。十一年之后，复株累单于也去世了，他的弟弟继承王位。于是，昭君第三次转嫁。在跟着第三任丈夫生活了一年多之后，她抑郁而终，享年33岁。

昭君墓的位置就在现今内蒙古自治区首府呼和浩特市南边的大青

山脚下。

唐代诗人杜甫在听说了她的事后,写了一首《咏怀古迹·其三》:

> 群山万壑赴荆门,生长明妃尚有村。
> 一去紫台连朔漠,独留青冢向黄昏。
> 画图省识春风面,环珮空归夜月魂。
> 千载琵琶作胡语,分明怨恨曲中论。

昭君嫁给匈奴的十几年间,两国之间的边境真的出现了繁荣的和平景象,人民生活安居乐业,在她死后,接近五十年没有发生战乱。

一位年轻的姑娘,用自己的一生,守护了国家的和平,也给匈奴带来了长足的发展。因为她的贡献,后世给了她非常高的评价。

但是,没有人知道,她的心里有多苦,在远离家乡的日子里,她到底过着怎样的生活,内心又有着什么样的情绪。没有人关注,她过得快不快乐,幸福与否,我们更无从得知,她是否后悔当初的选择。

在历史的长河中,红颜就像是一颗流星,纵使璀璨,也只是一瞬间。在男权主导的封建社会,女人就是商品,是可以舍弃的。

时间飞逝,转眼间又是两千多年过去了,埋葬她的坟头已经长满了青草,让人唏嘘。

后世欧阳修在《明妃曲和王介甫作》中说:

> 红颜胜人多薄命,莫怨春风当自嗟。

第七章 爱情闺怨

曹雪芹在《葬花吟》中说：

花谢花飞飞满天，红消香断有谁怜？

上天，很多时候的确对红颜是不公平的。

同类诗人（人物）

杨玉环、貂蝉、西施

意象小锦囊

1. 蝶：诗人张孝祥在《水调歌头》中有："蝉蜕尘埃外，蝶梦水云乡。"蝶象征着对自由生活的追求。梁简文帝萧纲在《咏蛱蝶》中有："双双花上飞。"蝶又寓意爱情。

2. 鹊：诗人裴说在《夏日即事》中有："鹊喜虽传信，蛩吟不见诗。"鹊是报喜的鸟儿，因此有喜鹊的叫法。秦观在《鹊桥仙·纤云弄巧》中有："柔情似水，佳期如梦，忍顾鹊桥归路！"写的是牛郎织女的爱情，所以鹊指爱情的眷恋。

3. 玉：曹植在《美女篇》中有："头上金爵钗，腰佩翠琅玕。明珠交玉体，珊瑚间木难。"玉形容美女雪白的肌肤。李清照在《一剪梅·红藕香残玉簟秋》中有："红藕香残玉簟秋，轻解罗裳，独上兰舟。"玉指美好，奢华。

4. 海鸥：谢灵运在《于南山往北山经湖中瞻眺》中有："海鸥戏春岸，天鸡弄和风。"海鸥象征人和大自然和谐相依恬淡的状态，寓意坦荡真诚的内心。

5. 牡丹：诗人徐凝在《牡丹诗》中有："何人不爱牡丹花，占断城中好物华。疑是洛川神女作，千娇万态破朝霞。"牡丹是富贵美满的象征。陈与义在《咏牡丹》中有："一自胡尘入汉关，十年伊洛路漫漫。青墩溪畔龙钟客，独立东风看牡丹。"牡丹又有忧愁的含义。

6. 蜘蛛：张祜在《相和歌辞·读曲歌五首》中有："愁见蜘蛛织，寻思直到明。"蜘蛛比喻艰难愁绪。李商隐在《辛未七夕》中有："岂能无意酬乌鹊，惟与蜘蛛乞巧丝。"蜘蛛是应巧之物。南北朝的江总在《新入姬人应令诗》中有："新人羽帐挂流苏，故人网户织蜘蛛。"古人认为蜘蛛的出现象征吉祥。

7. 连理枝、比翼鸟：白居易在《长恨歌》中有："在天愿作比翼鸟，在地愿为连理枝。"连理枝、比翼鸟寓意相亲相爱的夫妻。诗人张羽在《送弟瑜赴京师》中有："愿言保令体，慰此连理枝。"连理枝、比翼鸟可以代指兄弟姊妹和朋友。

情感表达

遗憾惆怅、悼亡之痛、阴阳相隔、幽怨孤寂……

专业术语

通过抑扬结合的手法，运用托物起兴，采用正衬和反衬，表现了主人公的悲伤和无奈，孤苦和寂寥……

第七章 爱情闺怨

链接高考——诗词鉴赏

王昭君
白居易

汉使却回凭寄语，黄金何日赎蛾眉。
君王若问妾颜色，莫道不如宫里时。

王昭君
刘献廷

六奇已出陈平计[①]，五饵曾闻贾谊言[②]。
敢惜妾身归异国，汉家长策在和蕃。

注释：①有记载说，汉高祖时，陈平曾献美女图解白登之围。②汉文帝时，贾谊曾建议用包括美人在内的五种诱饵来迷惑、控制匈奴单于。

问：清人吴乔在《围炉诗话》中说："古人咏史，但叙事而不出己意，则史也，非诗也。"意思是说，在叙事之外能表达出自己的情感和思考的诗歌才是好诗歌。请分析这两首诗是如何"出己意"的。

【分析点拨】

从问题设置的方式看，要求分析两首诗如何"出己意"。实际上考查的是两首诗歌内容和情感的异同，只是变了一个说法而已。做这样的题，我们要善于抓住诗词的情感和陈述的角度，再比较分析即可。

【参考答案】

白居易将自己的情感融合在全诗之中，借歌颂王昭君表达了自己不幸的遭遇，以及渴盼回家的迫切心态。刘献廷的诗借王昭君的口陈述了西汉和亲政策换得和平的可耻行径。用"敢惜""长策"二词表达了自己对和亲政策的抨击和不满。

【适合话题】

民族团结、责任、付出、伟大……